テレビ成長期の日本映画

メディア間交渉のなかのドラマ

北浦寛之
Hiroyuki Kitaura［著］

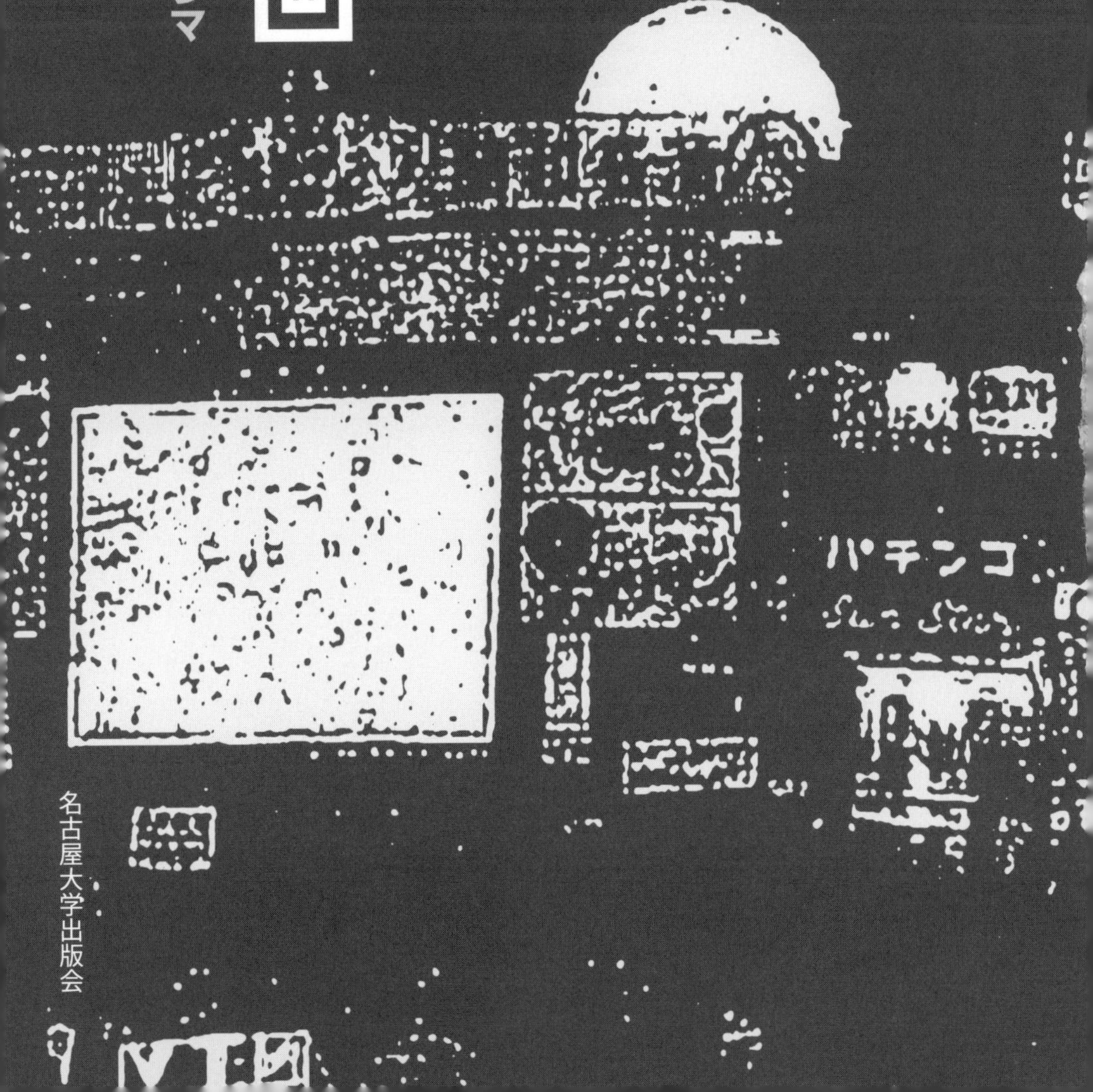

名古屋大学出版会

テレビ成長期の日本映画——目　次

序　章　メディアの相互交渉の視角から

戦後復興と日本映画

一九五〇年代の幕開けは、日本映画にとって輝かしい時代の到来を予感させるものであった。サンフランシスコ講和条約が締結された一九五一年に、ヴェネチア映画祭で黒澤明監督の『羅生門』が、グランプリにあたる金獅子賞を受賞すると、五四年にも『七人の侍』が銀獅子賞を受賞する。溝口健二監督は一九五二年から五四年にかけて、『西鶴一代女』『雨月物語』『山椒大夫』によって同映画祭で連続受賞を果たす。一九五四年にはカンヌ映画祭でも、衣笠貞之助監督の『地獄門』が最高栄誉のパルム・ドールを受賞するなど、五〇年代に入って立て続けに日本映画が海外の映画祭で成功を収めるのである。国内では一九五一年の東映の創立に続き、五四年には戦時中の映画会社の統廃合で製作を中断していた日活が製作を再開する。他方で、既存の東宝からは、海外でも人気となった『ゴジラ』の一作目がこの年に公開される(1)。他にも、松竹・大映・新東宝を加えた全六社が大手映画会社として全国に配給網を張り、そこに自社作品を大量に投下していく。作品群の一括取引契約を映画会社と興行者の間で成立させるブロック・ブッキングと呼ばれる制度が、各社の作品を市場に安定的に流通させることを可能にし、この制度に守られた大手映画会社は、各地の劇場と契約を結ぶか、自社直営の映画館を配備するかして、配給網を拡大させ、増収を図ったのである[2]。

アメリカでは、ビッグ・ファイブと呼ばれるLoew's（MGM）、パラマウント、RKO、ワーナー・ブラザーズ、二〇世紀フォックスのメジャー各社が一九三〇年代から四〇年代を通して寡占状態を謳歌した。その背景にもブロック・ブッキングに庇護された強力な配給網の存在があり、例えば一九四五年には全体で封切館の七〇％以上をこの五社が支配していた[3]。だが一九四八年に、ブロック・ブッキングによる市場の独占を禁止した通称パラマウント判決が最高裁で下ったことで、各社は大きな打撃を被り、配給・興行を掌握しながら大量生産・大量消費を目論む撮影所システムが崩壊へと向かうのである。

日本でも戦後、大手映画会社による興行の支配を禁止する動きがあった。いわゆる独占禁止法や集排法（過度経済力集中排除法）といった法律の下、公正取引委員会が一九五五年までに再審を含め四回、違反を指摘して、映画会社側も状況の改善を約束した。けれども結果的には、その約束は果たされず、法的処分も下されないまま、映画会社は急増する映画館を取り込みながら、ブロック・ブッキングによる支配を強化していった[4]。保障された販路のおかげで、一九五〇年代の半ば以降には毎週のように各社の新作映画が二本立てで公開されていく。映画観客の数も歴代の記録を更新しながらうなぎ上りに上昇し、一九五〇年代の日本映画界はまさに大量生産・大量消費の活気ある状況を謳歌するのである。

けれども、その高潮は次の一〇年を目前に引いていく。天井知らずであった映画観客の数が、一九五九年に減少へと転じる。すると一九六〇年代には、今度はその減少に歯止めが利かなくなり、六〇年には延べ一〇億人超だった観客数が、わずか三年で半数に、七〇年を迎えるときには四分の一になってしまうのである。斜陽化の波は、まず一九六一年に新東宝を呑み込んで倒産に追いやり、他の映画会社にも減産を強いる。アメリカではパラマウント判決による垂直統合の解消が、撮影所システムの崩壊を招く要因となった。日本では、ブロック・ブッキングによる大手映画会社の支配が継続してはいたが、肝心の需要の減退が大量生産・大量消費のユートピアに幕を下ろし、撮影所の機能を縮小させていったのである。一九七〇年代になると撮影所の危機がより表面化し、一九七一年には日活が一般劇映画から撤退して成人映画専門の会社となり、大映も同じ年に倒産して表舞台から姿を消す。日本映画は好景気から一〇年余りで一気の転落を見たのである。

映画とテレビ、そして本書のテーマ

戦争の暗い影を払拭して繁栄を見せていた日本映画を後退させたのは何だったのか。それは、映画以外の娯楽、なかでも映画と同種の視聴覚メディアであるテレビの影響だと言われてきた。当時の日本映画界の状況を細かく分析した一九六二年の『映画産業白書』には、「わが国映画産業の現状と諸問題」という副題がついているが、その「諸問題」の中でもやはり観客数の減少がとりわけ問題視され、「結語」で次のようにまとめられている。

戦後順調に増加し続けてきた映画観客数は、テレビ等の影響によって昭和三三年［一九五八］をピークとして著しく減少しはじめ、昨年はピーク時に対して七六%に減少した。三七年［一九六二］に入ってからもその傾向は著しく、一〜六月で前年よりもさらに二二%減少し、映画産業に深刻な問題を投げかけており、一部には映画産業の斜陽化の声さえある。(5)

観客数の減少について、はっきりと「テレビ」という名前を出して影響を指摘しているのがわかる。

日本では一九五三年に放送が開始されたテレビは、好景気に沸いていた映画の背後で着実に浸透していき、五九年の（当時の）皇太子明仁親王と美智子妃のご成婚パレードがあった年に一気に普及する。一九五八年十一月に宮内庁から婚約が発表されるや、美智子妃の出身地には一日平均五〇〇人以上もの観光客が詰めかけるといった、いわゆる「ミッチー・ブーム」が巻き起こる。[6] 当然その熱情は、パレードを見ようとする国民のテレビ購買意欲へとつながるのであり、一九五八年四月には一〇〇万だったテレビ登録世帯数も、パレード一週間前の五九年四月三日に二〇〇万に倍増し、さらに同年十月になると三〇〇万に達する。[7] なるほど、その一九五九年から大衆の映画離れが始まるのであり、こうした時期的符合から、映画の斜陽は、テレビの普及によるものだと見なされてきたのである。

アメリカでも、テレビの問題は指摘されてきた。前述のブロック・ブッキングの解体に加え、郊外化のような国民生活の変化とともに、テレビの普及が撮影所システムの崩壊と関連づけて語られている。[8] けれども日本とは違い、映画の衰退とテレビの勃興のタイミングは完全には合致しない。アメリカの場合、映画の劇場収入は一九四六年から五〇年にかけて急激に減少し、以降五〇年代を通して下降線を辿った。一方でテレビは、一九四〇年代の終わりから広がり始めたが、五〇年以前にはそれが娯楽市場に衝撃を与えていると指摘する者はおらず、ＮＢＣやＣＢＳといったテレビ局が利益を上げ始めた五二年になってようやく、そうした声が上がるようになった。つまり、テレビが国民の間に急速に浸透するようになったのは一九五〇年代前半で、大衆の映画離れが始まった四六年よりもかなり後になるのである。それを踏まえて、テレビは映画の衰退を加速させても、そのきっかけになったわけではないという見方が示されている。[9]

このようなアメリカとは異なり、テレビの普及が斜陽を招いたように見える日本の映画界だが、果たしてその実情はいかなるものだったのか。本書は映画メディアとテレビ・メディアの関係に焦点を当てながら、日本映画が好景気に沸いた一九五〇年代から一転、後退を強いられ、危機に陥った七〇年代にかけての、いわばテレビ成長期における日本映画の動態を、産業と作品の両面から多角的に検討していく。その際、まず拠り所となるのはやはり先行研究であろう。

そもそも、前述のように観客数の減少と結びつけて語られる映画産業の斜陽だが、事態は、そう単純ではないようだ。元ＮＨＫ局員の古田尚輝が二〇〇九年に刊行した『「鉄腕アトム」の時代――映像産業の攻防』はタイトルの通り、映画とテレビという映像の産業面での攻防に焦点が当てられているが、他方でテレビとは切り離した部分での映画産業の実態に迫る記述もある。例えば、一九六〇年代に映画の観客数は減少しているが、その観客たちが支払った入場料金の総額である興行収入が増加していることが指摘され、必ずしも全面的な産業の衰退ではないことが理解できる。[10] あるいは、観客数が急増した一九五〇年代でさえ、そうした需要を上回る形で映画の量産によって供給が進んでしまったこと、また映画館が乱立し興行界では共食いの状況が見られたことなど、こちらも全面的な幸福の時代だとは言えなかったことが伝わってくる。[11] こうした一九五〇年代に実は発生していた問題を、古田は「供給過剰性」と述べ、映画産業の凋落をテレビの問題だけでなく、それにも求めようとしている。本書の第4章では、古田の問題提起について、より仔細に検討をおこなっていく。

さらに、古田の記述を辿れば、映画とテレビの関係についても、一概に対立的な構図で語れないことが見えてくる。たしかに映画会社は、番組としてテレビ局から所望される映画を提供しないという、明らかな敵対／防衛措置をとっていたが、その一方で、成長を見せるテレビ産業への接近も着実に図っていた。映画会社は一九五〇年代後半よりテレビ局に出資し、また、その成長を促す形で、テレビ・ドラマ番組に充てたフィルム作品である「テレビ映画」（主に一六ミリ・フィルムで撮影されたドラマ。初期のテレビ・ドラマは、生放送やＶＴＲでの製作とならび、このフィルムでの製作も盛んだった）の製作を、特に映画観客の減少が顕著になる一九六〇年代半ば以降積極的におこなっていったのである。古田はこうした映画会社の動きを、テレビとの共存・テレビへの参入策として捉えている。[12]

本書第3章では、この点を踏まえて映画会社によるテレビ事業の展開を詳しく見ていく。

映画とテレビの産業面での折衝については、Tino Balio ed., *Hollywood in the Age of Television* や Dorota Ostrowska &

Graham Roberts, *European Cinemas in the Television Age* といった、アメリカやヨーロッパを対象にした研究書が一九九〇年・二〇〇七年にそれぞれ刊行されていて、古田の試みは日本でそれらに次ぐものとして意義深い。本書は、こうした国内外の研究成果を参照しながら議論を深化させていくが、くわえて産業面だけでなく、映画とテレビの魅力を決定づける、文字通りの「映画作品」「テレビ番組」といった商品それ自体についても吟味する。

佐藤忠男は『日本映画史』シリーズ第三巻の中で、「テレビの影響と映画の変貌」という節を設け、前述のようなテレビと映画の統計的な面での盛衰に言及したのち、特に主婦や子どもがテレビに夢中になったせいで、映画の内容に変更が強いられたことを指摘している。続けて、主婦や子ども向けの映画が大幅に減り、成人男子向けの企画が強化されたと主張する。(13) この問題については、第6章や第10章で詳しく検討することになるだろう。

佐藤と同様に、日本映画史を通史的に記述した田中純一郎の『日本映画発達史』や四方田犬彦の『日本映画史一〇〇年』でも、テレビの映画界への影響を認めた上で、そのテレビへの製作上の対抗策として、日本映画では一九五〇年代後半に起こった映画の大型化を話題にしている。(14) すなわち、テレビの小さな画面と比べて、映画はスクリーンの横幅を拡大することで差異を鮮明にしようとしたのであり、この問題については第7章ならびに第8章で仔細に検討する。

これら一連の著書は、日本映画史の基本文献として名高い。年代ごとにテレビの出現のような重要な出来事にふれながら、映画会社の作品の傾向や、重要な監督・役者などが著者の視点を反映させながら整理されていて、日本映画史を大まかに理解していくための必読書だと言える。ただ、細かく見れば重要な視点が抜け落ちていることは否めず、一九五〇年代から六〇年代の観客数や製作本数の急激な増減にともなう日本映画の重大な転換期については、テレビと映画との関係を対立的に捉える視角に終始してしまっている。古田が指摘したような、両者の産業的な成長を図る上での接触はほぼ等閑視されているのである。

たしかにテレビの登場は、映画産業に打撃を与えたとはいえ、映画がこんにちまで大衆娯楽として十全に機能している背景には、テレビの助力があったことも忘れてはならない。現代の日本の商業映画は、「製作委員会方式」と呼ばれる共同出資型の製作システムによって生み出され、そこでは映画会社だけでなくテレビ局も中心となって活動している。映画製作にテレビ局が大きな役割を果たしていて、もはや両者はビジネス・パートナーという間柄である。テレビが登場して映画が困難な状況に陥ったと言っても、当然ながらそれで排除されたわけではなく、今も存立し、維持されていることを踏まえて、両者の関係を見直す必要があるのではないか。

古田が思い起こさせてくれたように、映画会社はテレビ局に出資し、テレビ映画の製作もおこなっていた。さらに言うならば、劇映画とテレビ・ドラマの製作間で人材交流も次第に活発になっていった。こうした事実を再考し、映画がテレビとどのような交渉を経て今に至るのかを、視野を狭めないで見ていくことが、映画研究（そしてテレビ研究やメディア研究）に求められていることなのである。

これまでの映画研究は、テレビとの関係を対抗的に捉えるあまり、その対抗関係の中で映画の本質とは何か／テレビの本質とは何かを考え表現しようとした当時の映画人（やテレビ人）の意識に引きずられ、それを反復する傾向にあった。本書では、産業レベルと作品レベルの両方における映画とテレビの（短期・長期の）相互作用を重視する視角から、そうした対抗的な本質主義はとらず、むしろ分析の対象とする。第1章や第2章はいずれもそうした試みである。

テレビ視聴の拡大

次に、本書で議論の俎上に載せるテレビについて、その発展の経緯を押さえておきたい。日本でテレビの本放送は、一九五三年二月一日にＮＨＫが開局して始まった。このとき、受信契約者数八六六、受信料月額二〇〇円であったが、テレビの普及という点で大きな問題になったのが、テレビ受像機の値段であった。一四型テレビが一七万五千～一八万円で販売され、一般のサラリーマンの月収が手取りで一万五千～六千円、東京―大阪間の国鉄運賃が三等で六八〇円の時代に、テレビはあまりに高価な製品であった[15]。

それでも、後続の日本テレビ（NTV）は、民間放送という性質上、テレビを普及させて十分な広告収入を得なければならない。NHKに遅れること半年余り、八月に開局したこのテレビ局はテレビの魅力を浸透させるため、盛り場や駅頭などにテレビを設置する。「日本でのテレビ放送史の多くは、街頭テレビに関する記述とともに始まる」と言われるほど[16]、街頭テレビの果たした役割は大きい。なかでもプロレス中継が大衆を熱狂させる。街頭テレビの発想自体は、戦前からおこなわれてきたテレビの公開実験を日常に落とし込んだものだが、集客を望めるプロレスなどスポーツ中継を活用し、日本テレビ創業者の正力松太郎の興行的手腕で、街頭テレビを特別なものにした。

この街頭テレビについて、吉見俊哉が興味深い論考を示している。吉見は開局以前からの街頭テレビの設置場所五五ヶ所と、開局後の設置場所二七八ヶ所を調査し、その分布の仕方が先行する映画館の広がり方に類似していると指摘する。

浅草や上野は、とりわけ街頭テレビが集中的に置かれる場所であったが、ここは当時、大衆的な映画娯楽の拠点でもあった。また、銀座一帯や新宿駅周辺、渋谷、池袋、品川といったターミナル駅、川崎、横浜、横須賀などから江東楽天地、大井、大森などまで、郊外よりも東京湾岸の京浜・京葉工業地帯を貫いて走る京成電車の駅などに好んで置かれたが、その多くは新たに映画館が何館か立てられていた街々でもあった[17]。

ここで吉見は、受容の広がり方について、「銀座に中心化していく西洋志向のまなざし」と「東京周縁部の工場地帯や近郊の町々で週末の映画館に集合していく、より大衆的なまなざし」とに大別して考えている。街頭テレビについては、後者に傾斜し「最も大衆的なレベルのまなざしに重なる広がりを持っていた」と見るのである。[18] そしてその延長線上に、街頭から家庭への展開があった。テレビは街頭で成功し、客寄せのため飲食店や商店の中に設置され、ついには家庭で受容されるものとなる。当然ながらこのプロセスにおいて、テレビが高値＝高嶺にとどまることは許されない。

テレビ放送が始まった一九五三年には、前述の通り一四型テレビの価格が一七万五千～一八万円だったが、五六年五月の調査では一〇万円を切って八万円前後に低下する。[19] この年の一月末に、受信契約数が前年の四万四千から一〇万増えて、一四万四千になっていた。[20] 年間の受信契約増加数が、それまで八千、三万と推移してきた上での一気の上昇である。前年の一九五五年十月九日の『朝日新聞』夕刊には、もうすでに街頭テレビの全盛期が過ぎ、飲食店などがテレビを設置するようになったことでテレビの台数が一〇万台を突破したと紹介されている。「日本民間放送連盟（民放連）」が一九五六年十一月に東京二三区内でテレビを所有する飲食店を対象にした調査によれば、テレビの所有で「客が増えた」と四六・四％の店が回答し、「変化なし」四五・二％、「やや減少」一・五％と比較して、テレビの設置は効果的であったと結論づけられている。[21] テレビは客寄せに有効であったと見られるが、その投資を可能にするテレビ価格の値下げが進んでいたことも背景にあったのである。

ご成婚パレードがあり一般家庭にも急速に浸透したと言われる一九五九年には、テレビの値段がさらに低下して六万円程度になる。[22] もっとも、当時の賃金水準が月額二万二六〇八円であったことから、[23] 依然としてそれは高価な代物であった。そのため、多くの消費者はメーカーや小売店が推進する割賦制度を利用して購入する。一九六一年二月に通産省と日本機械連合が実施した割賦販売に関する調査によれば、「家庭用電気機械器具の割賦販売をおこなっている商店で、テレビの割賦販売をおこなっている商店は約九七％」にのぼり、「テレビの年間総販売額のうち六九％と過半数は割賦販売による売上げ」とされている。[24] テレビ価格の値下げと、分割で購入するという支払い方法の定着で、テレビが高嶺の存在から、いくらか手の届く対象になってきたのである。

もちろん、テレビを購入しても、映らなければ意味がない。当初は街頭テレビの設置状況からもわかるように、電波の受信エリアは東京とその近郊を中心とし限定的であった。その後、一九五四年三月にＮＨＫ大阪と名古屋が開局し、以降、主要都市から順番にネットワークが整備されていくことで、テレビ電波の受信エリアが拡大していく。一九五八年二月には普及率〇％と受信エリアをもたない都道府県がなくなり、全国的に受信可能な地域が広がっていった。[25]その一九五八年にはテレビは一〇〇万台を突破するのである。

テレビの普及については、一九五九年のご成婚パレードとの関係でのみ指摘される傾向にある。たしかに、前述のようにその国家的イベントが多くの人にテレビ購入を決意させるきっかけになったことは間違いない。ただ、そうさせる下地が整っていたことも忘れてはならない。テレビ価格の値下がりや、月賦による支払い方法の定着、視聴可能エリアの拡大など、一般家庭のテレビ購入を可能にする諸要素が普及には不可欠だったのである。

交渉の舞台としてのドラマ

マーシャル・マクルーハンの名とともにいささか使い古された言葉によれば、新興のメディアは既存のメディアを模倣する。[26]しかし、新興のメディアが既存のメディアを駆逐するとは限らず、両者はしばしば並存する。そして並存しつつ、相互に作用するのである。テレビと映画について言えば、テレビが映画に取って代わるのではなく、テレビと映画が並存する状態が、映画単独の状態に取って代わったのである。つまり「映画のみ」から「映画＋テレビ」へ、である。他のメディアを含めて考えれば、事態がもっと複雑であることは言うまでもない。[27]

これを、映画メディア内部／テレビ・メディア内部のジャンル（種目）やコンテンツの盛衰と混同してはならない。あるジャンルやコンテンツが完全に映画メディアからテレビ・メディアに移行することがあるとして、それが映画産業にとって大きなマイナスであったとしても、それは必ずしも映画メディアそのものの消滅ではないからである。さらに、両メディアにおいて、共通するジャンルやコンテンツが存続（さらに成長）していくこともある。この場合、このジャンルは両メディアにとって交渉の舞台となる。これを科学史家ピーター・ギャリソンの概念を借りて、両メディアのトレーディング・ゾーンと呼んでもよいだろう。次に、この点について見ておこう。

テレビは草創期からスポーツ番組の中継に力を入れた。古田尚輝が指摘するように、初期テレビ放送は「スタジオ等の設備やカメラ等の機材が不備なうえ、演出力や技術力も不足していた」こともあり、「比較的簡単に放送できるスタジオ番組と中継、それに外部製作の『映画』に多くを依存して出発した」[28]。古田は一九五三年から五八年の四月第三週に絞って当時開局していたＮＨＫ、日本テレビ、ラジオ東京テレビの番組を調査し、その形態を「ドラマ」「中継」「映画」に分類して時間量と比率を明らかにしている。その中でも、各局とも「中継」が一貫してもっとも高率であり[29]、そこには催事中継や劇場中継も含まれてはいたが、プロレス、野球、大相撲などのスポーツ中継が特に人気であった。

ただ、「ドラマ」「映画」もテレビの発展にはきわめて重要な役割を担った。表序-1はＮＨＫ放送文化研究所が、一九五五年から六三年まで年に二回ほど特定の月に実施した視聴率調査の結果をまとめたものである[30]。視聴率二〇位以内に入った番組が種目別に分類され、総数が表記されている。ここでまず目につくのが、「テレビ・ドラマ（テレビ映画）」の多さである。ドラマは一九五六年あたりまでは少数であったが、五七年に急増し、視聴率上位二〇番組の半数以上を占める数になる。以後もその勢いは継続し、一貫して高視聴率番組の多くがドラマであったことが確認できる。また、高視聴率を残すようなドラマ番組があまり生み出されていなかった一九五五年・五六年あたりは、「劇場用映画」が人気であった。逆の見方をすれば、一九五七年以降に視聴率二〇位以内の劇場用映画の数が激減しているのがわかる。その背景には先に少しふれた、大手映画会社によるテレビ局への劇映画の提供停止

表序-1　草創期のテレビ人気番組の種目別一覧

年／月	劇場／舞台中継	劇場用映画	テレビ・ドラマ（テレビ映画）	野球中継	大相撲	その他スポーツ	クイズ／ゲーム	音　楽	演　芸	ニュース	社会／報道／教養	その他
1955/9	4	6	1		1	1	3		1	1	1	1
56/3	1	5	2		1	1	5	1	1		1	2
56/7	4	5	3	4			2					2
57/3	2	1	11		1		3	2				
57/6～7		2	14	1			2	1				
58/1～2	1		13		1		3	2				
58/6～7		1	10	4			3	1				1
59/1	1	1	12		1	1	2	2				
59/6～7			8	5	1	2	2	2				
59/11～12			12		1	2	3	2				
60/6～7			9	4	1		2	2			2	1
60/12			11			1	3	2		1	1	1
61/6～7			9	4	1		3	2		1		
61/11			9		1	3	4	1		1	1	
62/7			10	4		2	2	1				1
62/11～12			9		1	2	4			2		2
63/6			8	4	1	1	4			2		
63/12			12			1	5			2		

という事情があった。一九五六年十月から日活を除いた大手五社によってその措置が始まり、五八年には日活も加わって、大手の劇映画が完全にテレビから消える。それゆえ、テレビで放映される映画の人気が低迷したのではなくて、大手の劇映画そのものがテレビで放映されなくなったのである。大手による劇映画の提供停止は一九六四年まで続くのであり、その間、テレビでは独立プロか海外のものだけが映画の放映であった。そのため映画番組の不在を補うように、また映画依存から脱却するように、各局でテレビ・ドラマの製作に力が注がれる。文部省の芸術祭賞では、テレビ・ドラマの応募本数が、劇映画の提供が停止された頃より急増する。一九五四年度に二本が応募され、そこから、四本、九本と応募本数は推移するが、五七年度に一七本と急増し、その後も増加するのである。[31]なかでも、一九五八年の受賞作『私は貝になりたい』は社会的に大きな反響を呼び、翌年には東宝より劇場映画化もされた。

外国のテレビ映画も同時期に人気を博した。特にアメリカ製の西部劇・アクションものが好評だった。例えば、

『モーガン警部』は一九五八年九月から、まる三年間日本テレビで放送されたが、視聴者の強い要望で六一年十一月から一年間再放送された。『ララミー牧場』の人気も非常に高く、主演のロバート・フラーが六一年四月に来日した際には、同局で特別番組『ジェスが日本にやって来た』を組むほどだった。『ローハイド』の主演三人の来日時には、ファンの殺到を予想して、派手なパレードが中止されるに至った。また、日本教育テレビ（NET、現・テレビ朝日）が一九六一年五月から放送した『アンタッチャブル』の再契約においては、TBSと激しい争奪戦がおこなわれた。

以上のようなテレビ・ドラマ（テレビ映画）が人気を博す一方、表序-1を見るとスポーツ中継の代表格である野球中継も高視聴率を上げている。だが、それは年間を通してのことではない。先ほどの古田の調査が四月の番組を対象にしたものだったので、スポーツ中継が人気であったが、当然ながら野球などスポーツの試合自体がない期間もある。そう考えると一年中お茶の間を賑わせることが可能なテレビ・ドラマはもっとも不可欠な番組であったと言える。そのテレビ・ドラマの製作が発展途上で軌道に乗る前の一九五〇年代中頃までは、大手映画会社から提供される劇映画がその役割を担っていたのである。

こうしたテレビ番組の事例に見られるように、新興メディアが既存のメディアのコンテンツを活用することはよくあることだ。日本で一九二五年に本放送を開始したラジオでも早速映画を利用した番組が提供された。このころ映画はトーキーでなく無声映画であったが、ラジオ番組はそこに需要を見出し、映画が持ち合わせていなかった役者の声を大衆に届けた。映画の出演者が自作の台詞を話す「映画劇」がその番組であり、第一回目の放送では井上正夫・奈良真養・栗島すみ子らが出演した『大地は微笑む』（一九二五年）で実施した。[32] やはりスターの声が聴けるということで同番組は人気となり、映画がサイレントからトーキーに移行しても継続し、一九四二年頃まで続いた。トーキーに順応できなかった映画スターが、ラジオの「映画劇」に活路を見出すこともあった。また、サイレント期には映画スターを凌ぐ人気もあった活動弁士が、さまざまな音楽伴奏とともに映画の筋を解説する「映画物語」も好評で、トーキー以降もしばらくは続いた。

その映画もまた成長過程で、既存のメディアや芸術からコンテンツを摂取してきた。例えば一九一〇年代には、日本映画の父と呼ばれる牧野省三はプログラムの需要を満たすため、ピーク時には月に七、八本の映画製作に携わったが、そうした量産を可能にするために、彼は新たに物語を創作するよりも歌舞伎や講談といった既存の話を利用した。(33) また、その牧野とコンビを組んだ尾上松之助はもともと旅回りの歌舞伎役者であるなど、初期の映画スターの多くは歌舞伎から転身した者たちであり、人材も先行芸術に負うところが大きかった。

本書では、こうしたメディア間交渉の歴史の中でも、映画とテレビの関係に焦点を合わせて見ていくわけだが、その際、両者の重要なコンテンツである劇映画とドラマ番組の交渉に注目する。たしかに、テレビでは表序-1で示したスポーツ／舞台中継やクイズなど、基本的に映画では成立しない（ないしは、成立しなくなった）番組が視聴者に届けられていた。また、かつては映画のプログラムの一部としてニュース映画が上映され、社会の様子を伝える機能を果たしていたが、テレビのニュース番組が、それに取って代わり、ニュース映画を衰退させた。そして、このような多様な番組構成がテレビの魅力であったことも間違いない。ただ、その中でもテレビ・ドラマがコンスタントに視聴者を惹きつける最有力のコンテンツであったことに注目すべきである。

そしてそのテレビ・ドラマは他の番組と比べて持続的に映画との交渉の舞台となった。「劇映画」と「テレビ・ドラマ」はやはり属性としての類似性から、視聴者に同種の視聴体験を可能にするコンテンツであったし、さらに、そうした内容面だけではなく、前述の通り交流は人材にも及んだ。もともとは映画人／テレビ人として活動していた製作者が、相手のフィールドに入って仕事をすることが、次第に活発化していった。テレビ・ニュースとニュース映画の関係のように、一方が他方を圧倒的に凌駕するというのではなく、現状を見てもわかるように、共存が図られ、その中で以上に挙げたような交渉がおこなわれていったのである。本書では、そうした交渉にスポットライトを当てる。複雑な産業的変化を追いながら、生み出された劇映画とドラマ番組を比較し、その関係性の中に存在した「ドラマ」を見つけ出していきたい。

本書の構成

最後に、本書の構成を示しながら、あらためて各章の概要を紹介しておこう。まず第I部では、テレビの社会的存在感が増したことにより、映画人とテレビ人がテレビを（そして映画を）どのように捉えようとしたか、その意識を明らかにするとともに、二つの産業が実際にどのような交渉をもったのかを、「ドラマ」を中心に論じていく。最初に第1章においては、主として映画作品の中のテレビ・メディアに注目する。映画作品の中でテレビそのもの、もしくはテレビ産業がどのように表象されたのかを考察し、この時期のテレビをめぐるイメージと、映画人のテレビに対する意識を探る。第2章では、初期のテレビ・ドラマを映画との関係から探る。テレビ・ドラマはその誕生時から否応なしに映画と比較され語られてきた。そうした状況で、ドラマの作り手たちは、映画との差異を意識し、テレビ芸術を追求していくのである。第3章では、映画会社のテレビ事業への進出を考察する。各社はテレビの勃興に対して一九五〇年代半ば以降、テレビ局への自社作品の提供を停止したり、専属俳優についても会社の許可なしにテレビへの出演を認めなかったりと、テレビを敵視した対抗策を実行する。だが、各社はその背後でテレビへの接近も図っており、テレビ事業で成果を上げることを目論んでいた。

次に第II部では、これまでテレビの勃興による映画の衰退として語られてきたこの時期の映画産業の実態を、製作―配給―興行の産業構造の変化に着目して明らかにしたい。第4章では、興行的見地から映画産業に生じていた問題を洗い出し、そうした問題に興行者たちがどう対応したのかについて論述する。第5章では、大手映画会社の配給面での施策を中心に検討する。具体的には、映画配給の構造的変化を追いながら、興行を含めた、映画会社の映画を「売ること」についての戦略に焦点を当てる。第6章は、一九六〇年代のエロ映画とやくざ映画の流行の背景に目を向ける。両ジャンル映画は観客動員が低下していく中でも、大衆に支持された貴重な映画群だが、果たして映画会社がそうした映画の人気獲得のために、どのように市場へ働きかけていったのかを探る。

第III部では、映画人がテレビ・ドラマとの差異化を意識して取り組んだ映画のテクノロジーやそれによる映像表現の変化を辿る。なかでも、カラー映画と並んでテレビへの対抗措置として捉え直された大型画面映画であるスコープ映画をめぐる議論をおこなう。第7章では、そうした産業上の理由から流行を見せたスコープ映画について、一方で演出や撮影など映画芸術に関係する問題を取り上げ、製作の現場にどのような変化が起きたのかを考察する。次いで第8章では、前章での議論を踏まえて、加藤泰という独創的な撮影スタイルで評価された、日本映画史上重要な監督が、スコープ映画をどのように扱ったのかを作品から分析し、スコープ映画の達成について述べる。特に、スコープ映画が抱える先天的な問題に対して、彼がどう挑んだのかを、映像テクスト分析により明らかにしていく。

第IV部では、以上のような動向を踏まえた上で、テレビに一方的に人気を奪われたかに見えるジャンルに注目し、映画とテレビの両メディアにおける実際の交渉のあり様を具体的な作品を通して探っていく。第9章では時代劇、第10章ではメロドラマを取り上げ、映画とテレビが二つのジャンルのドラマを通してどのような相互作用をおこなったのかを検討する。

最後に終章において、本論で考察した内容を整理した上で、以後も続いていくメディア間交渉という視角から、現在までの映画産業の流れを展望する。一九五〇年代以降の映画とテレビの交渉が、果たして現在から見て、どう位置づけられ、どのような意味をもつものだったのかを同定し、それをもって本書の終着点としたい。

I
「電気紙芝居」ならざるもの

第1章　テレビ登場
――映画のなかのテレビ・メディア

『ＡＬＷＡＹＳ　三丁目の夕日』のテレビ表象

二〇〇〇年代以降の邦画において、興行的に成功し、数々の映画賞を受賞するなど評価を集め、シリーズ化されるに至った注目すべき作品として、『ＡＬＷＡＹＳ　三丁目の夕日』（山崎貴監督、二〇〇五年）がある。現在まで、同一監督で『ＡＬＷＡＹＳ　続・三丁目の夕日』（二〇〇七年）、『ＡＬＷＡＹＳ　三丁目の夕日'64』（二〇一二年）と併せて全三作製作・公開されているが、[1]そのどれもが、邦画年間興行収入のベスト・テンに入り、三〇億円以上を稼ぐヒット作となっている。[2]最新の映像技術と精巧な美術セットによって昭和三〇年代の東京の下町の様子が、ノスタルジックに再現されていることが一つの魅力として挙げられる（第一作目から順に設定では、一九五八年、五九年、六四年の東京が描かれている）。当時のことを知る映画評論家の佐藤忠男も「私はこの映画をおおいに楽しんだ」と賛辞を送り、「力道山の大活躍は近所の人々が大人も子どももテレビのある家に集ってみんなで見たし、子どもが遅くなっても帰ってこないと近所の人々が一緒になって心配して捜したものだった」と、映画にある場面を実体験に重ね合わせて、懐かしんでいる様子が見て取れる。[3]また監督の山崎が映画の感想を周囲の人物に聞くと、「みんな自分の話をしだすんですよ。『俺の家ではＴＶがいつ来た』とかね」と、[4]佐藤と同様に個人の経験を引き合いに出し、映画を語ろうとする傾向があることを指摘している。なるほど、当時を知らない世代にとっても十分に楽しめる作品だろうが、その時代を生きた世代には自らの思い出と絡めて観ることで、充実した映画体験ができたようだ。そして、そうした個人と映画とを強固につないでおくのに欠かせなかったのが、前出の二人も言及していた、テレビをめぐる描写である。例えば第一作目では、テレビを買った自動車修理工場の家に近所の人が大勢集まって、お祭り騒ぎで、プロレス中継に盛り上がっている場面があるし、第三作目では近隣住民の注目を集めながら、白黒テレビがようやく来た家と、待望のカラー・テレビを購入した家との衝突がギャグとして展開される場面がある。(5) このように、高度経済成長期の消費社会の象徴であったテレビと、それに群がり興奮する人々の様子を捉えた場面は、当時の印象的な情景として、懐かしさを覚える者が多かったに違いない。(6) ただここで、テレビをめぐるこうした場面を個人の歴史から眺めるのではなく、映画の歴史から見てみたい。すると、甘美でノスタルジックな光景が、違ったものとして見えてくるのである。

すなわち、「ＡＬＷＡＹＳ」三部作が描いた昭和三〇年代は、日本映画界にとって繁栄から衰退へと向かう転換期にあたる。そして、その転落の要因となったのが、「ＡＬＷＡＹＳ」で大勢の人の前に鎮座していたテレビであったわけだ。序章で述べたように、一九五〇年代は映画観客が年々大きく増加し、日本映画の黄金期と呼ばれていた。だが、一九五八年に観客動員が延べ一一億人を超える過去最高を記録するも、この年を境にして減少へと転じ、わずか五年後の六三年には半数以下の五億人にまで激減する。一方のテレビはと言うと、皇太子のご成婚パレードがあった一九五九年に、テレビ受信契約数が前年から倍以上の四〇〇万超に急増すると、(7) 六〇年代以降も着実に伸長していく。こうした時期的符合もあって、テレビの存在は映画の脅威と見なされるようになった。本章では、このような関係性を一九五〇年代や六〇年代の映画作品から再考してみたい。現代の「ＡＬＷＡＹＳ」が再生産した当時のテレビをめぐるイメージは、作品内部でどのように生成されていたのだろうか。以下では、同時代の映画作品において、テレビないしはテレビ業界など、総体としてテレビ・メディアがどのように表象されていたのかを分析し、映画とテレビの攻防の歴史を、映像の次元から探っていきたい。そしてそれを通じて、当時の映画人がテレビをどのように捉えていたか、その意識に迫ることにする。

映画人のテレビに対する態度

映画の中のテレビ・メディアを見ていく前に、映画産業のテレビ業界に対する態度を確認しておく。映画界の目立った動きとして、大手映画会社が自社作品をテレビに提供することを拒否したことが挙げられる。序章でもふれたが、大手六社は当初、テレビに劇映画を提供していた。だが、映画の提供料金の値上げに絡む交渉の決裂から[8]、まずは一九五六年十月に日活を除いた東映、松竹、東宝、大映、新東宝の五社が、テレビ局への自社作品の提供を停止した。さらに一九五八年には日活も加わり、大手映画会社の作品はここで完全にテレビでは放映されなくなる。テレビを明らかに敵視したこの措置は、一九六四年九月まで続くのだが、その間に、映画の興行収入がテレビ放送事業者の収入に抜かれるなど、力関係が逆転してしまう。それゆえ、映画産業は一九六四年の十月から劇映画の提供を再開し、これまでの敵対的姿勢から協調路線へと転換したと考えられている[9]。

アメリカでは、一九四一年のテレビの商業放送開始から五〇年代半ばまで、メジャー各社の長編映画は一般的にテレビで見られなかった。日本と同様、その期間には、売却金額で両者の間に隔たりがあった[10]。くわえて、メジャーのスタジオは俳優や監督、脚本組合などと面倒な権利交渉をしなくてはならず、また序章で述べた一九四八年のパラマウント判決から興行部門の分離を強いられたこともあり、劇場のオーナーに配慮して劇映画の提供が控えられた[11]。けれども一九五五年に経営が悪化していたＲＫＯが自社作品を大量に売却したことで他社もそれに続き、日本と同様、結局、映画会社とテレビ局との力関係の変化がメジャーの長編映画のテレビへの流出につながった。

日活以外の大手五社がテレビ局に劇映画の提供を停止していた一九五七年、『キネマ旬報』で「テレビと映画・一九五七年」と題した座談会が組まれた。[12] その席上で東宝製作担当重役・森岩雄は、NHK映画部副部長に対して、「もう我々が援助するという段階ではなく互いに協力するけれども、五分と五分とのビジネスで対して行く段階に来たと我々は考えているのです。その点から行くと、我々が今までテレビに供給していた映画の条件は余りに低すぎると、こういう判断からフィルムの提供を打切ったわけです」と映画界のこれまでの対応について述べている。フィルムの提供を「援助」という言葉で表現したり、その「援助」がテレビ界の不当な要求のせいで取り止めになったと主張したり、なるほど、そこから確執があることは読み取れるし、会社の舵取りを担う経営者サイドの人間からすれば、力をつけてきた競争相手にこうした発言をしてみたくもなるのだろう。もっとも、第3章で詳述するが、映画の経営陣はテレビを向こうに回して対峙するばかりでなく、テレビ局に出資したり、テレビ用フィルム映画の製作に着手したりと、提携することもおこなってはいた。けれども、大手六社はテレビ対策研究委員会で一九五六年七月に「テレビに対して積極的に協力しない」という表現で申し合わせをおこない、実質的には専属俳優のテレビ出演に制限を設けるなど、厳しい対応が目立っていたのである。[13] それでは、そうして会社から制約を受けた役者、それに映画を実際に指揮して作り上げる監督など、肝心の製作現場の人間たちはテレビをどう捉えていたのだろうか。

一般的に、映画人はテレビのことを「電気紙芝居」と揶揄し、見下す傾向にあった。映画もまたその最初期には、歌舞伎関係者から「泥芝居」と蔑まれていた。[14] 歌舞伎は檜舞台で演じられるのに対して、映画は土の上で芝居がなされるからだ。だが、そうした土の上での芝居に人気が出だすと一転、東京の劇場組合は所属の歌舞伎役者に映画に出演することを禁止する。[15] およそ半世紀後に映画会社がテレビ産業に対してとった対応とまさに同じである。それにより、映画出演は旅回りの役者などランクとしては落ちる者たちに限られていた。一方で、映画俳優たちのテレビ出演はどうだったかと言うと、たしかに会社との契約上の問題が絡んで困難だった人物もいたが、それでも、主演級のスターが続々とテレビの世界へと足を踏み入れていった。新聞紙面を見返すと、松竹の看板女優として活躍していた有馬稲子が一九五七年七月に『私は告発します』（日本テレビ）で初出演し、正義感の強い女子学生を演じたことや[16]、後に任侠映画の大スターになる鶴田浩二が一九五八年に『美しい灯に』（日本テレビ）で連続ドラマ初出演を果たし、弟思いで純情なサラリーマン役を務めたことなどが大きな話題として掲載されている[17]。また、三國連太郎が初出演した一九五六年のＮＨＫドラマ『どたんば』は芸術祭文部大臣賞を受賞し、翌年に映画化されるなど、映画スターの力が作品の成功に貢献することもあった。他にも、森雅之や山田五十鈴、杉村春子など、映画界でキャリアのあるベテラン俳優たちも、一九五〇年代半ば以降相次いでお茶の間に姿を見せていくのである。

また、監督たちについては、一九五八年、『キネマ旬報』のテレビ特集において、一一人の映画監督／脚本家に対して実施されたテレビ・アンケート調査から確認してみたい[18]。「テレビを関心をもって見ているか」という問いに対して、全員が「見ている」と答え、そのうち七人が「関心をもっている」とより好意的な反応を示した。さらに、「テレビ・ドラマの演出の意志があるか」という質問に対しては、実に一〇人が「ある」と答え、総じて挑戦する意志があったことが窺える。なかでも、市川崑は「映画会社が種々の事情で我々にやらしてくれないようなものを、小品にまとめてテレビ画面に演出し、それがテレビ・ドラマの一つの形式を創造することができたら、大変愉快なことだなあと思っています」と述べ、増村保造も「今のテレビ劇はあまりに映画的なのが気になります。もっとテレビの制約を生かしたらと空想しています」というように、テレビにおける演出の構想を話す者もいて、関心の高さを印象づけていた。

実際、市川にはテレビ界進出の機会がすぐに訪れる。「テレビ・ドラマをよくするには、なにも映画や演劇界から既製のスターを連れてくることだけでなく、むしろドラマの作り方にもっと重点をおかねばならないと思う」という日本テレビの阿木翁助芸能局長の思惑に対して、ドラマ作りのプロとして起用されたのが、市川であったからだ。[19] 彼はテレビ初演出に際して、従来のテレビ・ドラマ観も交え、あらためて次のように演出に対する意気込みを語っている。

今までのテレビ・ドラマは余りにも映画の手法にかたよりすぎていたと思う。両方ともに〝動く絵〟なのだからそれもムリはないが、私はそういうテレビ・ドラマの技法を一応ご破産にして、テレビそのものの機能を生かした可能性を実験したいと思っている。[20]

映画の真似ではなく、テレビ独自の技法を確立する。そうした意識で彼が臨んだのが、一九五一年の自作『恋人』のテレビ・ドラマ化だった。演出で映画的手法との違いを表現するには、自らが手がけた映画をドラマ化するのが最適と言える。一時間ドラマとして完成した作品は、一九五八年十二月に放映された。

市川崑と同様に巨匠クラスの監督である内田吐夢もまた、テレビに魅せられて参入してきた一人である。一九六〇年に新聞紙上で前出の日本テレビ・阿木芸能局長と対談し、「すぐそばできいているような会話の明りょうさは、テレビ・ドラマのもつ絶対の強みですね。一人一人の耳もとにささやきかけるような」と、テレビ・ドラマについて好意的な分析を展開していた。[21] 内田にテレビ演出の機会が訪れたのは、それから二年後。彼は直前に「テレビは一年生だが、テレビでなければ表現できないようなものを追求する」と、市川と同様にテレビの独自性を追求する意気込みを語っていた。[22] そうして手がけた作品が『土』である。戦前に内田が監督した映画のテレビ・ドラマ化だった。そう、彼もまた、テレビ初演出の舞台で、自作のリメイクを通して、テレビ演出の新機軸を打ち出そうとしたのである。

他にも一九六〇年代に入って、次々に映画製作者たちがテレビに活動の幅を広げていく。なかには、映画産業の衰退もあって仕事の機会が減り、否応なしに「電気紙芝居」に移っていったケースもあっただろう。だが、市川や内田ほか多くの映画監督たちは、テレビ・メディアに強い関心を抱き、そして実際にそこで仕事することを選択したのである。

テレビの登場

映画産業とテレビ産業の間で摩擦が生じている時代であっても、多くの映画製作者たちは、テレビと積極的に関係をもとうとしていたことがわかった。ではこれから実際に、同時代の映画作品においてテレビ・メディアがどのように扱われていたのかを見ていきたい。

日活を除く大手映画会社からのフィルム供給が途絶えたのは一九五六年のことだが、そもそもテレビ自体は、まだこの時点では、受信契約者数四二万で普及率は二・三％と国民にあまり浸透してはいなかった。[23] 吉見俊哉は、「少なくとも五十年代末に至るまで、家のなかで家族でテレビを見るというスタイルは、テレビ視聴のけっして支配的な形態ではなかった」とする一方で、[24] 一九五五年十月九日の『朝日新聞』夕刊を引用して「街頭テレビの大人気がピークを過ぎ、テレビの場所が『街頭から家庭へ』移動し始めている」ことを紹介している。[25] こうした状況だったので、その頃の映画においてもテレビが登場することはほとんどないが、それでもいくつかの作品で確認された部分を追っていく。

奔放な若者たちの姿を描いたいわゆる太陽族映画の代表作、『狂った果実』（中平康監督、一九五六年）を見てみよう。冒頭、主人公の石原裕次郎と津川雅彦の兄弟が訪れた海辺の友人宅で、太陽族＝若者たちは酒を飲みながら女の話をしているのだが、そんな彼らの背景に、当時の日常空間には珍しいテレビが置かれている。もっとも、彼らがそのテレビを観たり、何かそこに映し出されたりといった特別な演出はなされておらず、あくまでテレビは美術セットの一部として据え置かれているだけだが、テレビが家の中にあることがまだ一般的でなかった時代に、そうした美術設計が施されることで、彼らの居る場所が一般家庭ではない特別な家の一室であることがわかる。

映画美術とは、「どういう状況のもとでそのドラマが行われるか。そのためには場所がどうなるのか、それを決めることから始まって、例えばどういう建物があるとかどういう空間があるとか、そこに登場する人物はどういうものを着てるのか、どういう道具類を使うのか、あらゆることが関連してくる」と、美術監督の内藤昭は説明しているが[26]、この作品でテレビという高価な製品がそこに置いてあることはむろん、主人公の仲間の一人が、テレビが家にあるほどの金持ちの息子であることを意味している。そしてこの場面では、そんな金持ちの家で勝手気ままに遊ぶ若者たちの放蕩ぶりが表現されているわけである。

他の作品でも同様に、テレビは金持ちの指標として利用されている。例えば、吉村公三郎監督『四十八歳の抵抗』(一九五六年)では、保険金詐欺の疑いがある熱海の旅館経営者が、自宅にあるテレビで相撲中継を観ている場面が印象的に描かれ、あたかも数々の悪事を働いて金儲けしていることを想像させる。あるいは、川島雄三監督の『あした来る人』(一九五五年)、『続・飢える魂』(一九五六年)においても、それぞれ、ホテル経営者のオフィス、大学教授の自宅に、テレビが置かれているのだが、面白いことに、どちらも、テレビを持っているそうした金持ちから別の人物がお金を借りる(借りようとする)という設定があることだ。『あした来る人』では、カジカ研究者が社長のオフィスに、研究資金援助のお願いでやって来るし、『続・飢える魂』では、旅館の女将が大学教授の自宅に、借りていたお金を返しに訪れる。なるほど、資金援助という脚本上の設定に対して、依頼される方の人物は当然金持ちであり、金持ちならばテレビくらい持っているだろうという、美術的な配慮がなされたのかもしれない。くしくも両作品の美術監督は、中村公彦である。

ただ、ここで、われわれが本当に覚えておかなければならない名前は、監督の川島雄三である。というのも、彼は日本映画において、いち早く効果的にテレビ・メディアを活用した人物だからだ。

川島は、これまでに言及した作品より前の作品『愛のお荷物』（一九五五年）ですでに、テレビを意識的にスクリーンに登場させ独特な演出をおこなっている。この作品は、人口増加が社会問題となり、厚生大臣がその対策として国会で産児制限の必要性を説いている場面から始まるのだが、あろうことかその最中に、四八歳の彼の妻が病院で妊娠を告げられる。帰宅した彼女は、決まりが悪そうに娘たちにそのことを報告するが、次には妊娠の影響から吐き気をもよおし、その様子に娘たちは大慌てで介抱に右往左往する。さらに今度は、統制が効かなくなった状況をさらに混乱に陥れるかのように、突如として甲高い耳障りな音まで鳴りだす。それはどこからともなく聞こえてきた不協和音であり、産児制限を政策に掲げる大臣一家に降って湧いた現実の問題をアイロニカルに表現していると言えなくもない。だが、それにしても不自然な音である。そして、次の瞬間、その正体不明の音の出どころが判明する。騒動をよそに一人自室にいる長男が、夢中でテレビの修理をおこなっており、その音は、その壊れたテレビが発していたものだった。異常音は鳴り止まず、テレビの故障は直る気配がない。そうして暴走するテレビは、まさに一家の予想だにしない出来事の衝撃の大きさを物語っているのである。

テレビが家にやって来る

このように、当初、映画の中でテレビは登場人物の経済的豊かさの象徴として機能していたのであり、それを所有しているのはごく限られた人物だけであった。だが、そうした状況は次第に変化していき、一九五九年四月のご成婚パレードから一ヶ月後に公開された小津安二郎監督の『お早よう』では、「ＡＬＷＡＹＳ」を通して多くの人が回想したという、「テレビが家にやって来る」過程が描かれる。

東京郊外の新興住宅地では、もっぱら、子どもたちはテレビのある近所の家で、勉強そっちのけで相撲観戦をするのが日常となっている。その中の一組の兄弟が、親にテレビをねだるのだが、「うるさい」と拒否されてしまう。そこで、その兄弟は一転、何も喋らず、ご飯も食べないという子どもらしい反抗に出る。ついには家出騒動まで巻き起こし、周囲を心配させる。最終的には、二人は駅前でテレビを観ているところを近所の人に見つかり帰宅することになるのだが、帰ったら家にはテレビの箱が置いてあり、大喜びするという話の流れである。一九五八年には、相撲放送のある日はテレビを所有する家庭の子どもの勉強時間が少なくなるという調査結果が報告されており[27]、そうした同時代の子どもとテレビをめぐる状況が、風刺的に描かれた作品と言える。

一九五六年の杉江敏男監督作品『浮気旅行』でも、子どもたちは近所の家にテレビを観に行っている。仕事を終えて帰宅した主人公が妻に子どもたちはどこかと尋ねるが、それに対する妻の返答からそのことが示されるだけで、実際に子どもたちがテレビを観ている場面もなければ、その主人公一家にテレビがやって来る気配もない。もちろん、テレビが物語の大筋に関わる映画ではないので、それは当然の演出であるが、ただやはり、家庭を映し出した映画の中でのテレビの存在感が『お早よう』の前後で変化しているように思われる。

実際、一九六〇年の『黒い画集　あるサラリーマンの証言』(堀川弘通監督)では、帰宅した直後に主人公が目にするのが、テレビでボクシング中継を観ている子どもたちの姿である。『浮気旅行』の子どもは他所の家にテレビを観に行っておりテレビも含めて「不在」であったが、ここでは親から寝るように促されても布団に入らず(つまり「不在」とはならず)、眼前のテレビとともに「存在」している。おまけに姉弟でチャンネル争いをする始末で、テレビと子どもが関係する描写だけを見比べても、家庭内でのテレビの存在感が増していることが窺える。

他にも、一九六〇年代以降、多くの映画作品でテレビは現実社会と同様に、登場人物の生活に入り込んで、随所でその「存在」を印象づけている。そこではしばしば、ボクシングや相撲、プロレス中継といった、同時代の人気番組が映し出され、普段そうした番組を観ている日本人の生活を反映した演出がおこなわれているのである。

そのような中、テレビ番組が単なる生活感を生み出す小道具にとどまらず、物語の内容と積極的に関わるケースも出てきた。以前からテレビを重宝してきた川島雄三監督は『しとやかな獣《けだもの》』（一九六二年）において、テレビで若者たちが踊っている様子を提示するのだが、その際、悪事を重ねる人の皮を被った獣たちが同調して踊り狂う姿も収め、彼らの狂人ぶりを強調する。あるいは、岡本喜八監督の『江分利満氏の優雅な生活』（一九六三年）では、一階でテレビを観ていた祖父に、大型トラックの走行ではじかれたと思われる（トラックの映像は映らない）砂利があたって怪我をしてしまう。くしくもテレビでは、砂利道を疾走する馬を捉えたアメリカ西部劇が放映されており、トラックの勢いを馬の映像が代弁してみせる。直後に、祖父を心配して駆けつけた小説執筆中の彼の息子が、家の前は砂利道という設定で物語を構築することを決める。アメリカ西部劇のテレビ映画は、後発局の日本教育テレビ（NET）とフジテレビがそれを「売り」に放送を推し進めたこともあり、一九五〇年代後半から六〇年代半ばまで日本で盛んに放映されていた[28]。ここでは、そうした時代背景を上手に取り込み、物語とも有機的に結合させているのである。

また、テレビ業界にいち早く進出した市川崑監督も、テレビを活用して登場人物を特徴づけている。『私は二歳』（一九六二年）で市川は、二歳の息子よりテレビに夢中になってしまう愚かな会社員を描く。その男は嫁からの頼みで同居することになった母のためにしぶしぶテレビを買ってやるのだが、それに夢中になるのは当の本人で、彼はビニール袋を被って遊んでいる息子を放っておいて、相撲中継に観入ってしまう。その結果、息子は袋を被ったまま危うく窒息死しそうになり、その事態に激怒した母は、「相撲や野球ばかりにうつつをぬかしてないで勉強しなさい」と、二歳児とまではいかないが、まるで小学生を叱るような口調で迫る。ここでは、大人を幼稚にする装置としてテレビは働いているのである。

こうして、テレビは映画の中で表象され始めた当初よりも、一九六〇年代以降特に、テレビ画面に当時の人気番組を映し出しては、登場人物を引きつける装置となった。それは以前のように、単なる美術セットの一部として機能するだけではなく、物語の内容にも密接に絡む演出上のアイテムとしても利用されるようになっていったのである。

同時性

日活が一九五八年の正月映画として公開した『嵐を呼ぶ男』（井上梅次監督）では、新たなテレビの機能が開花している。

この映画は、「爆発的な大当りを記録し、裕次郎のスターとしての位置を確立すると共に、彼を中心としたスター・システムによる日活の製作方針の決定に大きな影響を与えた」と見なされている[29]、石原裕次郎ならびに日活にとって記念碑的作品である。流しをやっていたドラマー志望の青年・国分正一（石原）が、ジャズバンドの女性マネージャー（北原三枝）に見出され、一躍スターに上りつめる話であり、現実にも普通の大学生からあっという間に映画スターとなった裕次郎自身のことを指している物語とも言えよう。ただ、この作品では、国分＝裕次郎の存在を大衆に知らしめたのは、映画ではなくテレビである。

上昇志向の国分は売れるようになるために、ジャズ評論家・左京徹（金子信雄）と取引して、彼に自らの宣伝をしてもらう。そこで、左京が宣伝媒体として利用したのがテレビであった。まず、日本テレビのスタジオで（ちょうどこの時期、日活だけがテレビ局に劇映画を提供していたが、その日活の提供先が日本テレビだったことが関係しているだろう）[30]、左京が最近のジャズ界全般について視聴者に語りかける。その際、少し離れたところからキャメラが彼の顔に寄っていくのだが、傍に数台のテレビ・キャメラがあり、この映画自体のキャメラが、あたかも画面内と同様のテレビ・キャメラで撮られているかのような印象を観る者に与える（図1-1）。次に、キャメラが寄り切ったところで（図1–2）、スタジオの画面からテレビの画面へとつながり、左京が、「最近のジャズ界の話題は、［中略］国分正一君の台頭」という肝心の話をしているのを、テレビ画面が映し出す（図1–3）。

テレビはなにも誰かに観られるだけでなく、誰か／何かを観せるためにも機能する。前述のアンケートでテレビに高い関心を寄せていた増村保造もそうした機能を利用し、一九五八年の二本の作品『氷壁』と『巨人と玩具』で、テレビ・メディアを含めたマスコミに翻弄される人物を描いている。くわえてこの『嵐を呼ぶ男』では、映画には欠けるテレビの重要な機能も取り込んだ演出がなされているので注目したい。図1–2から図1–3へのショットの

図 1–1　『嵐を呼ぶ男』の一場面

図 1–2

図 1–3

移行がそれに該当する。当時から、テレビの魅力として「同時性」が挙げられていた。一九五八年の『キネマ旬報』のテレビ特集で、「テレビと芸術」の欄でも、まずこのことが第一に述べられている。[31]テレビ業界内部での「同時性」の表現については次の第2章で詳述するが、ここでは、そのテレビの特長を映画製作者が取り込んで演出していることに言及しておこう。左京がテレビで国分を宣伝するという演出だけを考えた場合、スタジオかもしくはテレビ画面で彼を収めた映像があれば十分であろう。実際この後、国分をスターにするべく、再度テレビに出演する左京はテレビ画面のみの登場で、また、有名になった国分がバンドとともにテレビ出演を果たす際には、スタジオ・シーンのみであった。

だがここでは、スタジオで左京が話している姿がテレビ画面でも映し出され、なおかつ、彼の発言と仕草が途切れることなく連続的に、またキャメラが左京に寄ったサイズとほぼ同じサイズで移行するなど、スタジオとテレビ画面は同期し連動しているように演出されている。それゆえ、スタジオで左京が話す言葉が、そのまま文字通り「生の声」として直接視聴者に届けられているような印象を与えるのである。

別の作品でも、こうしたテレビの同時性を意識したかのような演出がなされている。『銀座旋風児　嵐が俺を呼んでいる』（野口博志監督、一九六一年）では、ある殺人事件について、報道陣が警察署内で刑事を取り囲んで取材をおこなっているが（図1-4）、その流れの中で取材の状況が今度は白黒のテレビ画面に映し出される（図1-5）。『嵐を呼ぶ男』では、前掲の図1-1のようにスタジオでキャメラが数台あり、テレビの撮影であることは見当がつくが、この作品ではキャメラは不在で、またテレビ撮影だとは予想できない場所でもあるので、突然のテレビ画面への移行は、観客に大きな戸惑いを与える。そしてその戸惑いは、次のショットで、いっそう深まる。

テレビが消え、また図1-4のような署内のシーンに戻ったと思いきや、映画の色彩がテレビ画面の白黒から本来のカラー映像に戻らないのである。事件に関する取材が進む中で、われわれはこの白黒の映像を観続けることに

図 1-4 『銀座旋風児　嵐が俺を呼んでいる』の一場面

図 1-5

なる。この不可解さに明確な回答が出されるのは、再び図1-5のようにテレビ本体が映った時である。そう、不可解な白黒映像は、取材現場である署内を映し出したものではなく、あくまでテレビ画面上の映像として提示されていたのだ。警察署内からの生中継が展開され、さながら、取材現場とテレビ画面は同一の空間として扱われている。テレビを観ている者たち（登場人物／観客）は、刑事が話す事件の報道を、記者たちと同時に聞くことになるのである。

皮肉にもこの作品でテレビを使ってなされた報道という行為は、以前は映画で普通に見られたものだった。序章でふれたように、映像でのニュース報道は、テレビ・メディア以前には映画館でニュース映画として視聴されていた。ニュース映画は、新聞社と提携する複数の製作会社で作られ、個別に契約を結ぶ大手映画会社の配給ルートで劇場に配給され、劇映画の予告編に挟まって「週刊」で上映されていた[32]。けれども連日放送されるテレビ・ニュースがお茶の間に浸透していくと、ニュース映画の存在意義が問われるようになる。一九五七年に『合同通信映画特信版』で、「ニュース映画が、その報道の迅速性において、テレビ・ニュースにおされるのはやむを得ないことであり、その理由によって、商品として制約を受けることも当然であろう」と、テレビと比べ映画のニュース報道の問題が指摘されている。そしてニュース映画の今後の在り方が次のように提言される。

ニュース映画の生きる道は、日刊のテレビ・ニュースとはちがった、いわば「新聞」に対する「週刊誌」的な性格を持つ構成と主題の取材によって新しく開かれてゆくにちがいない。テレビ・ニュースの速報性に対抗してニュース映画は、厳密な構成、解説を加えた「時評映画」として、或いは「週刊誌」的な色彩を濃くすることによってその活路を見出すであろう。[33]

事実、こうした指摘の通りに、ニュース映画の内容も変化していく。一九六五年版『映画年鑑』では、「近年テレビ・ニュースの速報性に対抗する意味において、週刊ニュース解説といった形をとった」と、テレビ・ニュースの「速報性」に対して、ニュース映画ではニュースを掘り下げる「解説」に軸足を置くようになったことが伝えられている。そのため、取材は広範囲にわたると同時に突っ込んだものとなり、コメント収集にも時間をかけ、調査が綿密におこなわれるようになった。[34]だが、そうした試みが実践されても、ニュース映画の状況は好転せず、ついには各製作会社とも映画には見切りをつけて、テレビにニュース映像を配信するようになるのである。[35]

なるほど、『銀座旋風児』という作品は、ニュース映画の存在意義が問われだした頃に、映画にはないテレビ・ニュースの「速報性」を活用して、（ここでは「同時的」に）映画の中の事件を報道した。報道をめぐるメディア環境の変化に対し、監督の野口は自然に反応して、「テレビ」を「映画」で採用することにしたのだろう。その反応自体がやはり、ニュース映画の辿る運命を示していたと言わなければならない。

さらに、こうしたテレビの武器が映画で威力を発揮した作品群がある。加山雄三主演の「若大将」シリーズ（一九六一～七一年）である。このシリーズは、若大将こと田沼雄一が、毎度、スポーツや音楽で周囲を魅了する物語だが、彼が注目を集める特別な存在であることを強調するように、彼の活動は逐一テレビで生中継される。田沼家の家族、ことに祖母（飯田蝶子）は、テレビにかじりついて、現在進行形で展開する若大将の一挙一動に声援を送る。若大将がバンドのメンバーと勝ち抜きエレキ合戦に出場したとき、彼女は興奮して自らもギターを演奏しているかのような動きを見せるし（『エレキの若大将』〔岩内克己監督、一九六五年〕）、サッカーで試合終了間際に劇的なゴールを決めた時には、喜びのあまり踊りだす（『レッツゴー！若大将』〔岩内克己監督、一九六七年〕）。また、駅伝でようやくアンカーの若大将にたすきが渡りこれから追い上げるという絶好のタイミングでCMが入ると、彼女はそのCMの商品を「絶対買わないよ」と激怒する（『ゴー！ゴー！若大将』〔岩内克己監督、一九六七年〕）。

こうした祖母の反応は、われわれがスポーツ番組や音楽番組を観ている際、入り込んでしまって思わずやってしまう行動でもあるだろう。映画館という静粛さが求められる公共空間では難しいリアクションを、お茶の間では気にせずにできる。映画「若大将」シリーズは、同時性や即時性といったテレビそのものの重要な機能だけでなく、テレビ視聴における典型的な反応まで盛り込んで、若大将をお茶の間のヒーローに祭り上げたのである。

テレビ・ドラマ『マンモスタワー』と映画界

ここで、これまでとは逆に、テレビ・ドラマで映画がどう描かれていたのかを見ておきたい。この時代、「映画」を扱ったもっとも示唆に富むテレビ・ドラマが、一九五八年十一月一六日にKRT（現・TBS）で放送された『マンモスタワー』（石川甫演出）である。厳密には「映画界」に深く言及した作品であり、映画史的な文脈でも考察されるべきドラマである(36)。

『マンモスタワー』は、竣工（一九五八年十二月二三日）を控え、建設中の東京タワーを捉えるショットから始まる。ほぼ「同時的」に東京タワーの現状を伝える、テレビの特性を生かした演出がおこなわれている。タイトルの字義通り、巨大な東京タワーが、それを仰ぎ見る人たちの驚きの表情と共に捉えられ、まさに急成長を遂げていくテレビ産業を換喩的に表している。

すると、カットが変わり、同様に仰ぎ見る視点から収められた東京タワーが画面に広がる。けれども、その東京タワーはいささか違和感を感じさせる。冒頭とは違ってリアリティーがなく、「風速九〇メートルで倒れるそうだね。神風を祈りたいよ」という言葉が画面外から聞こえてくるや、直後に、巨大なはずの東京タワーが人の手で覆われ、握り潰されてしまう。どうやら、違和感を感じさせた東京タワーは紙に印刷された写真であり、それを映画会社の重役が握り潰したのである。本物のマンモスタワーを捉えた冒頭とはシーン自体も変わっていて、タワーが窓の向こうに見えるという設定のビルの一室で、映画会社の重役たちはテレビについて話を始める。彼らは「テレビ恐れるに足りず」、「テレビ番組は愚劣」、「テレビは迫力のない家庭娯楽に過ぎない」と並べ立ててテレビを酷評し、一方でこちらは「カラーにワイド」、つまり、まだ白黒テレビの時代に映画では色が付き、画面のワイド化が達成されたことを誇示するのである。ワイドスクリーンについては、第7章で詳述するが、いずれにしても、ドラマ冒頭で一般市民が、成長するテレビ産業の実像＝屹立するタワーに圧倒されていたのとは対照的に、映画会社の経営陣は紙の上の虚像を相手に、テクノロジーの革新を誇り、呑気なことを言っているのだ。このシーンの最後には、重役の一人が、テレビを酷評していたくせに、「日米野球の時間だ。テレビ観よ」と、無意識に発言しテレビに向かう。実に、ここまでわずか二シーンであるが、その対比を通して、映画界の現状が皮肉たっぷりに表現されている。ドラマは、その構図を継承するかたちで、エネルギッシュで多忙を極めるテレビ業界人と、組織に蔓延する時代錯誤の感覚に苦しめられる映画人の姿を描いていく。

こうしたドラマの内容だけでも注目に値するが、さらにこの作品が、元は大映の脚本家であった白坂依志夫によって書かれ、役者陣には、映画界出身者や映画出演経験のある者たちが揃っていることも興味深い。なにしろ、主役の映画会社の製作部長・黒木を演じたのが、黒澤明の『羅生門』（一九五〇年）や溝口健二の『雨月物語』（一九五三年）など国際的な日本映画で主演（級）を務めた森雅之である。映画界の顔とも言うべき人物が、この作品では映画産業の状況を批判的に語る。以降の章で何度か解説するが、一九五〇年代半ば以降、各社とも毎週のように新作を二本立てで公開することが常態化し、会社間の市場競争が映画の量産を通して展開されるようになっていた。このような現実に映画界で蔓延していた企業戦略について、黒木＝森は、現場を疲弊させ、作品の質の低下を招き、自らの首を絞める愚策だと非難するのである。黒木は、映画館に足を運び興行者の意見を聞いて、望ましいのは、やはり映画の量よりも質だと確信する。その劇場の前では、若者たちが映画の内容のマンネリ化を指摘し、テレビで拳闘の中継を観に行くことを決めてしまう。

実際、このドラマが随所で予言したように、大衆の映画離れは、放送翌年の一九五九年から始まる。一九六三年の『合同通信映画特信版』で、一三九人の映画興行者に興行の不振の原因を尋ねる質問（複数回答可）があり、一番はやはり、一一七人が回答を寄せた「テレビ」であったが、二番目には「映画の質の低下」が挙がり、五七人から指摘を受けた[37]。こうした実際の興行者の訴えを代弁するように、『マンモスタワー』では大手映画会社の製作部長・黒木が、旧態依然とした映画界の体質に立ち向かうのである。

断っておくが、黒木は映画界にばかり注文をつけるわけではない。テレビ業界の問題も指摘する。彼の義理の弟は、映画界で働くことを夢見て、まずはテレビ業界で演出を学んでいた。情熱があり、人を思いやることもできたその弟が、多忙な日常にかつての自分を失い、人格が変化してしまう。黒木は「変わったね。後悔するよ」と注意するも、弟は「機械になりましたよ」と堂々と言ってしまう始末で、この作品は必ずしも成長産業のテレビ界を礼賛しているわけではないのがわかる。

テレビ業界

それでは、映画作品に話題を戻し、テレビ表象の中でも、テレビ業界に迫ったものを見ていこう。この頃の映画には、『マンモスタワー』ほど真正面からテレビ業界を扱ったものはなかったが、部分的に取り上げている作品はいくつかある。先にもふれた川島雄三監督の一九五六年の作品『飢える魂』『続・飢える魂』では、有名建築家（小杉勇）の妻であるヒロイン（南田洋子）が、自らを家政婦のように扱う冷淡な夫とは対照的な、女として優しく接してくれる青年実業家（三橋達也）に好意を寄せていくのだが、その彼の手がける事業が日本テレビの新スタジオの建設で、また彼と密会する場所がテレビ塔の上だったりする。すなわち、はからずも夫が彼女に「テレビというのはこれからの産業だな」と言った台詞が物語るように、悪しき封建制の象徴のような夫に対して、これからの産業に従事する恋人は、彼女にとって、未来の人、自らの将来を委ねられる人として描かれる。さらに、ラストでヒロインは恋人を思いながら北海道に旅立つが、その機内からテレビ塔を見続ける姿は、未来のある「恋」と「テレビ産業」を同一視したイメージとして提示されるのである。

では、そのテレビ産業の未来は映画作品においてどう描かれたのか。一九五八年の増村保造監督『巨人と玩具』は、『マンモスタワー』も手がけた白坂依志夫の脚本であり、マスメディアの見方に似たものを感じさせる。この白坂の脚本を土台に、増村は「一種の非人間的なものを出そう」とし[38]、マスコミという「巨人」を相手に、人間性が崩壊していく人物たちを描く。冒頭のタイトル画面で、ヒロインである少女（野添ひとみ）のあどけない姿が提示されるや、ある瞬間で静止し、そのイメージが小さくなって増殖し、無数の静止画が画面を覆う。これはいったい何を意味するのか。この作品は製菓会社同士の熾烈な宣伝合戦が繰り広げられる話だが、彼女は一般人であるにもかかわらず、そのうちの一社の「トレード・キャラクター」に抜擢される。彼女は大人たちに言われるがままにポーズをとって、写真に撮られ、それが雑誌で大量に複製・散布されていく。あるときは人形のように宇宙服を着せられテレビCMで商品の宣伝をする。そして、その映像が各所で流れているところが映し出されるという具合に、冒頭の無数の静止画はとめどなく増殖し続ける彼女の表層のイメージを表している。だが、彼女のイメージが増殖するにしたがい、彼女を「玩具」としてしか見ない周囲の連中の非人間的な対応によって、彼女もまた、一般人だった頃の天真爛漫さを失い、自分らしさを欠いていく。彼女のCM撮影に同席したテレビの女性プロデューサーは「あの人は女じゃない。機械なのよ」と、前述の『マンモスタワー』にも出てきたような台詞を周囲に言われるが、その言葉はこの作品のマスコミ社会で生きる多くの人間たちに当てはまる象徴的な台詞である。

増村は翌年の恋愛喜劇映画『最高殊勲夫人』にも、どこかバランスを欠いたテレビ業界人を登場させている。若尾文子演じるヒロイン・野々宮杏子に好意を寄せるプロデューサー・大島武久（柳沢真一）がそうだ。大島は杏子のために、失業中の五五歳の彼女の父親に、一六ミリ映画製作会社への就職を世話してやる。当時の放送界は、それまでの生放送主体のドラマ製作の中で、一六ミリ・フィルムによる国産テレビ映画の製作を推し進めようとする最中にあった。映画会社もその気運に乗り、東映は一九五九年二月よりNETで『風小僧』の放送を開始し、大映、松竹も同年にフジテレビでそれぞれ『少年ジェット』『花の家族』といったテレビ映画の放送をスタートさせている(39)。当時、映画会社が将来性を見込んで飛びついたテレビ映画の製作を、この作品の「最新型のキャデラック」が好みのテレビ・プロデューサーは、愛する人の、いかにも古風を重んじる父親に紹介したのである。だが周囲は、それがどういった仕事か具体的にわからない。仕事内容を力説する大島を、杏子の弟は「いかれてるね、あのおっさん」と陰口をたたく始末。なにしろ、平然と「僕は庶民的な男ではありません」「あなたの将棋や碁や盆栽のお相手など、とてもじゃないができかねます」と言ってしまうあたりは、たしかに「いかれてる」としか思えない。さらに大島は父親に、就職斡旋の代償に、杏子との結婚を認めてほしいと言うのだが、当の杏子には交際も申し込んでいない状況で、それを父親にたしなめられるなど、周囲との温度差は歴然としている。

彼は職場では、リハーサルの予定が入ったかと思えば今度は突如中止になるという、不規則で目まぐるしい環境変化の中で仕事をしている。一九五八年十二月七日の『朝日新聞』は「テレビ病」に悩む放送マンと題して、調査対象の四四％のテレビ関係者が睡眠・食事の不規則から「仕事でいらいらすることが多い」と答えているという結果を報告しているが、そうした慌ただしいテレビ業界の日常の光景がこの作品では適宜挿入されている。

一九六一年の市川崑監督の『黒い十人の女』では、これまで述べてきたことを集約したような会話がなされる。女性テレビ演出家（岸田今日子）が芸能局長（永井智雄）に仕事のことで相談を持ちかけ、「メカニズムのなかで時間に追いかけられながら自分をフルに使って勝負するのが、現代の生き方だと思います」という持論とともに、「局長さんも仕事の捕虜ですか？」と尋ねる。対して男は、「テレビは特にね。仕事に切れ目がないから、クライマックスの連続だろ。［中略］とにかく、難しいことだよ。この仕事をしながら、人間であるということは」と半ば自嘲気味に返答する。二人の中では、演出家が言う「時間に追われる忙しい現代人の生き方」をもっとも体現しているのは、「テレビ業界人」なのであろう。けれどもそれは、局長に言わせれば、「人間であることの難しさ」を感じる地点でもある。テレビ作品『マンモスタワー』は混乱する映画業界に対して、猪突猛進で突き進むテレビ業界を取り上げたが、その勢いは、映画作品においては、「忙しい現代人の象徴」であり、人間らしくあることの難しさを告白したものでもあったのだ。

テレビ表象の推移

「ＡＬＷＡＹＳ」三部作によって再生産された昭和三〇年代のテレビをめぐるイメージが、テレビ産業との確執を抱えていた当時の日本映画ではどのように表象されてきたか、探ってきたわけだが、そこには、いくつかの特徴的なパターンがあったと言っていいだろう。

まだ、テレビが国民の間に浸透していなかった一九五五年から二、三年の間は、それはもっぱら、金持ちの象徴として置かれた美術セットの一部であった。だが、「テレビが家にやって来る」過程を撮った映画『お早よう』が公開された一九五九年の頃には、テレビはしばしば、その画面に当時の人気番組を映し出して登場人物を魅了するなど、より同時代の大衆の生活を反映するようなかたちで存在し、さらに物語と有機的に絡むケースも目立った。またテレビは、登場人物に観られる対象として存在するだけでなく、彼らを観せる装置としても一九五八年の正月映画『嵐を呼ぶ男』の頃より機能し始める。スクリーンのスターが映画の中とはいえ、テレビ出演を果たしていく。たしかに現実にも、テレビ・ドラマ『マンモスタワー』に森雅之が主演し、映画界を批判するような出来事も起こった。このように映画俳優がテレビ・ドラマに出て、お茶の間を賑わせる時代になったが、映画におけるスターたちの、ドラマ以外でのテレビ出演も、盛んにおこなわれるようになっていったのである。一九六一年からの加山雄三主演の「若大将」シリーズに至っては、毎度のように、テレビで若大将の活躍が、「同時性」や「即時性」といったテレビの特長を利用するかたちで大衆に伝えられ、若大将はまさにお茶の間のヒーローとして描かれていた。

「ＡＬＷＡＹＳ」は、古き良き昭和三〇年代の風景として、近所の人が集まって、お祭り騒ぎでテレビを観ているシーンを描いた。だが、こうして振り返って見た映画の中の原風景には、ストーリー自体の相違はあるが、そうした祝祭的なものは感じられない。それよりも映画製作者は、テレビという新しいメディアの個性、それはすなわち、社会における価値であったり、そこに提示される番組であったり、映画にはない機能性の部分であったり、またたは、忙しく慌ただしい業界そのものも含めて、そうした諸々の特徴に敏感に反応して、映画に生かすべく摂取していたように感じられる。そこには、同時代のテレビ産業との摩擦を踏まえつつ、映画を見直し、より良くしていこうとする強い意志が確認できるのである。

第2章　テレビとは何か、テレビ・ドラマとは何か

――映画との差異を求めて

テレビ・ドラマとは何か

大衆映画雑誌『キネマ旬報』で一九五二年十一月、テレビ欄が設けられる[1]。当時、まだテレビ放送は日本で始まっていなかったが、テレビへの関心は映画界で高まってきていた。事実、この最初の記事には、東宝社長・小林一三が欧米へテレビ普及の現状を視察しに行ったことが掲載されている。当時小林は日本テレビの相談役を務めていたが、テレビに対する警戒心を露わにし[2]、欧米にテレビ視察に向かったのである。テレビとは何か。その実体を掴もうとする動きが、放送開始以前から映画界で活発化していた。

一方、テレビ業界誌においても一九五三年の放送開始時から、映画を意識した記事が掲載されていた。日本放送協会編集の『放送文化』一九五三年四月号で、「テレビジョンの映像は、映画ではないけれども、キャメラによって捕えられるポジションの組み合わせが第一なのだから、多量に映画的手法が行われなければならない」と述べられ[3]、映画技法の導入が求められた。そうかと思えば、同じ年の『放送文化』六月号では「テレビと映画との違い」についての論評が掲載され、「テレビジョンにその絶大な威力とする即時性と現実性をあたえる」と記述されている[4]。第1章で述べたように、テレビの特長を即時性・同時性と見なす映画製作者がいて、一九五八年の正月映画

『嵐を呼ぶ男』などでそのテレビ的特性が表現されていた。テレビ業界誌では一九五三年にすでに、即時性についてふれられ、現実性の視点と共に、映画との違いを生み出す要素として強調されている。これは何も日本に限ったことではなく、アメリカでもテレビ人たちは生番組の即時性がテレビの美学的本質だと考えていた(5)。近年の研究でも、スタジオでの生放送が中心だった我が国の一九五〇年代、六〇年代のテレビ・ドラマに対して、「先行するメディアであった映画との差異を求め、テレビ的な表現を模索した」という見解が示され(6)、テレビ・ドラマをめぐるイデオロギー的言説の推移が整理して伝えられている。

本章では、こうした先行研究の成果を踏まえながら、いまだ十分に精査されていない一九六〇年代までの初期テレビ・ドラマ製作を言説と実践の関係の中から考察していく。そこに映画の存在がどのように作用したのかにも留意して、テレビ・ドラマの発展の推移とテレビ人たちの意識を詳しく見ていきたい。

テレビ・ドラマの夜明け

一九四〇年、日本で最初のテレビ・ドラマ、『夕餉前』が実験的に放送される。母親が持ち帰った写真を兄と妹がお互いの見合い写真と取り違える喜劇的ホームドラマで、父がいない一家の夕食前の団欒を描いたものであった(7)。それから一三年、実験放送の期間を経てついにテレビの本放送がスタートし、テレビ・ドラマも開花する。以下では、テレビ・ドラマの起源として、テレビ放送が開始された頃の製作の様子を確認しておきたい。

本放送最初のテレビ・ドラマは、一九五三年二月四日午後八時〜八時半に生放送された『山路の笛』である。二月一日のＮＨＫによるテレビ放送開始から三日後のことであった。生放送であるため、この歴史的ドラマの現物を確認できないが、美術を担当した橋本潔氏に筆者が取材したところ、当時の製作の状況を知ることができた(8)。『山路の笛』が具体的に始動したのが、前年の一九五二年末からで、それまで映像の技術的試験を繰り返してはいたが、実際の話の内容をどうするかは決まっていなかった。そこで橋本が慌てて妻に相談したところ、彼女がシナリオを書きそれが採用された。彼女は杉賀代子といい、その後何本もドラマの脚本を手がけることになった。橋本は「テレビ・ドラマを書くということがどういうことか、そのシステムも何もかもできていなかった」と述懐している。

あらすじは次の通りである。山道の池にさしかかった若い男女が語りだすと、伝説の世界へと切り替わる。山路という農夫が天女に恋をして妻にするが、美しさに惹かれて働きに出ない。そこで妻の天女は絵姿を紙に描いて彼に渡す。山路はようやく畑に出るが、そこで風のせいで絵姿が飛んで行ってしまう。山路は絵姿を探して彷徨する。そうした中、絵姿を入手したその土地の王子がこれを気に入り、天女を捜して王宮に連れて来る。王子は天女を妻にしようとするが、彼女は従わない。家に戻った山路は嘆き悲しんで篠笛を吹き、池に入水自殺する。帰って来た天女も、追いかけて入水する。[9]

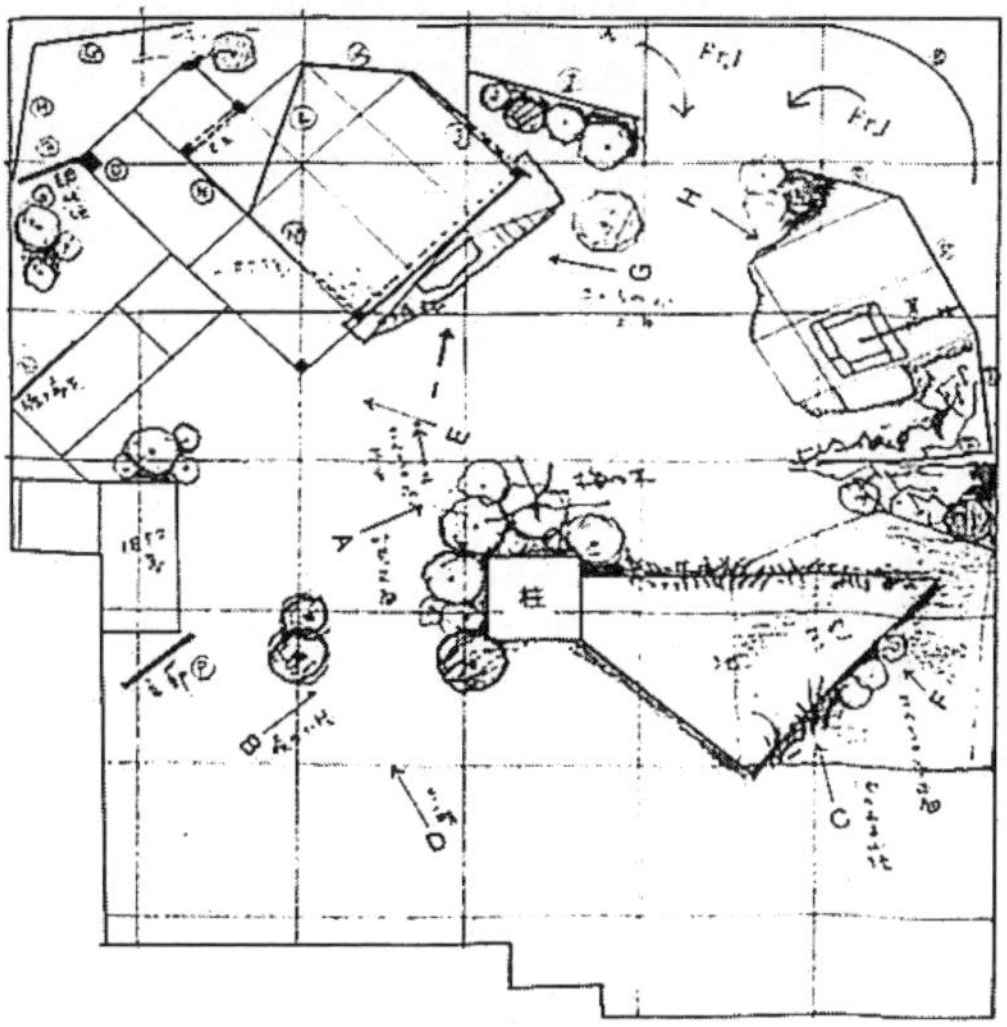

図 2-1 『山路の笛』のセット平面図（橋本潔『自分史 テレビ美術』レオ企画，1996 年）

この物語を映像化するため、橋本を中心とした美術スタッフによって、若い男女が語り合う池、山路の家、王宮の一室と庭の、三杯のセットが図 2-1 のようにスタジオ内に組まれた。ただしスタジオと言っても、NHK の普通の事務室を撮影用に充てたにすぎず、図に記された「柱」はセットとして造られたものではなく、元々の建物の柱であった。いかにＮＨＫが本放送開始を急ぎ、その結果、ドラマの製作スタッフは劣悪な環境の中、制約の多い状況で仕事をしなければならなかったかがわかる。

また、生放送での撮影にも大きな問題があった。セットの内側にキャメラが二台用意され、スイッチ操作によってそれぞれの映像が切り替えられる仕組みになっていた。長短のカットを織り交ぜて五一カットで撮られたようだが、単純に放送時間をこのショット数で割ると、ワン・ショット当たりの平均時間（ＡＳＬ：Average Shot Length）がおよそ三五秒となる。第7章で詳述するが、ＡＳＬ三〇秒以上というと同時代の映画と比べてもとても長く、長廻しの美学が特徴の溝口健二監督作品と同等の数値である。ただ、この作品では美学的見地から長廻しになったのではない。

> 流れる画という点では映画に通じるに違いないテレビだが、映画のカメラと全く違うテレビカメラの構造と機能の前に、立ちすくんでしまったと一様に告白しているのは興味深いことである。流れる映像としてのショットのモンタージュというには重いカメラ。あまりにも機動力に欠ける。しかも録画ということが全く考えられない当時にあって、映画における編集という作業はない。生放送での二台のカメラの切替えという作業がそれに近いとはいっても、それで果して流れは出るものだろうか。［中略］重たいカメラの操作からくるカメラ・ワークの制約、それからくるドラマ構成上の時間的空間的制限、そういった表現上の問題がある一方、メカニックの操作とナマの演出指導とをどう調和させていくかという処理上の問題がある。(10)

この記事はテレビ放送開始前の実験放送時代に、ＮＨＫでドラマ演出に携わることになった者たちの反応を示したもので、キャメラの機動力や性能の乏しさが、編集を交えた自然な映像の流れを邪魔する要因であったことを伝えている。なるほど、一台のキャメラが場面転換やアングルの変化などを表現するため、移動の必要があったとき、もう一台のキャメラはそのための時間稼ぎとして映像を提示し続けなければならない。その際、キャメラは機動力に欠けるため移動に時間がかかり、映像を映し出している方のキャメラは必然的に長廻しになるというわけだ。美術監督の橋本はこの撮影現場を振り返り「カメラがどういう風に動くかっていうルートもちゃんと頭の中に計算を入れて、舞台装置の平面を書いて、スタジオの中に入れ込んで、それから、小さいスタジオだからスタッフが何処に逃げるかという。そこまで全部やるのが美術だった」と述べ[11]、美術が果たした役割の大きさを明かしている。

演出家の大山勝美は、生ドラマ時代の製作の特徴として、真っ先に「捨てカット」を挙げている[12]。これは、今述べたことと目的が同じで、キャメラ移動のための、つなぎのカットのことを指す。あえて撮る必要のない映像を一台のキャメラが収め、その間にもう一台のキャメラが所定の場所まで移動することが目的である。他にも、役者が着替えたり、メイクしたりするための時間稼ぎとしても「捨てカット」は利用され、大山は「テレビドラマのナマ時代は、その意味からいえば、ムダなカットだらけであった」と語っている[13]。

そもそも実験放送の期間に製作されたドラマは、こうした問題もあってか、一幕もので構成されていた。キャメラは重いばかりでなく、光に対する感度も悪く、照明に膨大な光量を要し、そのせいでカツラやセットの一部が燃えたという逸話も残されている[14]。製作者は来るべき本放送に備え、劣悪な環境下での製作技術の習得が求められた。そこで、一九五一年九月から演出研究会が定期的に開催されるようになる。そこには映画界から監督の山本嘉次郎、キャメラマンの三浦光男、唐沢弘光、美術の松山崇など一流の映画人たちが講師として招かれた[15]。本放送開始前にはすでに、多少なりとも映画の製作手法が流入していたのである。次いで、一九五二年十二月に今度はアメリカNBCの演出家テッド・アレグレッティが来日し、以後一年半にわたり東京で演出指導をおこなった。彼の講義に参加した演出家の加納守は、「ここで初めて体系的にテレビ演出というものの基礎知識を教えられた」と述べ、その内容について次のように語っている。

まず原則として、見られるものであること。ラジオ、映画と違って時間とスペースに非常な制限があること。画面が小さいからセットも人物もなるべく単純化された方がよいこと。セットは出来るだけ多方面からとられるように工夫しなくてはいけない、等々、また概念的な事では舞台、映画、ラジオとテレビの相違その現実性、自然迫力の問題、ショットの種類とその目的、アングルの心理的効果、等々であった。[16]

アレグレッティはテレビの制約を踏まえた上で、映画など他のメディアとの違いをいかに打ち出していくかを意識して伝えていたように感じる。『日本放送史　下』の中で、「ＮＨＫ第一線に活躍するディレクターは、ほとんど全部が彼の指導を受けており、初期のテレビに大きな貢献をした人として忘れることはできない」と評され、彼のそうした指導が当時影響力をもっていたことが読み取れる。

『山路の笛』の演出家・畑中庸生もアレグレッティに教えを受けた一人であった。畑中をはじめ、テレビ・ドラマの発展を託された初期の演出家たちが、実験放送時代にすでにテレビ的演出術を外部の人間から学んでいたことは記憶しておきたい。

ドラマの制約

ＮＨＫに遅れること半年余り、一九五三年八月二八日に初の民間テレビ局として日本テレビが開局する。さらに、一九五五年四月一日には現在のＴＢＳであるラジオ東京テレビ（ＫＲＴ）が開局し、日本テレビのスポーツ中継に対抗して、ドラマを看板にした放送を推し進めていく。事実、それを意識して製作された探偵ドラマ『日真名氏飛び出す』は、四月九日に早速放送を開始すると、一九六二年七月一四日の最終回まで七年にわたる異例の長寿番組となり、放送回数は計三八〇回を数えた。[17]その記録は、同時代の他局の連続ドラマのそれを大きく超えており、

「ドラマのＴＢＳ」と呼ばれる原点となったのである。こうして、テレビ・ドラマが着実に大衆化していく中で、それでもやはり、スタジオでの生放送が主流の製作の現場では、いくつかの問題が製作者の頭を悩ませていた。

前節でも言及した撮影の問題について言うと、映画と比較してテレビでは完璧な画を積み重ねていくことがほぼ不可能であった。映画では多くの場合、一台のキャメラでワン・ショットずつじっくりと撮影されるが、生のテレビ・ドラマでは二、三台のキャメラで次々と対象を映し出さなくてはならず、それゆえ問題が発生する。例えば、「一方のカメラでは丁度よい所にある立木も、次のカメラではそれが邪魔になる。苦心した小道具も、カメラの位置が狂えば画面から外れてしまう」[18]。同様のことは、照明についても言える。テレビでは映画のようにショットごとに照明を調整することは困難で、全ショットで大した調整なしに撮影できるよう、ある種、妥協的な照明設計がなされていた[19]。また、日本で最初のまとまったテレビ論を上梓した脚本家の内村直也は、その自著の中で「テレビ演出のなかで、最も重要なものは、タイミングでしょう」と語っている[20]。これは編集のことを意味し、テレビ演出家が数台のキャメラから送られてくる映像をどのタイミングで切り替えるか、それが彼らの重要な仕事であると指摘している。撮影終了後フィルムの編集に時間をかけられる映画とは違い、当時のテレビは生放送であるため演出家は現場でそれをスタッフ（映像を切り替えるスイッチャー）に指示しなくてはならず、個々のショットだけでなく、ショットの連結にも注意し、ディレクションしなければならなかった。

当然ながら、製作者たちはこうした作業を即興でこなしていたわけではない。事前にコンテが用意され、リハーサルが重ねられた。図2-2は一九五九年四月に日本テレビで放送されたドラマ『脚』の冒頭部のコンテである。「カメラ」「画面」「音響」と三段に分かれていて、右から左にドラマが進行する中、それぞれにどのタイミングでどのようなアクションを起こす必要があるのか、整理して書かれている。ここで「カメラ」に注目してみると、最初に数字、すなわち映像を映し出す「カメラ」の番号が記され、続けてその「カメラ」の動きが指示されている。

カメラ	画面	音響
③ 草壁、KS FOLLOWする。	38 研究室 夜 ○ずぶ濡れの草壁が帰って来る。ガックリと椅子に腰かける。	S.E. 暴風雨
① 窓、UP PAN 草壁、WS	（窓の外、）すさまじい暴風雨。	S.E. ドアの音
②（吹替）スエ、FF	○ドアがギイと開いて中年の女、内田スエが入って来る（幻）	
① 草壁、BS DIして―同、CU	○草壁、恐怖に見開く眼で見つめる。	
③（前同）		内田、（ゆっくり）、

図 2–2　ドラマ『脚』の冒頭のコンテ（『シナリオ』1959 年 12 月号）

本番当日、演出家はこのコンテに従って編集などの指揮をとっただろうし、キャメラマンほか撮影に関わるスタッフたちは、「カメラ」の内容からやるべき仕事を順番にこなしていったに違いない。

以上のようにハードワークを強いられる初期のテレビ・ドラマ製作において、製作者たちも相応の対策を講じていた。すべてを生放送でおこなうのではなく、一部にフィルムを使用すればいいという考えである。「フィルムが出ている間に、次のカットの準備ができる。カメラは移動できるし、俳優も誰も助かる」[21]。その上フィルムを使うことで、スタジオの限定的空間から解放されロケ撮影がおこなえる[22]、などの利点もあった。そのため、コストの問題ですべてをフィルム製作にすることは難しくても、部分的にフィルムを使用することは実践されていった。

けれども、これにも問題があった。フィルム映像とテレビ映像では画質が異なるため、組み合わせたときに違和感が生じるのである。事実、一九五六年度の文部省芸術祭賞を受賞した『どたんば』では、演出の永山弘が当初はフィルム使用を考えつつも美的な観点からそれを断念している[23]。さらに、フィルムを使用して周囲から批判を浴びたと語るのは、KRTの演出家・高橋太一郎である。彼は前述の『日真名氏飛び出す』を担当してフィルムを使った際に、「テレビはフィルムを使っちゃいかん、テレビはスタジオの生放送が本道で、フィルムは邪道だ、という意向が世間にありました」と明かしている[24]。そうした批判の背景には、やはり映画との違いを打ち出す「同時性」の観点があり、それゆえ「生放送が本道」だという考え方には彼も理解を示している。だがその一方で、同ドラマは「スタート間もなく十六ミリのロケ・フィルムを間にはさむという新しい試みで、ドラマの展開に変化とテンポを持たせた」と評価され[25]、またそもそも、フィルムを効果的に使用していなければ、三八〇回の放送は果たせなかったに違いない。テレビ・ドラマの独自性を目指すか、実利的視点を採用するかで、初期のドラマ製作の言説と実践は揺れ動いていたのである。

現実問題として、テレビ・ドラマが発展し量産される中で、いつまでも生放送だけで押し通すわけにはいかなかった。一九六〇年代になるとフィルムやVTRを全編で使ったドラマが多く生み出された。だが、それでもテレビの独自性を求める動きが強かったのも事実である。ドラマの「同時性」へのこだわりは、テレビ放送元年にすでに確認できる。一九五三年八月二八日の午後八時〜八時一五分に日本テレビが放送した『生と死の十五分間』(池田義一演出)は(図2-3)、デパートの屋上から投身自殺を図ろうとする男の救出を描いたドラマであるが、その救出に要した時間がタイトルの通り一五分であった。劇中で男が助けられるまでの時間と視聴者がそれを見ている現実の時間がちょうど重なるように演出されているのである。日本テレビはテレビ自体の宣伝のため開局当初からおこなった街頭テレビを、大相撲やプロレスなどスポーツ中継を見せることで成功につなげたが、同様にドラマも中継するという感覚で「同時性」と絡めた作品『生と死の十五分間』を生み出したのかもしれない。

こうした「同時性」をめぐる表現の探究が最初に結実するのが、文部省芸術祭賞をテレビ・ドラマで初受賞した一九五五年十一月二

図 2-3 『生と死の十五分間』の演出スナップ(『月刊民放』1976 年 7 月号)

六日放送のＮＨＫドラマ『追跡』（永山弘演出）である。芸術祭と言えば、初期テレビ・ドラマ史を語る上で看過できない事項であり、「各局が芸術祭で競い合うことによって、テレビ的な表現の可能性が飛躍的に引き上げられた」とも見なされている意義深い舞台だった[26]。一九四六年に始まった芸術祭に、テレビ・ドラマが初参加したのが五四年のことであり、『追跡』は早速その翌年に受賞したことになる。内容は東京、大阪で暗躍する密輸団を刑事たちが追跡する刑事ドラマであったが、注目すべきは東京、大阪のスタジオと、東京・月島、大阪・道頓堀の屋外を結んで展開された「四元放送」という試みであった。使用キャメラ一一台、スタッフ二九五名による大規模なテレビ・ドラマで、「ことに、かくしカメラで撮影している太左衛門橋の上の捕り物を、本物の捕り物かけんかかと、繁華街の通行人が多数なだれこんできたなまの迫力は、テレビの即時性の強みを画面上に証明」したと言われている[27]。生放送のドラマに、一般人が知らないで入り込むとは、今ではとても考えられない出来事だが、そうしたアクシデントもテレビの同時性や即時性の魅力として理解されていたのである。

基本的に生ドラマは、ロケではなくスタジオ・ドラマとして製作されたが、それでも芸術祭参加作品など特別なドラマでは、「同時性」を強調するように屋外から中継して放送されることもあった。例えば、一九五七年の芸術祭賞を受賞したＫＲＴドラマ『人命』（石川甫演出）では夜の駒沢球場を使って、そこで本当に事件が起きているかのように生ドラマで描かれ、「ドキュメンタリ・ドラマ」と称された[28]。テレビ・ドラマの「同時性」をめぐる表現の探究は、こうして芸術祭という輝ける舞台の存在で、より注目されるものになったのである。

『私は貝になりたい』の反響

初期テレビ・ドラマ史の転換点として、重要な位置づけにある作品が、一九五八年十月三一日放送のＫＲＴドラマ『私は貝になりたい』（岡本愛彦演出）である。この作品は、フランキー堺演じる理髪師が戦時中、上官からアメリカ兵の捕虜殺害を命令され、殺しはしなかったものの、戦後、軍事裁判に掛けられ殺害に加担したとして処刑されてしまう話で、遺書として最後に語られた「私は貝になりたい」という台詞と共に、多くの感動を呼んだ。放送終了後には新聞各紙に多くの投書が寄せられ、なかでも男子中学生からの「私は貝になりたくない」という表現で反戦を訴えた投稿が注目を集めた。(29) 予想通りこの年の芸術祭賞にはこの作品が選ばれ、審査員からは「一瞬にして消え去るテレビ芸術が放送後世上に大きな反響を与えた」と賛辞を送られている。(30) まさに『私は貝になりたい』によって、テレビ・ドラマが市民権を得たと言っても過言ではない。事実、こうした反響に呼応するように、この頃より「テレビ的特性」をめぐる議論が過熱しだしたと考えられている。(31)

もっとも、こうした過熱ぶりはテレビ業界内だけにとどまらず、ライバルである映画産業にも波及していった。『私は貝になりたい』が放送された一九五八年と言えば、テレビが一〇〇万台を突破した年で、大手映画会社六社がすべて、劇映画をテレビ局に提供するのを止め、また『キネマ旬報』で「テレビの威力とその責任」という座談会が組まれるなど、(32) テレビの勢いが映画人たちに実感として伝わっていた。そうした状況でこの作品が話題を呼び、その人気に目をつけた東宝が翌年、脚本を担当した橋本忍を監督にして映画化したのである。以下では『私は貝になりたい』のテレビ版と映画版を比較して、そこにどのような表現上の差異が存在するのかを見ていきたい。

テレビ版『私は貝になりたい』の特徴でまずふれておくべきは、この作品が放送された一九五八年に導入されたＶＴＲを活用している点である。主人公の理髪師が米軍に連行されるまでの前半約三〇分がＶＴＲ放送で一三一ショットから成り、軍事裁判からの後半一時間ほどが生放送で三三一ショットで撮られている。(33) ここからワン・ショット当たりの平均時間を算出すると約一〇秒となり、初のテレビ・ドラマ『山路の笛』がＡＳＬ三五秒であったことを思い返せば、明らかな技術的進歩があったことが読み取れる。前半部は主人公・清水豊松の地元・高知での家族との生活、応召後の軍隊での生活などで構成されているが、映画では同一の構成のもとこれらの部分が、大胆な

図 2-4　映画版の冒頭

図 2-5　テレビ版の冒頭

ロケーションによって、空間的な広がりを見せている。VTRと言ってもそれは当時録画機能のみで[34]、映像／音響の切断・接合による編集が十分にできるようになったのは一九六〇年代に入ってからであり[35]、ここでは「捨てカット」の排除を目的に導入されたにすぎなかった[36]。そのためまだスタジオ・ドラマの名残があるテレビ版とは違い[37]、映画版では例えば冒頭で海辺の綺麗な風景が描出され（図2-4）、「私は貝になりたい」というラストの台詞の価値がいっそう高められている。なにしろ邦画各社は、従来の縦横比一：一・三七のスクリーンを横に大きく拡大させた縦横比一：二・三五のワイドスクリーン映画を一九五七年より作り始め、その大画面の強みを活かして、壮大な景色やスペクタクルなアクションを頻繁に描くようになっていく。映画もまたテレビにはない独自性の追求を画面の拡大という形で果たし、映画版『私は貝になりたい』はそれを誇示するように、海辺の鮮やかな景色を大画面いっぱいに映し出して見せたのである。

　一方、テレビ版の始まりはと言うと、東京裁判にて東條英機に死刑判決が下される実際の記録映像がはめ込まれている（図2-5）。演出家・岡本愛彦の明らかな意図が感じられる演出である。ここで岡本がこの作品の演出の狙いについて語っている言葉を引用してみたい。

　橋本［忍］さんと私の計算は、つまり戦争というものが、まだ拭いがたく我々国民の中にあった。それから戦犯の裁判というものも、我々の生活と並行してあった。処刑といったことも一緒にあった。したがってあのドラマの進行の中で、視聴者の国民の気持ちというものが、いろいろなウェーブを描いて、直接、共に生活していたわけですね。それを計算しよう。ですから作品の中では、そういうものを余りうたわないで、むしろそういうヒントだけを与えて、心の劇場理論なんですけれども、そういうものと一緒にさせて、視聴者とテレビと両方がシンクロしてドラマをつくっていく、そういう方向でいこうじゃないかということだったのです。我々が現実に経験してきたことを土台にして、そういう感情とテレビの画面をうまくかみ合わせて、それを言わないで自然に感動を盛り上げるという計算から出発したわけです。(38)

言葉を慎重に選びながらも、まだ現実の問題として国民が拭えない戦争の記憶に、ドラマをなんとか絡ませていこうという岡本の思いが見て取れる。それでは、岡本が「戦争というものが、まだ拭いがたく我々国民の中にあった」と語る一九五八年とはどういう年だったのか。放送評論家の佐怒賀三夫は次のように指摘する。

前年五七年に起きた「ジラード事件」に引きつづいて、米兵の日本人射殺事件「ロングプリー事件」が発生し、私たちはまだ米軍支配下であることの実感を強く味わわされた。それから、この五八年にはまだ巣鴨拘置所に戦犯が収容されていて、その一人が首を吊って自殺するというニュースも伝えられ、巣鴨とか戦犯とかは、当時は非常にアクチュアルな問題だった。(39)

ここで、佐怒賀が使ったアクチュアルという表現が、当時の資料を振り返ると、『私は貝になりたい』の頃から、テレビ・ドラマをめぐる言説において盛んに用いられるようになっていた。事実、岡本も「テレビはニュースと云う強烈なアクチュアリティーを視聴者夫々の家庭に流し込む窓口です」とテレビを定義し、(40) さらにテレビ・ドラマについては「〈アクチュアリティーを持つマスメディアであるところのテレビ〉の中で呼吸するドラマである」と断言している。[41]なるほど、彼のこうした考えが、冒頭で「ニュースと云う強烈なアクチュアリティー」のように実際の東京裁判の記録映像を引用するに至ったのかもしれない。この作品の構成を再確認すれば、VTRから生放送に切り替わった最初の場面が、豊松が連行され、捕虜殺害に関係した人物たちと共に軍事裁判に掛けられるところであり、フィクションと事実の違いはあるにせよ、それは冒頭の東條に対する裁判の記録映像と対応している。冒頭では、裁判の部分で映像が途絶えるので、ドラマ後半部では冒頭の映像を引き継ぐ形で、裁判の後、巣鴨拘置所に送られた豊松たちの不安な生活が描かれていくのである。映画評論家・岡田晋によれば、この後半部に当時の評価が集中している。

「私は貝になりたい」がテレビに放送された時、多くの人々が前半と後半の分裂について指摘した。事実、テレビでぼくたちに強い感動を与えたのは、動きのもつアクチュアリティを、人物から強く感じさせる法廷シーン、巣鴨プリズンのシーン、刑場のシーンであり、このアクチュアルな迫力から、見る者は作者の設定したテーマを思考することができた。これに比べて、前半の出征から戦場へかけてのシーンは、今までの映画を下手に真似たようなところがあり、むしろこの部分を切りすてて、巣鴨プリズンだけにシーンを制限し、動きをギリギリにつきつめた方がよかったのではないかと、これも多くの人々が批評したところである。[42]

前半が映画の真似と映り低評価であるのに対して、後半はまたもアクチュアリティという表現が使われ視聴者に強烈な印象を残していたことが読み取れる。実際に、アクチュアリティを感じさせると言われたテレビ版後半部の演出を分析してみたい。

事件に関わった戦犯者たちが、一人ずつ法廷で判決を言い渡される場面で、それぞれが真直ぐキャメラの方を向いてクロースアップで収められていく。これはテレビ版、映画版とも共通していて、画面外から判決内容を伝える声に対して、画面内の各自の反応がはっきりとわかるように「寄り」で撮影されている。ここで注目すべきは、映画版と違い、テレビ版における岡本愛彦の演出が文字通り人物にしかフォーカスを当てていないということである。厳密に言うと、焦点化する対象が画面内に人物しか存在せず、本来は背景として画面に映り込むべき法廷の様子が消失してしまっている。それまでのショットでは映し出されていた法廷が突如として消え、背景は何もない黒バックで処理され、人物が別の場所にいるかのように空間的連続性が切断されているのである（図2-6）。冒頭のアクチュアリティをもった記録映像と対応する重要な場面で、テレビ版ではそこに人物だけが立ち現れるのである。

図 2-6　テレビ版『私は貝になりたい』の一場面

こうして、背景が省略され人物が画面にアップで捉えられる演出を当時「カメ（ミ）オ・スタイル」と呼んで多くの演出家が好んで採用していた。これは、アメリカのテレビ・ドラマ「カメオ劇場」で使われていた技法に由来し、テレビの小画面の制約を逆に利用したものという見方があった[43]。映画の大画面と違って、テレビの小さな画面では省略される背景のスペースが小さいので、それがカメオ・スタイルに適しているというのである。そもそも、カメオ・スタイルに限らずテレビでは、クロースアップが他のショット・スケールと比較して重要視されていた。テレビ演出家の前田達郎は「テレビはクローズアップの美術だ、といわれているのは同感だ。それもこの画面の小ささから来ている」と語り、一方で「ジェット機が飛行機雲をなびかせながら入り乱れる空中戦とか、数千頭の馬が駆けまわるごときを、クライマックスとするドラマは、どうしても不向きのようだ。これこそワイドスクリーンの映画の分野だ。スペクタクルは、小さな画面では、逆におままごとになってしまう」とやはりここでも映画を引き合いに出して、テレビの小さな画面でのクロースアップの有効性を強調している。[44] 他にも、「テレビの場合、現実感とか聴視者との親近感を盛り上げるためにクロースアップの多用が強調されていた」といった意見もあり、視聴者への心理的働きかけが意識されていた。[45]

岡本はこうした同時代のテレビ的スタイルと同調するように、法廷シーンをはじめいくつかの場面で「カメオ・スタイル」を用いて、人物を前景化していく。その一方で、岡本はスタジオ・ドラマの特性でもあるだろうが、拘置所の外の景色を排除し、豊松たちを閉塞的な空間に追いやる。ときに金網や鉄格子など抑圧の象徴となっているものがクロースアップで全面に提示され、豊松たちが置かれている困難な状況が強調されるのである。まさに映画版が画面の大きさを活かして空間の拡大を図るならば、テレビ版は、空間を制限して豊松たちを徹底的にそこに拘束するのだ。テレビ版『私は貝になりたい』が特に法廷シーン以後、アクチュアリティを感じさせると評価されたのは、拘置所の限定的な空間で主人公の身体が文字通り拘束される、以上のような描写と関係していたのかもしれない。

アクチュアリティ

『私は貝になりたい』の批評で用いられたアクチュアリティという評言は、そもそも一九五〇年代の花田清輝や安部公房らの芸術運動で盛んに用いられ、文芸／映画批評の領域ですでに登場していたが[46]、テレビ・ドラマの批評においても、次第に使われるようになっていった。前節での岡本の言葉にもあるように、ニュースを扱うテレビはアクチュアリティとより結びつきが強いメディアだと認識され、その関係をテレビ・ドラマにも発展させることが目指されたのである。

テレビ・ドラマ批評における「アクチュアリティ」の使用は、完全な生ドラマが次第に消え、フィルムやVTRがしばしば劇中に挿入されるようになる一九五〇年代後半以降、顕著になっていき、生ドラマだからこそ説得力をもっていた「同時性」に代わって幅を利かせた。例えば一九六二年に全編をフィルムで製作したドラマ、いわゆるテレビ映画の台頭を受けて、初期テレビ・ドラマ論の代表的な論客・佐々木基一が次のように述べている。

テレビ劇映画もブラウン管上にうつるイメージとして効果を発揮するものである以上、テレビ独自の機能と、基本原理に適合する表現をもたねばならない。［中略］ドラマがアクチュアリティと直結すべきであること、庶民の日常生活の親密な雰囲気と人物をとりいれること、あるいは、いっとき生活の煩労を忘れさせ、ほっとひと息いれさせる軽いエンターテインメントを提供すること（これは現在のテレビに支配的な逃避主義の一つである）などがさし当りドラマに要求されているところのものである。[47]

テレビ映画においてもテレビの原理に従ってアクチュアリティをもち、大衆の生活に密着した内容であることが切望されている。実際に前節で取り上げた岡本愛彦や初期テレビ・ドラマを牽引した演出家・和田勉など、テレビ・ドラマをテレビのアクチュアリティとの関係で捉える製作者も数多くいた。[48] またそうして作られたドラマに目を向けると、アメリカのテレビ映画の影響もあって、事件もの・推理ドラマやホームドラマといったジャンルが初期に人気を博し、[49] それらはアクチュアリティを含むものとして提示された。

なかでも、一九五七年から六三年まで続いた日本テレビの刑事ドラマ『ダイヤル一一〇番』では、オープニングに毎回「この物語は、事実または事実にもとづいて構成され、資料はすべて警察庁、警視庁ならびに全国警察の協力によるものです」というナレーションが入り、[50] いかにもアクチュアリティを意識した導入部となっている。スタッフは新聞紙面を賑わせた事件を隅々まであたり、実際の刑事に相談しながら製作にあたったという。さらに、全体の半分ほどがロケ・フィルムで構成され、刑事が外を飛び回る姿が描出された。[51]

一方、こうした点ではいささか不利な時代劇にも変化があった。一九五八年に、各テレビ局の製作者が集まった座談会で、やはり「いちばん現実感の薄いのは時代劇」だと見なされ、さらに「いまのテレビ時代劇の行き方は、ちょうど十年くらい前の映画の行き方」だと映画を引き合いに出してそのスタイルが酷評されていた。[52] だが一九六〇年代に入り、状況は一変する。映画の時代劇が人気の低下から製作本数を減らす一方で、テレビの時代劇は推理ドラマやホームドラマを凌ぐ視聴率を毎年示して人気を博す。[53] そうした状況で、「いちばん現実感の薄い」はずの時代劇にも、文字通りの「現実」が挿入されるのである。

一九六五年のＮＨＫ大河ドラマの三作目『太閤記』は、ドキュメンタリー番組を担当していた吉田直哉が演出を務めた作品で、『花の生涯』『赤穂浪士』と前二作が好評だったこともあり、芸能局長からは「今度は変化球でよい」という助言があった。[54] それを受けて吉田は、最初のシーンでいきなり前年に開通した新幹線を走らせるという、まさに変化球を投じて見せる。次いで、ひかり号のアップ、名古屋駅とその周辺、豊臣秀吉を祀る豊国神社と切り替わっていき、最後に拝殿の傍にいる秀吉が映し出され、いよいよドラマが始まるという流れを構成した。吉田は『太閤記』を「遠い時代の死んだ物語ではなく、身近で生き生きした物語にしたい」と語っており、[55] その構想をドラマのオープニングで早速試みたのである。視聴者からは「電車が走っていたようだが、ミスではないか」という投書も届いたそうだが、吉田は「過去と現代の対話」を意識して製作に臨み、秀吉ゆかりの地の紹介など解説を毎回盛り込んで、過去の物語に現在性を融合していった。[56] 現実感が薄いと指摘されていた時代劇というジャンルにも、同時代の潮流が入り込んでいたのである。

ドラマ製作の安定化

一九六六年九月号の『シナリオ』誌で、最近の日本映画の傾向としてテレビのヒット番組の映画化が指摘された。[57]テレビが国民の間に急速に浸透していくのとは対照的に、映画観客は一九五九年より減少を辿り、映画会社はそうした状況を打開しようと、テレビの人気ドラマの映画化を推し進めたのである。そうした中、一九五八年にテレビへの劇映画の提供を完全にストップしていた映画会社が、六四年にはそれを再開するのであり、そこに力関係の逆転が読み取れる。いずれも、映画会社も認めるほどテレビ・メディアが成熟してきたという証拠だが、ここで注目したいのが、具体的に例として挙げられている映画化作品、『紀ノ川』『おはなはん』『愛と死をみつめて』『氷点』についてである。実は、これら四作品の中で『愛と死をみつめて』以外の三作が連続ドラマとして放送されたものだった。テレビ・ドラマの映画化自体は前述の『私は貝になりたい』やそれ以前に芸術祭賞を受賞した『どたんば』など一九五〇年代中頃よりおこなわれていたが、それらはみな単発のドラマであった。つまり、一九五〇年代から六〇年代になって、テレビ・ドラマの放送形態の主軸が単発ものから連続ドラマへと移行していったのである。テレビ・ドラマの成熟と放送形態の変化がどのように結びつくのか。最後に、この問題を考えておきたい。

一九五八年にテレビが一〇〇万台を突破し、翌年には現・テレビ朝日のNETとフジテレビが開局と、テレビ産業の勢いは一九五〇年代後半より加速していく。テレビは広告収入においても、一九五九年にラジオを抜いて新聞に次ぐ第二位となると、[58]以後も上昇を続け、テレビが魅力的な広告媒体であることを印象づける。こうした状況のもと、各テレビ局の視聴率競争が激しさを増す。

一九六一年十月、ドラマ番組を看板にしていたTBS（一九六〇年十一月にKRTから社名変更）は視聴率の悪化から番組改編をおこない、午後七時台と八時台のドラマ枠を拡大して一時間ドラマを揃える。[59]この試みは成功し、各局にも一時間ドラマが増えていく。以前は三〇分単位の番組が多く、スポンサーも一社提供というケースが目立ったが、番組の大型化によって、必然的に製作費が高騰し、そのため複数のスポンサーが提供するようになる。その結果、製作サイドは各スポンサーの意向を十分に踏まえた番組作りを迫られることになる。[60] 番組の大型化による製作予算の膨張で、失敗することも許されない。スポンサーにとって大事だったのは、視聴率を安定して期待できる番組であり、それが連続ドラマだったのである。[61] 連続ドラマならば一度視聴者が食いつくと、それが毎回決まった時間に放送されることで、一定の視聴率が期待できる。単発ドラマだと、放送のたびごとに、視聴率のことを気にしなければならない。ドラマの安定性という点で連続ドラマが歓迎されたのである。

こうしてドラマ番組の規模が拡大するにしたがい、商業的要請が強まり、安定感のある連続ドラマが求められるようになっていった。だが一方で、こうした状況に、テレビ芸術の視点からは多くの疑問が投げかけられるようになった。毎日新聞の記者は「〝視聴率のとれそうな〟泰平ムードの連続ドラマばかりがなんとなく制作されていく。そこには新しいテレビドラマを創造していこうというような前向きの姿勢はなく、社会の現実を見つめようとする意識もない。テレビの初期にあったというパイオニアの精神はいまのテレビドラマの中にはまったく感じられない」と、テレビ初期と比較してのテレビ芸術の退廃を嘆いた。[62] また、演出家の大山勝美は「若手ライター、あるいは、意欲のあるディレクターたちは、単発番組というわずかに与えられた機会のなかで、数々の前向きの試みを行ってきた。その機会が、次第に失われて行きつつあった」と、単発ドラマの衰退で意欲的なドラマ製作が難しい状況になったことを指摘している。[63]

くわえて、テレビ芸術の発展に貢献した芸術祭が一九六〇年代になって機能不全に陥ることも、ドラマ製作の安定志向を象徴する出来事であった。参加番組数が一九六一年度を境に減少へと向かうのである。その理由として、参加番組の製作の負担、視聴者の関心の薄れ、芸術祭そのものへの不信などが指摘されているが、[64] テレビ局は特別に芸術祭のためにドラマを製作するということはなくなり、「通常番組のなかから、比較的評判の高かったものを再放送して参加するとう、いわゆる普段着参加」が目立つようになった。(65) テレビ・ドラマの規模が拡大し、量産もおこなわれる状況で、製作の安定性が何よりも重視され、そこでは、テレビ・ドラマとは何かを追求するようなテレビ芸術論はもはや十分な意味をなさなくなった。草創期からのドラマ製作をめぐる言説と実践の探究が大きな節目を迎えたのである。

指標としての映画

本章では、初期のテレビ・ドラマ製作の推移とテレビ人の意識を言説と実践の関係の中から考察してきた。特に、先行メディアである映画への意識は言説と実践、両方の面から強いものがあり、それがテレビ・ドラマの独自性を求める動きにつながっていたことが明らかになった。以下では、これまでの考察を整理しながら、初期テレビ・ドラマが辿った軌跡を、もう一度確認しておきたい。

そもそもドラマ製作における独自性の追求は本放送開始前、実験放送時代に培われたものだった。映画に比べて貧弱な機械・設備と劣悪な条件、それでも製作者は映画と同様に物語を映像で観せていかなくてはならない。そのため、彼らは映画人から製作スキルを学ぶ一方、映画との違いを理解した上でのドラマ作りの重要性を海外の演出家から教わった。

だが、実際に本放送が始まり、テレビ・メディアが産業として成立していく中で、ドラマがその歯車となるにはやはり多くの問題を抱えていた。まだ録画機能をもつ装置がない状況で、ドラマも生放送として供給されなければならず、不安定さが常に付きまとった。しかし、そうした不安定さが逆に、演出家、スタッフ、そして彼らを束ねるテレビ局、批評家など、みなが一丸となって言説・実践の両方からテレビ・ドラマを望まれる方向へ、輝かしい未来へと導こうとする姿勢をもたらした。ことに芸術祭を舞台に、その試みが実践されたことは特筆すべきことがらであった。

徐々に製作環境が改善され、フィルムやVTRが安定をもたらす装置として導入されるようになると、テレビの独自性をめぐる言説にも変化が見え始めた。ちょうどその過渡期に、『私は貝になりたい』のように、映画にも影響を及ぼす作品が出現し、テレビ的表現や特性をめぐって多くの議論を巻き起こした。

産業的にもこの頃より充実を見せ、一九六〇年代になると、人気ドラマの映画化が相次ぐなど、テレビ・ドラマが成熟期を迎える。だが、そうして安定がもたらされると、もはやテレビ・ドラマとは何かを探究するようなドラマ芸術論は不要なものになっていった。これまでのようにドラマ製作を一定方向に導く言説と実践の共同作業が見られなくなり、製作者たちは好むと好まざるとにかかわらず、資本の要請に従って、安定を維持する娯楽ドラマを作り、批評家たちはかつてのドラマを引き合いに出して、ドラマ芸術の退廃を嘆いたのである。

こうした一連の流れはテレビが産業的な発展を遂げる中で、必然的なことだったかもしれない。ただ、あらためて言えるのは、テレビの独自性を求めて突き進んでいったドラマ製作が、やはり映画との関係でその方向を無意識的に選択していたのではないかということである。にもかかわらず、テレビ的特性を測る指標であった映画がいつの間にか、測るべき対象ではなくなってしまった。その理由は産業的な状況の逆転だったかもしれないし、人気テレビ・ドラマを映画化していく映画産業の姿勢だったかもしれない。いずれにせよ、テレビと映画の関係性をめぐる状況の変化が、テレビ・ドラマの独自性を求める意味を不明瞭なものにしていったのではないだろうか。

第3章　テレビ映画をつくってやろう
——映画会社、テレビ産業へ行く

テレビ事業への参入

現代の日本の商業映画は、テレビとの関係なくして成立しえない。原作／コンテンツが漫画・小説によるかはともかく、テレビ放送を経て映画化されることが相次いでいる。例えば二〇一六年度の興行収入上位一〇作品のうち六作品が、テレビとの関連を想起させるものであり[1]、映画のヒットにはテレビが欠かせない存在となっている。くわえて、映画製作そのものにもテレビ局が、製作委員会のメンバーとして参加するのが一般的になっており、まさに両者はビジネス・パートナーとして共闘しているのが現状である。

とはいえ、そうした関係は新興の映像メディアとしてテレビが登場した一九五〇年代から、築かれていたものではない。序章でもふれたように、大手映画会社は、一九五六年十月に日活を除いた東映・松竹・東宝・大映・新東宝の五社が、テレビ局に自社作品の提供を停止する。次いで一九五八年には日活も加わり、大手の劇映画がテレビでは放映されなくなった。また、映画俳優のテレビ出演に関しても、各社の専属俳優は会社の許可なしにテレビに出ることができない状況にあった。「映画産業団体連合会（映団連）」では、一九六〇年にテレビ対策委員会が設けられ、「邦洋画のテレビ上映の対策」や「劇場タレントのテレビ出演の制限」などが話し合われた[2]。

これらは映画界がテレビに対してとった措置として目立つものであり、業界にとってテレビ産業は脅威の存在であった印象が強い。だが一方で、第1章でも述べた通り、映画会社はその脅威を取り込み、増収を図る動きも見せていた。例えば、古田尚輝が指摘するように、一九五九年に開局した日本教育テレビ（NET）に東映が、フジテレビに松竹・東宝・大映がそれぞれ出資するなど、共存／参入策が模索された[3]。

アメリカでも、メジャー映画会社がテレビ事業への参入を試みた。パラマウントが参入にもっとも積極的な会社で、テレビ局を所有し放送事業を展開しようと一九二〇年代後半にはその準備を開始したが、最終的に一九四九年のパラマウント判決が大きな障害となった。連邦通信委員会は反トラストを理由に、パラマウントなどメジャー各社によるテレビ局の免許申請をすべて却下した。また映画会社は、シアター・テレビジョンと呼ばれる、テレビ画像を劇場スクリーンで観せるサービスの提供にも躍起になった。ここでもパラマウントが積極的に動き、一九四八年にニューヨークの劇場で初めて公けに披露し、政治やスポーツのイベントを上映していった。けれども同社の試みは費用対効果で成果を上げられず、一九五三年に撤退して、この計画も頓挫する。シアター・テレビジョン計画の失敗で、次に各社の関心は有料テレビ事業に移った。やはりパラマウントがこれにも積極的で、一九五五年より各社のテレビ局へのフィルム売却は始まっていたにもかかわらず、パラマウントだけが有料テレビのために五八年まで映画を放出しなかった。しかし、同社は一九五九年よりカナダで有料テレビ事業を展開したものの、これも上手くいかず、多額の負債を出して六五年に撤退する。結局、映画会社のテレビ事業はどれも成就しなかった。この一連の動きが、アメリカで語られている大手映画会社のテレビ事業参入についての大きなものである[4]。

それでは日本の場合はどうだったか。日本でもシアター・テレビジョンが、東映や東宝を中心に研究が進められ試行されもしたが、一九六〇年代半ばには、採算面で実用化は難しいと判断され、実現に至らなかった[5]。対して共存／参入策の中でも、もっとも大々的に展開された事業が、テレビ向けフィルム映画（主に一六ミリ）、いわゆるテレビ映画の製作であった。古田によれば、テレビ映画は一九六四年頃から量産されるようになり、その大半が大手映画会社によって製作されていた[6]。大手がテレビ映画の製作に着手した主な理由としては、テレビ局との出資関係、不況により溢れた余剰人員対策といったことが挙げられている[7]。一九六〇年代に映画産業が斜陽を迎え、各社とも映画の製作本数を減らしていくが、その際、仕事を失った多くの者がテレビ映画の製作に携わるようになる。このようにテレビ映画の製作は、映画とテレビの共存を印象づける代表的な事業であり、不況により生じた労使上の問題を解決してくれる重要な方策でもあったのである。

以上のような先行研究の成果を踏まえ、本章でおこなっていきたいのは、初期テレビ産業への参入策としてのテレビ映画製作、また映画産業に生じた問題の解決策とも言える同事業に対しての、大手映画会社の対応を分析し整理することである。共存／参入という枠を超え、テレビ映画の製作が各社にとって、どのような意味をもつ事業だったかをそこから明らかにしていきたい。

映画会社のテレビ産業への対応

映画会社のテレビ映画製作について話を進める前に、まずは各社のテレビ産業への対応を整理しておきたい。前述のように日本でテレビ放送が開始されたのは一九五三年のことで、二月にＮＨＫが、八月に日本テレビが開局した。大手映画会社はＮＨＫに対しては当初から自社作品の提供を拒んでいたが[8]、日本テレビには新東宝が長期契約を結び、同社の映画が放映されていた[9]。いや厳密に言えば、ＮＨＫでも一九五三年度に、個別に大手の劇映画が登場していた。というのも、ラジオ・ドラマの映画化作品についてはＮＨＫの要望もあって許可され、新東宝がラジオの連続放送劇『新諸国物語』の映画化である『白鳥の騎士』（組田彰造監督）を、封切日の前日に宣伝目的もあって放映することを認め[10]、松竹がラジオ・ドラマで大人気だった『君の名は』（大庭秀雄監督）を、ＮＨＫが宣伝に協力してくれたという理由で提供するようなことがあったからだ。(11)このようにテレビ対策について、大手の足並みが完全に揃っていたわけではなかったのである。

そもそも、大手の作品がテレビで流れる前から、各社はテレビへの対応で見解を異にしていた。というよりも、その時点では東映だけが、テレビに自社作品をのせることに反対せず、封切り後一年経過した作品については容認する構えを見せていた。(12)一九五三年に新東宝・松竹の映画がＮＨＫで放映されたことにふれたが、他に東映作品も同様に提供されていて、それはこうした会社の方針に基づいたものだったのかもしれない。

一九五四年四月から日本テレビで、各映画会社とも映画を提供するようになるのだが、そのとき、日本テレビ社長・正力松太郎が協力を依頼したのが、日本映画連合会（映連）会長で東映社長の大川博だった。もちろん、大川が映連の会長だったので正力は相談を持ちかけたのだろうが、それでもテレビ対応で柔軟な姿勢をとる東映の社長という点に期待するところが大きかったに違いない。結局、映画会社からテレビ局への劇映画提供は、当時映連に加盟していなかった日活を除いて、一九五六年十月より停止されるが、その一方で東映は同じ年、テレビ産業との関係を重視した動きを見せた。

東映＝大川博が目指したのは、テレビ局を自らが経営することであった。東映は、大川を社長に据えた「国際テレビ放送株式会社」を設立し、一九五六年六月七日郵政省にテレビ免許申請書を提出した。大川は、劇映画の放映禁止措置については映画館主の希望だと断りを入れながら、今回のテレビ会社設立の趣旨を次のように語っている。

私が今回テレビ会社を設立しようとする目的は、もっと大きな観点からなのである。テレビの番組を見ても判るように、八〇％は娯楽演芸で占められている。云いかえれば八〇％の分野は、映画にも置きかえられるものだと云えるのだ。映画、テレビ、ラジオの一元的な経営は、将来もっとも有望なものだと私は思う。社会一般へのサービスとして最適のものだろう。こんな意味合いから、さきに発起人会を作りテレビ会社設立の申請をした。［中略］映画会社が、テレビをやるとなれば、まず企画、俳優、それにスタジオと共用出来るし、従来の生の芝居を全部フイルム化して放送するなど、コストを安くする方法をとるつもりだ。そうすれば、スポンサーの利用度も高くなるだろうし、テレビの普及にも寄与するところ大であると考えている。[13]

大川は経営の展望として「映画、テレビ、ラジオの一元的な経営」を掲げ、映画会社がテレビ局経営に関わる意義を強調している。当時ここまで、テレビ経営について積極的な発言をした映画会社の経営者はおらず、例えば松竹も一九五六年七月からテレビ免許の申請準備を進めたが、その際、テレビの「宣伝力を利用しようと」いう目的が伝えられただけだった。[14] 対して東映・大川は、「テレビ攻勢に対抗して、映画が生きて行こうとする道」は、この「映画、テレビ、ラジオの一元化経営にある」とまで言い切り、[15] テレビ局の経営をとても重要視した発言をしている。

もっとも他社も、半年以上遅れてではあるがテレビ局の申請に動いた。一九五七年二月に松竹「芸術テレビ」、東宝「東洋テレビ」、大映「アジア・テレビ」、三月には、日活「日活国際テレビ」、新東宝「富士テレビ」がそれぞれ申請された。当時こうした各社の反応について「バスに乗りおくれまいとわれもわれも名乗りをあげてきた」と伝えられたが、[16] 東映が先陣を切り、他社が追随するという構図はなにも今回だけでなく、他でも確認されたことだった。

一九五一年に発足した東映は、映画界の従来の制度や慣習を変革しながら急成長を遂げた会社であった。そのもっとも顕著な動きが、新作二本立て全プロ配給である。従来の二本立てと言えば、映画館が複数の会社と契約して、各社の映画を併せて上映する仕組みになっていた。だが東映は二本立てプログラムをすべて自社作品で埋めようと、一九五四年一月から通常の長編劇映画に加え、「東映娯楽版」と称する子ども向け中編時代劇を配給するのである。その結果、東映の映画だけを上映する東映専門館が、一九五三年十二月末には四二館だったのに対し、五四年八月末には一五五館と、わずか八ヶ月で急増を見せる。[17] 興行者との間で作品群の一括契約が交わされるブロック・ブッキングが強化され、配給収入が増加した東映は、創設からわずか五年後の一九五六年には、トップだった松竹から一位の座を奪うのである。当然ながら他社も、東映の市場拡大を黙って見ているわけにはいかず、一九五六年一月から、製作能力が伴わない新東宝を除く松竹・大映・東宝・日活の四社が、月八・六本の二本立て全プロ配給に踏み切ることになる。

こうして、大手映画会社がテレビ局申請へと向かったのは、ちょうど東映の専門館獲得運動とも言える二本立て全プロ配給が映画界を席巻しているときだった。それゆえ東映以外の会社にとっては、これ以上東映に好き勝手なことをやらせてはいけない、独走させてはいけないという思いが強くあったのだろう。

結局、映画会社のテレビ局申請についてはアメリカのように完全に却下されることはなく、統合調整が進められた後、一定の成果を見る。東映は旺文社と日本短波放送と共に三割ずつ一億八千万円を出資して一九五七年にNETを設立し、五九年二月に開局する。「教育」の名称が入った民間テレビ局が誕生した背景には、テレビの低俗番組を批判した大宅壮一の「一億総白痴化論」と、それに触発された教育界など俗悪番組反対の世論の影響があったと言われているが、[18] そこに東映が関わっていったのは当然の流れであった。というのも、東映は通常の娯楽映画の製作だけでなく、教育映画の自主製作・配給を一九五五年から始めており、教育出版が中心の旺文社などと共同で教育テレビを設立することには違和感を抱かせない。NET設立までには、日活と新東宝が申請したテレビ局は、すでに東映側に吸収されていて、東映は他の申請者たちを取り込みながら勢力を増していったのである。[19]

一方で、このグループには入らなかった松竹・東宝・大映は文化放送・ニッポン放送と共にフジテレビに出資し、

ＮＥＴ開局から一ヶ月後の一九五九年三月に開局を果たす。ただ、文化放送・ニッポン放送がそれぞれ四割出資したのに対し、松竹・東宝・大映は残りの二割を三等分するかたちで各四千万円の出資にとどまり、ＮＥＴに対する東映の出資額と比べて大きな開きがあった。この比較からも東映がいかにテレビを含めた「一元的経営」に本気だったかが理解できる。事実、大川博は東映の社長を務めながらＮＥＴ設立時に会長に就任すると、次には開局から無配が続いたＮＥＴを立て直すべく一九六〇年十一月から社長として陣頭指揮を執るのである。[20]

東映のテレビ映画製作とその余波

テレビ映画の製作において、最初に大きな動きを見せたのも、やはり東映だった。一九五八年七月、東映テレビ・プロダクションが設立される。テレビ・プロは東京と京都の両撮影所で劇映画と同様に、それぞれ現代劇・時代劇を製作する形態をとり、一クール（全一三話）三〇分ものを基本に撮影を進めることになった。[21]大映・松竹・東宝も同時期に子会社や傍系会社を通して、出資先のフジテレビに番組を提供すべくテレビ映画の製作に乗り出すが、それでも東映の場合は、テレビ映画のために東京撮影所にステージ二棟を新設するなど、「テレビ映画製作に必要な、専用の設備機構を持った我が国最初にして唯一のスタジオ」と言われるほど[22]、直接的な形で製作に関わっていった。一九六〇年代になりテレビ映画の製作に映画会社が本格的に着手するようになっても、東映以外の会社はステージの新設はおろか、撮影では既設のステージもろくに使わせず、ロケとロケセットで間に合わせるというのが普通であり、そこに東映と他の大手とのテレビ映画に対する決定的な態度の違いが確認できる。[23]

東映がテレビ・プロを設立する少し前、一九五八年二月に初の国産の連続テレビ映画『月光仮面』の放送がスタートした。テレビ局は、大手映画会社の劇映画提供の拒否から、その分の番組を補充しなければならなかったが、当時はまだ生ドラマが主流で大きな増産は難しく、また、外国の劇映画やテレビ映画の輸入で対応しようとしても限度があった。しかも、翌年にはNETとフジテレビが開局を控えている状況で、国産のテレビ映画の勃興が期待されていた。そうした最中、広告代理店である宣弘社が製作した『月光仮面』が初の連続テレビ映画としてラジオ東京テレビ（KRT、現・TBS）に登場し、子どもたちを中心に爆発的な人気を呼ぶのである。さらに注目すべきは、このテレビ映画がテレビの枠を越え、映画のスクリーンにまで姿を見せたことにある。東映がテレビでの人気に飛びついて映画化したのである。しかも、放送開始から半年もたたない七月三〇日に映画は公開される。それはくしくも東映テレビ・プロが誕生した同じ月にあたり、東映はテレビ映画をテレビに届ける前に、劇場に引き入れていたのである。

こうして、大川の「一元的経営」が端緒につくと、一九五八年の十月から京都で「風小僧」シリーズ、東京で「捜査本部」シリーズの製作が始まり、それぞれ十二月に、まだNETが開局前だったこともあり、西日本放送・東海テレビから放映される。また、十一月に『コロちゃんの冒険』、十二月には『源義経』が東京で製作されていくという具合に、テレビ映画の量産が進む中、前述の通りステージが不足し、東京にステージ二棟が新設されたのである。

完成したテレビ映画は一九五九年二月のNETの開局から順次、放映されていった。一年の間に放映された東映のテレビ映画は、一クールで一本と見なすなら全部で一七本にものぼった(24)。劇映画を作りながら、これほどの数のテレビ映画を量産できるのは驚異的だと言っていい。それに加えて東映は「教育映画部で制作された教材映画、教育映画、児童劇映画をも大量にNETに提供することによってNETの番組編成を可能にしていた」と言われ、NETに求められた教育番組への貢献も果たしていた(25)。

この時期の映画とテレビの関係に注目した放送・映画評論家の瓜生忠夫は「東映テレビプロは、その発足当時から、NETにとっては欠くことのできない番組供給体であった」とNETにとっての東映テレビ・プロの重要性を強調している。その一方で、「風小僧」シリーズに始まる一連の東映テレビ映画全般の評価については「その企画においても内容においても、余りにも新しさに欠けていた」と酷評している。[26]そこには、NETの「教育テレビ」という肩書が邪魔しているのではという同情も含まれていたが、それでも、どこかで見たような二番煎じの番組ばかりだったと指摘されている。

ただ、こうした評論家の、作品に対する辛辣な評価がありながらも、視聴率（電通調査）においては、NETの番組の中で好成績を上げていた。開局の一九五九年には、『風小僧』（十月二四日放送回）がプロ野球のナイター中継に続き二位で、六〇年には『白馬童子』（一月二六日回）が、淀川長治の名物コーナーも好評だった『ララミー牧場』（淀川がテレビで批評活動をスタートさせた番組であり、番組中に設けられた〝西部こぼれ話〟にレギュラー出演して熱弁をふるった[27]）に次いで、こちらも二位であった。[28]『ララミー牧場』や『ローハイド』などのアメリカのテレビ映画の成功に加え、『風小僧』『白馬童子』といった子ども向け東映テレビ映画の人気も、開局まもないNETの番組を一般に定着させるのに大きな役割を担ったのである。[29]

さらに、東映のテレビ映画製作で注目すべきことは、単にNETの放送への貢献だけを狙ったわけではなかったことである。すなわち東映は、『月光仮面』を劇場に移植したように、自作のテレビ映画についてもまた、劇場での二次利用を図ったのである。

東映は一九五九年五月の第一週から、三〇分のテレビ映画二話分をまとめて五〇分程度の中編劇映画にし、「特別娯楽版」（一六ミリを三五ミリにブローアップ）として東映系劇場に三本立てとして配給したり、非東映系の劇場に売り込んだりした。この「特別娯楽版」の配給を形式的にはテレビ・プロが担当したため、同社は「第二東映株式会社」と同年五月八日より商号されることになる。[30]この第二東映に近い将来、新たな配給系統を保持させようと考えていた東映は、同じ年の十一月二日に再び東映テレビ・プロダクションを興して第二東映からテレビ映画製作

図 3-1　『風小僧　風雲虹ケ谷』の一場面

業務を引き継ぎ、従来東京と京都でおこなっていた製作を東京だけに集中させた。ちょうど一九五九年の年頭所感で、大川社長は「東映は将来、日本映画界市場の半分を握る」と豪語していたのだが(31)、それを第二東映経由のテレビ映画を使って、現実のものにしようと企てたのである。これ以上市場を拡大されるわけにいかない他の映画会社による反対が強くあったものの、新東宝が日米映画会社製作のテレビ映画を自社系列の劇場に配給した前例もあったため(32)、東映のテレビ映画配給は決行されることになった。大川社長は、テレビ対策委員会の席上で次のように語って他社の重役たちに正当性を訴えた。

> これは日本教育テレビ［NET］に参加した当時からのわたしの構想だ。テレビの進出により映画界は先行き不況をきたす見通しのもとに、企業防衛の意味と会社発展策として打った手である。また、独立プロが結合してテレビ映画製作に乗り出し、新しい配給系統を作る動きもあったので、小社が先に手を打ったともいえる。配給実施に当り五社の市場もある程度の影響を受けるかもしれないが、わたしのねらいはあくまで洋画市場への割込みに重点を置いている(33)。

ここで、大川が洋画市場への割り込みを重視した発言をしていることに注目したい。東映は一九六〇年三月、ついに第二東映の配給系統を確立し(34)、二系統配給を開始する。第二東映では、第一東映の過去の封切作品などと共にテレビ映画の「特別娯楽版」によって、しばしば三本立て興行を展開し、テレビ映画がやはりここでも、テレビ以外においても不可欠なコンテンツになっていた（図3-1はテレビ映画『風小僧』の「特別娯楽版」）。そして、この配給形態で一番影響を受けたのが、大川が言っていた洋画市場ではなく、地方の、会社で言うと新東宝の市場であった。瓜生忠夫は、「新東宝市場を蚕食できる性質の作品の客筋と洋画の客筋とは異質であり、しかも、第二東映が進出をはかった地方［第一次産業地帯］では、洋画のシェアは小さかった」と分析し、第二東映と洋画市場の相性の悪さを語っている。[35] そうなると、そもそも大川が第二東映で洋画市場への割り込みを狙っていたかどうかも怪しい。低コストで安っぽい印象を与える第二東映の作品群が、地方向きで新東宝の客層には受け入れられることは容易に想像がつき、最初からそこを主要ターゲットにして配給の構想が練られていたことも十分に考えられる。

事実、「新東宝の全国契約館は、六〇年六月までは一五〇〇館を越えていたが、第二東映系統に契約館をうばわれて、六〇年一二月末現在では一一六一館に落ち」てしまうという具合に、[36] 第二東映の出現は新東宝に大きな打撃を与えた。そして翌六一年六月末、新東宝はついに製作中止に追い込まれるのである。ただし第二東映（一九六一年二月に「ニュー東映」と改称）もまた、新東宝以外の市場開拓を望めず、同年十一月第一週を最後に解消する。それはともかく、東映のテレビ映画戦略が第二東映の発足にまでつながっていたことは興味深く、さらにそれが新東宝の倒産にも少なからず影響を及ぼしていたという点で、東映のテレビ産業への参入は、決して軽視できない〝映画史的事件〟として捉え直さなければならないのである。

東映動画とテレビ

本章はテレビ映画の製作に焦点を当てるものだが、東映のテレビ事業については、注目すべきことが他にもある。一九五六年に大手映画会社の中で率先してテレビ免許を申請した東映は、同年八月、日動映画を買収して現在の東映アニメーションの前身である東映動画を立ち上げた。新しい試みを次々に実践し、他社に大きな影響力をもつようになっていた東映は、自社の客層である子どもたちをさらに惹きつける動画の製作にも着手したわけだ。そして実はこの事業展開もテレビと無関係なものではなかった。東映の社史を見ると、動画への関心は、前述の教育映画の自主製作によって「動画映画に対する需要の増加に対処する」ことが一つの理由としてあったとされているが、くわえて「テレビが漫画番組、コマーシャル・フィルムを求めている状態を見越し」たものであることも記され[37]、テレビとの関係が印象づけられている。事実、東映は一九五五年三月にはすでに「漫画映画自主製作委員会」を設けて、動画製作の調査研究を開始しており、その年の四月一日に日本テレビに続いてラジオ東京テレビ（現・TBS）が開局することになっていたことを考えると、やはりテレビ産業の動向を見据えた東映の迅速な対応として理解される。

東映動画の発足直後から、テレビCMの動画製作が盛んにおこなわれ、その年の末まで五ヶ月間で、一〇六本のCMが作られた。その製作本数は一九五七年以降も二一九本、二四六本と増加し、NETとフジテレビが開局した五九年には三三一本と急増する。一九五九年からはさらに、劇場向けの「CM映画」の製作もおこなわれ、「テレビを育成するスポンサーを映画の方に奪い、テレビの進出に対する防御策の一つ」という名目で劇場に配給された（ただし東映は企業のCM映画を上映するにあたり、劇場側に支払う料金を、ニュース映画の無料配給によって相殺したことで物議を醸した）[38]。こうして東映は、要所で映画を保護する姿勢を見せながら、映画とテレビの「一元的経営」の理想に向けて突き進んだのである。

もちろん、CMだけでなく、子どもたちを魅了する動画作品も生み出されていく。一九五八年に劇場用長編映画の第一作目として公開された『白蛇伝』は、国内外の芸術賞をいくつも受賞する成果を上げ[39]、その勢いのまま六〇年代になってもほぼ年に一作の割合で新作が製作された。一九六三年にはテレビ・アニメの一作目『狼少年ケン』が放送され、六六年に『魔法使いサリー』、六八年には『ゲゲゲの鬼太郎』というように、リメイクや再放送が繰り返されて、今もなお多くの人に愛されるアニメ作品が次々に放送されていった。しかも、興味深いことに、『狼少年ケン』は劇場のプログラムにも登場する。前述のように東映は、『風小僧』などのテレビ映画を劇場で公開することをすでにおこなっていたが、実写だけでなく動画についても、劇場のプログラムに組み込むことで、二次利用を図ったのである。

『狼少年ケン』が最初に劇場に登場したのは、一九六三年のアニメーション映画『わんわん忠臣蔵』との併映であり、渋谷東映のみで公開された。それは試験的なプログラムだったにもかかわらず、他館の別のプログラムを上回る動員を記録する。この成功を受けて、一九六四年の三月から七月にかけては、毎月『狼少年ケン』のそれぞれ異なる回が他の動画／実写映画との併映で封切られ、子どもたちの動員が期待できる春休みや夏休みには好成績を収めた。[40]さらに七月の三週目には、テレビ・アニメの再編集版を集めた「まんが大行進」が興行され、『狼少年ケン』と『少年忍者風のフジ丸』の東映作品に、『鉄人二八号』『エイトマン』の他社作品を加えた四本が人気を集めた。[41]東映は『狼少年ケン』のような自社作品だけでなく、他社のテレビ・アニメも買い取って劇場で掛けるなど、映画とテレビの「一元的経営」に基づいたこだわりのある配給を実践していったのである。

国産テレビ映画の隆盛

このように東映のテレビ事業に対する積極的な活動が目につくのだが、他の会社についてはどうだったか、全体の動きも見ていかなければならない。そもそも、前章で詳述したように、テレビ・ドラマ自体は当初、生放送が主流だった。東映がテレビ映画の製作に着手した一九五八年でさえそうであり、当時フィルム作品の製作費が三〇分で五〇万円から八〇万円だったのに対して、生ドラマは最高でも四〇万円と考えられていて、コストの問題が背景にはあった。[42]同じ一九五八年に導入されたＶＴＲもまた、文部省芸術祭賞を受賞した『私は貝になりたい』で注目を集めはしたが[43]、こちらも高価で編集も困難であったため、まだ実用性に欠けていた。TBSの演出家だった今野勉は一九六二年の時点でも「三〇分ドラマの編集は三ヵ所以内と決められていた。それを超えるときは、スタジオ管理課の主宰する総合デスク会議にディレクターが出席して、技術・美術のデスクらに承認を得なければならなかった」と証言している[44]。

こうした製作環境が大きく変化するのが、一九六〇年代半ば以降である。表3-1を見てもらいたい。一九六三年十月と六七年十月のゴールデン・タイムにおけるドラマ番組の形態を比較したものだが、外国のテレビ映画、スタジオ・ドラマが隆盛だった六三年から、四年後の六七年になると、今度は国産テレビ映画の本数・時間数が他を圧倒しているのがわかる。本章の冒頭でもふれた通り、古田尚輝は一九六四年頃から大手映画会社のテレビ映画製作が盛んになったと語り、その理由として、映画会社の余剰人員対策など主に映画産業の視点からこの現象を説明している。ただし当時の資料を繙くと、こうした変化の背景にテレビ局側の事情も大きく関係していたことが読み取れる。

一九六〇年代初頭に全日放送が開始され、テレビ局は番組の増産を強いられるのだが、その際テレビ局は、設備投資やスタッフの増員を図るのではなく「合理化」すなわち節約を選択するのである。TBSの企画担当だった岩崎嘉一は、「民放では設備投資にも限界がある。それにやたら人間をふやせない、企業として成立させるためには、マンモス化よりもまず、合理化が必要だった。その合理化の一環として、テレビ映画の外部発注が行なわれた」と、製作上の「合理化」が「外部発注」だったと語っている[45]。そして、その盛んになった「外部発注」の中で、テレビ映画を求める動きが加速していったのである。

また、外国のテレビ映画の値上げも、テレビ局が国産テレビ映画に関心を向ける要因となった。一九六四年七月一日から実施されたテレビ映画の貿易自由化により、これまでのテレビ映画の輸入基準単価一本当たり二五〇〇ド

表 3-1　ドラマ番組の形態の量的比較

時間帯	外国テレビ映画（本）		国産テレビ映画		スタジオ・ドラマ	
	～30 分	～60 分	～30 分	～60 分	～30 分	～60 分
1963 年 10 月のドラマ番組本数						
19 時～	17	2	5	0	9	0
合計時間	10 時間半		2 時間半		4 時間半	
20 時～	2	10	0	3	2	5
	11 時間		3 時間		6 時間	
21 時～	6	5	2	1	21	2
	8 時間		2 時間		12 時間半	
22 時～	2	4	1	3	10	2
	5 時間		3 時間半		7 時間	
1967 年 10 月のドラマ番組本数						
19 時～	6	2	20	0	3	0
	5 時間		10 時間		1 時間半	
20 時～	0	2	0	14	0	7
	2 時間		14 時間		7 時間	
21 時～	4	4	6	9	9	5
	6 時間		11 時間 45 分		9 時間 15 分	
22 時～	0	2	2	2	1	6
	2 時間		2 時間 45 分		6 時間 15 分	

出所）日本放送協会総合放送文化研究所編『放送学研究 28』より作成
注）一つの連続ドラマで 1 本という計算。1963 年は日本テレビ，TBS，フジテレビ，NET の 4 局合計，67 年は東京 12ch を加えた 5 局の合計を表す。

ル以下という制限が撤廃される。(46)それに伴いアメリカ側が一方的な値上げをおこなって、一時間もの一本当たり四千ドルを要求することもあったと『映画年鑑』には記されている。(47)こうして、テレビ局にとっても、外国テレビ映画や自社製作のスタジオ・ドラマの代わりに国産テレビ映画を求める動機が強まっていったのである。

さらに表3-1で、国内のドラマ番組の放送時間自体が拡大していることにも注目したい。なかでも一九六七年の二〇時以降では、六〇分もの国産テレビ映画が主流になっているのがわかるが、この六〇分のテレビ映画製作こそが、大手映画会社が得意とした分野だったのである。たしかに三〇分程度の番組もゴールデン・タイムに限らず多数あったが、それらはもっぱら、映画会社ではないテレビ映画専門のプロダクション、例えば新東宝倒産後の国際放映などが、低予算で作っていた。その背景には、「視聴者数も多いワイド番組ともなれば、日本映画五大企業の看板と信用がスポンサーを満足せしめる材料として求められ」ため、[48]六〇分のワイド番組以外の短時間ドラマの方を独立プロが担当せざるをえない状況があったのか、あるいは、施設・機材・スタッフなど、映画会社に比べて余裕がないので、一時間の連続ドラマを作る体力がなかったのか、その理由はいろいろと考えられるし、複数の要因があったのでもあろうが、いずれにしても、大手映画会社と独立プロダクションとでは、製作されるテレビ映画の規模が完全にとは言わないまでも、ある程度は異なっていたようだ。こうした点を踏まえて、以下では一九六〇年代の国産テレビ映画の隆盛、なかでも六〇分テレビ映画の発展に貢献した映画会社の動きを考察してみたい。

一九五〇年代には、東映とNETの強固な関係をはじめ、松竹・東宝・大映の三社も、傍系会社や子会社を通して、出資先のフジテレビに番組を提供するなど、各社とも資本提携のある特定のテレビ局とのみ交渉をもっていた。だが一九六〇年代になり、各社はそうした慣例から脱却していく。まず東宝が、一九六〇年五月にKRTとの提携を発表し、「映画、演劇、テレビ番組の総合企画と共同製作」を目指していく。[49]この関係は長続きしなかったものの、今度は大映が、当時はまだ珍しい一時間ドラマ『人間の条件』を製作し、一九六二年十月一日よりTBS（一九六〇年十一月にラジオ東京テレビ［KRT］から東京放送［TBS］へと社名変更）から放映されて話題を呼ぶ。そもそもこの作品が、TBSから放映されるようになった経緯も特殊であり、それが業界関係者の注目を集める要因になった。というのも、大映はこの作品を自主的に製作し、そのパイロット版フィルムをTBSとフジテレビに見せて競り合わせるという商法に出たのである。通常は受注を受けてからの製作であるから、それは異例の交渉であったと言える。最終的に『人間の条件』は二六回分総額五五〇〇万円、一本当たり二一〇万円ほどでTBSが買い取ることになった[50]。TBSディレクターで『私は貝になりたい』の演出を務めた岡本愛彦は、こうした大映の試みに対して、「〝人間の条件〟がテレビ局とプロダクションの間の不均衡を多少とも是正した功績は、テレビ映画史に留めていいことでしょう」と[51]、テレビ局がプロダクションに支払うテレビ映画の販売価格の是正に貢献したと評価している。実際、販売価格から逆算して算出される製作費において、一九六二年の『人間の条件』の直前までは、「一時間もの一〇〇万円程度」と言われていたが[52]、六四年には「大体一時間もので二〇〇〜二五〇万円」と考えられるようになり[53]、『人間の条件』を挟んで製作費が一気に上昇していることがわかる。

また、前出の放送・映画評論家の瓜生忠夫も一九六四年に、「『人間の条件』を契機として、六〇分もの連続ドラマが一本当たり二〇〇万円以上で売れる時代を迎え」、なかには「制作費五〇〇万円と称する作品も現れるようになった」と述べている[54]。彼はさらに、そうした潮流の中で、松竹が六〇分ものテレビ映画を自社で直接作るようになったと指摘する[55]。従来は、子会社などが製作したものをテレビ局に提供していた松竹が、自社の施設・機材・人員をそのまま利用して活動を始めたと言うのだ。第10章で詳述するが、当時テレビで人気のホームドラマやメロドラマは元来松竹が得意とするところであり、それゆえテレビの影響をまともに受けて不振に陥ったが、今度は六〇分ものテレビ映画の勃興に目をつけて、テレビで挽回する動きに出たと、瓜生は見ていた。彼の調査で、松竹のこうした動きは一九六四年から確認されている[56]。

東映のテレビ映画製作でも、一九六四年に大きな変化が見られた。時代劇映画の低迷から製作本数に余裕ができた京都の撮影所に、専用ステージ二棟をもつ東映京都テレビ・プロダクションが設立されたのである。これで東京と京都にテレビ・プロが設置され、量産体制が敷かれる。東映の場合、NET以外にも番組が提供されることはあったものの[57]、それでもNETとの関係は相変わらず蜜月状態で、NETがスポンサーを探すセールス業務も担ってくれていたことで、テレビ映画作りに集中できたようである[58]。実際に東映テレビ・プロで製作されたテレビ映画の

表 3-2　東映テレビ・プロのテレビ映画本数

年度別（年）	15 分（本）	30 分	45 分	60 分	合計本数
1960		147			147
合計時間		73 時間半			
61		271		13	284
		148 時間半			
62		81	50	90	221
		168 時間			
63	26	1	33	125	185
		156 時間 45 分			
64（東京）		25		196	221
		208 時間半			
64（京都）		38		53	91
		72 時間			

出所）TBS 調査部『調査情報』1964 年 7 月号より作成
注）連続ドラマ 1 話で，1 本という計算

推移を、表3-2で確認してみたい。

当初は、三〇分ものを中心に製作されていたが、『人間の条件』が放送された一九六二年より、東映でも六〇分作品が多く作られるようになり、六四年には急増しているのがわかる。他には、一五分や四五分の作品も作られたが一過性で終わり、三〇分ドラマも六〇分ものの量産とともに激減している。その勢いのままに一九六九年には、ゴールデン・タイムに放映される国産テレビ映画のうち、三分の一を東映が占めるまでになっていた。なおかつ一五%程度の視聴率を記録すると及第点と見なされた中で、うち一〇本が二〇%を超える好成績であったと言われている。[59] ゴールデン・タイムという、相応の視聴率が期待でき十分な製作費も見込める時間帯を勢力下におさめていた東映がやはり、テレビ映画製作の旗手であったことは間違いないだろう。

さて、大手の中で唯一テレビ映画に興味を示していなかったのが日活だが、その日活もついに一九六四年から製作を開始する。思えば、映画会社のテレビ映画製作がこうして活発になる一九六四年とは、五六年以来テレビ

局への劇映画提供を拒否していた映画会社が（日活は五八年から）、提供を再開した年にあたり、映画会社の対テレビ戦略が大きく軟化して協調路線に明確に転換した年だった。日活の場合、一九五〇年代後半には、石原裕次郎や赤木圭一郎といった若手スターが同世代の若者に大人気だったことから、「テレビ映画をつくる余力で日活カラーの強い［劇場用映画］作品をどしどし作ってゆきたい」という声も内部から聞こえ、テレビ映画の製作に乗り出す必要性のないことが強調されていた。[60] けれども、そうしたスターの求心力が低下し、映画興行が振るわなくなってきたこともあって、日活もテレビ映画に活路を見出さざるをえなくなっていった。日活は、最初の作品『信子』（一九六四年）を除いて、それ以後の作品には「これから売り出そうとする新人スターを積極的に主演」させており、[61] そこに変わらないスター中心主義の戦略が見て取れる。もっとも、そうした戦略は日活だけに限ったことではなく、大映も『人間の条件』の成功を受けて、元松竹の女優だった藤由紀子を再び映画界で活躍させるなど、「俳優の人気を定着させるには、テレビ映画が一番適当である」という考え方も強くあったようだ。[62] なにしろ、スターの育成という点で、テレビの宣伝効果は凄まじいものがあり、一九六二年の『読売新聞』にも、「テレビ・タレントで映画界ダイヤ混乱」と題して、各映画会社が坂本九などテレビで大人気の歌手・タレントを、多忙の合間を縫ってなんとか映画に起用しようとする現状が伝えられている。[63] こうしてテレビの力を目の当たりにしていた映画会社が、テレビを利用して次世代のスターを養成しようと考えたのは当然のことであった。

テレビ映画の位置づけ

それでは、以上に見てきたテレビ映画製作がどれほどの利益を上げるものであり、事業的にどう位置づけられるのかを最後に確認しておきたい。大映テレビ室の室長・武田昌夫は六〇分ドラマを年間三〇〇話製作したとして、それで上がる利益はせいぜい「優秀な映画が一本ヒットすればあげられる利潤」であり、「この程度のことではテレビ映画の制作によって退潮の映画を盛り返すことはできない」と一九六七年に語っている[64]。それから四年後に大映は経営破綻してしまうわけで、武田の言葉通り、テレビ映画で「盛り返すことはできなかった」ことになる。また、映画会社のテレビ担当者の中には、「そう儲かるものではありませんよ。制作費の五%、いや三%ぐらいが限度です」と具体的な利益率を挙げる者もいた[65]。ただそうは言っても、観客動員に業績が左右される映画とは違い、テレビ映画は「作品の価値観によってあるいは、視聴率の高低によって、制作費が左右されるものでも決してない」「着実にかせげる」事業であり、それが映画会社にとって魅力であったことは間違いないであろう[66]。

事実、一九六〇年代半ば以降、各映画会社とも本業の不振をボーリングやホテル経営など他のさまざまな事業で埋め合わせようとするのだが、七〇年代以降の推移を見ると、結果的に「着実にかせげる」テレビの仕事へと収斂していったように見受けられる。一九七一年に経営破綻してしまう日活や大映を除いて、松竹・東宝・東映の営業収入の内訳からテレビ事業の位置づけを確認してみよう。

松竹は一九六〇年代半ばからボーリング場経営に力を入れ始め、一九六八年下期の決算では、ボーリングが大部分を占める「付帯事業」が、「映画製作・配給」を売上げ構成比で上回るほどであった[67]。だが一九七〇年になると、そのボーリングの勢いにも陰りが見え始め、一九七三年の下期決算でついに、テレビ映画製作を中心に据えるテレビ部門が九億五千万円と、四億八一〇〇万円に落ちたボーリング部門を抜いて映画部門、演劇部門に次ぐ売上げを記録するのである[68]。東映もまた、一九六〇年代にはボーリング経営に積極的に従事し、松竹以上の市場シェアを誇るほどだった。だが東映では、一貫してテレビ部門の売上げがボーリング経営を上回っており、一九七〇年代になると全体の構成比においても二〇%を占めるまでに拡大した[69]。これは他社では考えられないことで、当然ながら売上げでも三社の中でトップだった。東宝は先の二社と違って、洋画の興行館を多く保持し、その収入で映画興行が映画製作・配給を上回る売上げを記録していた。これに演劇部門の充実が加わり、安定した業績を残していたので、特別にテレビ映画製作が目立つわけではなかった。ただしそれでも、テレビ部門の売上げは松竹よりも常に上位で、前述の一九七三年下期で松竹が九億五千万円ならば、東宝は一七億二九〇〇万円を記録していた。[70] こうして三社とも、一九七〇年代にはテレビ映画製作を主軸にしたテレビ部門を、従来からの映画部門や演劇部門に次ぐ有力な事業として、据えていたのである。

フィルムからＶＴＲへ

ちなみに、一九八〇年代以降も映画会社のテレビ関連事業は積極的に展開していくが、テレビ・ドラマの製作においてはフィルム作品から、実用化してきたＶＴＲ作品へと次第にシフトしていった。一九七〇年に東宝が読売テレビと共同で製作した連続ドラマ『細うで繁盛記』あたりから、映画会社のＶＴＲドラマが現れ始めると、[71] 七七年のテレビ業界誌『放送文化』には「フィルムからビデオへ」と題した論考が寄せられ、ドラマ番組の製作手段がＶＴＲへと傾いていく様子が伝えられている。[72]『松竹百年史　映像資料』では、ＶＴＲと表記されている松竹ドラマは一九七三年から確認でき、八〇年を過ぎるとその数が増し、八〇年代後半には大半がＶＴＲで製作されているのがわかる。[73] こうしたいくつかの資料から判断すると、映画会社によるテレビ映画製作の隆盛は、一九八〇年頃までだったと言える。

ただし、テレビ映画は、別のものに取って代わられようとも、映画会社がテレビ産業への接近を図る、文字通りのメディアであったという事実とともに、安定した利益が期待できる重要なコンテンツだったのであり、それは本章のこれまでの考察からも確認されるだろう。また、東映のテレビ映画製作が劇場公開も視野に入れておこなわれたことで、新東宝の市場が侵食され、その倒産に少なからぬ影響を与えたというように、映画会社によるテレビ映画製作は〝映画史的事件〟として記憶されていいかもしれない。

他方、テレビ業界にとっても、映画会社へのテレビ映画の発注は、局内の合理化（人員の節約）や輸入自由化に伴う外国テレビ映画の値上げに直面する中で、不可欠なものになっていた。そして、映画会社が製作した六〇分ものテレビ映画をゴールデン・タイムに普及させるなど、一九六〇年代にはテレビ局もまたそうしたテレビ映画で充実したプログラムを形成していったのである。

こうして、映画産業とテレビ業界の初期の関係性を仔細に考察すると、テレビ映画は単なる両者の共存の象徴というだけでなく、両者が抱えていた問題を補塡し充足させるものとして、存在していたことがわかる。そしてその実績を積み重ねることで、映画会社のテレビ映画製作は、現代のビジネス・パートナーへと両者を向かわせる大きな原動力になったのではないだろうか。

II　過剰投資の果てに

第4章　映画館の乱立と奮闘

――映画興行者たちの困難

映画興行における問題

一般に、一九五〇年代に隆盛を極めた日本の映画産業が六〇年代に入って衰退していく、その最大の要因はテレビをはじめとする娯楽の普及だと考えられてきた。前述のように、年間の観客動員が最高だった一九五八年、その数は延べ一一億二七四五万人を記録した。だが、わずか五年後の一九六三年には五億一一一二万人となり、半数以下に激減してしまう(1)。その間、テレビの台数は、一五五万台から一五一五万台へと急伸するのであり、こうした統計的な数字の時期的符合などから、多くの論者が映画の斜陽をテレビの普及と関連づけて語ることに終始してきた。

日本に限らず各国でも戦後、映画産業は危機を迎え、そこにはいつも、テレビの影が付きまとっていた。だが一九九〇年代以降、各国の研究者によって、映画界を困難に陥れた諸問題が解明されていく。例えばアメリカでは、戦後の郊外化とベビー・ブームがアメリカ人の消費形態を変え、映画館に足を運ぶという彼らの行動を消極的なものにしていったことが語られている（一方で、郊外化とベビー・ブームは、観客が駐車場で乗車したまま前方に設置されたスクリーン上の映画を見て楽しむ、ドライブ・イン・シアターの隆盛を招く）(2)。またイギリスでは、映画産業に対する高額な税金や映画館運営にかかるコストの上昇といった問題が取り上げられている(3)。こうして各国で、テレビ以外に映画産業を悩ませた諸問題が検討されている一方で、わが国ではそうした問題について、十分に考察されていないのが現状である。

そこで本章では、日本映画界が黄金期だった一九五〇年代から、斜陽期へと向かう六〇年代に焦点をしぼり、日本の映画学においてこれまであまり注目されてこなかった興行の領域から、映画産業に生じた問題を検討していきたい。映画興行とは、映画という商品が大衆に販売される現場である。その現場が機能しなければ、映画が持続的に製作されることはない。映画産業を成立させるその重要な地点に、どのような困難があったのかを探ることは、看過されてきた問題を洗い出すことにつながるだろう。また、そうした問題に直面して、現場に関わる興行者たちはどのような対策を講じたのだろうか。当時の映画界に潜んでいた問題と併せて、それに立ち向かおうとした者たちの奮闘の姿を浮かび上がらせてみたい。

興行の様態

映画興行は、映画館があってはじめて成立する。もちろん、映画館以外にも地域の公共施設で興行がうたれることもあれば、ドライブ・イン・シアターのような屋外で映画が上映されることもあった。とはいえ、一九〇三年に日本で最初の常設映画館が浅草に誕生し、以後普及してからは、映画館が映画興行の主戦場であり続けてきたことは間違いない。その前提を踏まえて、まずは一九五〇年代以降の映画興行の特徴を概観しておきたい。

一九五〇年代、映画産業の隆盛を象徴するように、映画館が急増する。一九五一年、三三二〇館と過去の記録を塗り替えた映画館数は、それから毎年数百館から、多いときで千館近く増加し、一九六〇年に最高の七四五七館を記録する。それらの映画館は、邦画専門館と洋画専門館、さらに邦画と洋画の混合館に大別できる。一九六〇年では、邦画専門館が五一三二館、洋画専門館が七九四館であり、洋画だけを扱う映画館は、わずか一割強にすぎなかった。[4] 洋画専門館数の一九五六年から五九年までの推移を辿ると、八九四、九九二、八三九、八五〇であり、[5] 前述のように映画館数自体は年によって千館近く増加するなど劇的な変化を見せたが、それはもっぱら邦画専門館で見られた現象だったのである。

そもそも洋画は、日本の独立後、政府主導で上映本数に制限が設けられることになった。一九五一年に洋画は二三二本上映されたが、以降は二〇〇本前後で推移する。[6] 一方の邦画はと言うと、こちらは制限を受けることなく映画人気の波に乗り、一九五六年以降は年間五〇〇本前後が製作される（五七年のみ四四三本）。[7] こうして映画館数以前に、そこに掛かる上映本数に大きな差が生まれていたのである。興行者に言わせれば、「洋画は手持ちのプリントが、少ないので、番線なんか組めない」状況だった。[8] 番線とは、都市の封切館で最初に公開された映画が（洋画の場合はロードショー館が最初で、次に一般封切館）、二番館、三番館と映画館の等級順に流れていくシステムのことを指し、邦画の場合、全盛期には二五番線まで存在したと言われている。[9] つまり、洋画では二五番線とは言わないまでも、ある程度の番線を確立することが映画フィルムのプリント数の問題から難しかったようだ。くわえて、洋画の客層自体が邦画に比べて限られていたこと、[10] 邦画の配給形態が強固だったこと、など複合的な要因が洋画市場の拡大を阻んでいたと指摘されている。

邦画の配給形態について補足しておくと、邦画は一九五〇年代には、ほとんどが大手の映画会社によって製作されていたが（例えば五八年には傍系会社も含めると、大手作品は九六・七％に及んだ）、[11] それらの作品はブロック・ブッキングによる一括契約のもと劇場に無条件に配給されていた。製作―配給―興行の関係が強固になり、作品供給の安定化が図られたわけだが、その反面、興行者には、提供される映画を取捨選択することはできない不自由さがあった。一方で洋画の興行は、邦画とは異なり基本的にフリー・ブッキングであり、興行者はフィルムを選別して購入できた。洋画の輸入配給業者とロードショー館や一般封切館が一時的に結びつくことはあったが、「二番館以下は全くの自由市場」だった。[12] いずれにしても、邦画では作品を供給する側（映画会社）と受け取る側（興行者）の関係が緊密であり、「ブロックシステムの確立されている邦画市場で外画の進出は容易なものではなかった」のである。[13] ちなみに、邦画と洋画の混合館は下位番線に存在した。下番館は邦画のブロック・ブッキングによる支配の埒外で、公開された映画が回りまわって流れてくるが、いずれの系統館でもなく、自由なプログラムを組んでいた。

邦画専門館と洋画専門館のバランスは、一九六〇年代を通して変化していく。観客の減少によって、一九六〇年に七四五七館あった映画館の数が、六九年には三六〇二館と半数以下に激減する中で、六〇年では邦画専門館が五一三二館、洋画専門館が七九四館であったが、六九年になると前者は二〇四七館まで激減する一方、後者は七六六館と若干の減少でとどまっている。[14] 一九六七年には洋画配給会社のセールスマンが、「さいきんはもっぱら邦画のコヤで商売させてもらってる」と告白し、邦画専門館に洋画を売り込める機会が多くなったという。[15] 邦画専門の劇場は、「邦画が不振だから洋画を買う」「邦画の本数不足を補う」といった邦画の衰退を理由に洋画に転向するケースが目立った。[16] 実際、大手の映画公開本数の推移を確認すると、そうした状況が理解できる。一九六〇年には大手より五五二本の映画が封切られていたが、六九年には二三八本にまで激減する。一方で、六〇年には二一六本だった洋画の公開本数は、六四年の輸入自由化の影響もあり、六九年には二四九本と増加していた。洋画の公開本数が邦画大手の本数を上回るのである。[17] 邦画自体は、一九六〇年代半ば以降、独立プロの成人エロ映画が量産されたことで、六九年でも四九四本公開されていたが、配給・興行に大きな影響力を及ぼしていた大手映画会社の公開本数の激減は、洋画につけ入る隙を与える結果となったのである。

こうして同時代の映画興行の特徴を眺めると、その浮沈は邦画専門館を中心に起こっていたことがわかる。だが、それは興行だけの問題として片づけるわけにはいかない。ブロック・ブッキングによって興行に関与する邦画各社の活動も見ていかなくてはならないからである。

映画館の乱立

前節で確認したように、一九五〇年代、主に邦画専門館の急増により映画興行網が拡大を見せる。一九五一年に三三二〇館だった映画館数が、六〇年に最高の七四五七館に達したのだった。現在、一つの映画館に複数のスクリーンが設置されているシネマ・コンプレックス（シネコン）が多数を占めるが、二〇一六年におけるそれらのスクリーン数を合計しても三四七二であり[18]、この数と比較しても、一九五〇年代のまだシネコンがなかった時代に、いかに映画館が各地で林立していたかが推察できる。「日銭の入る有利な商売だと考えられて、従来の映画業者以外で、映画館を建てる人も多くなった」ことが映画館急増の直接的原因に違いない[19]。だが、この黄金期を象徴する現象こそ、興行的には重大な問題だったのである。

一九五八年、大衆映画雑誌『キネマ旬報』で「全国映画興行者に訴える」と題した連載特集が組まれた。年間の観客動員が最高だった年にもかかわらず、「映画館経営は岐路に立っている」というインパクトの強い書出しで始まったその本文には、各地で溢れる映画館の状況が次のように記されている。

かつて人口二万人に一館が経営上適正な映画館の配置と言われたが、いまの七〇〇〇館は全人口約九〇〇〇万人に対して、一館当り人口では一万三〇〇〇人という低さであって、都市別の一館当り人口では一万人以下というのはザラである[20]。

映画館は過当競争が懸念されるほど増加してしまったわけだ。事実、一九五八年版の『映画産業白書』には、「映画館の経営悪化の傾向」が「映画館の建築数の著しい減少、既設館の閉鎖ならびに経営者の交替の続出」という現況とともに報告されている[21]。当然ながら映画会社側もこの状況には頭を抱えていて、「映画が悪くなったというと、すぐテレビというけれども、大きな原因の一つに、劇場の乱立がある」という発言が飛び出すなど[22]、映画館の乱立はテレビの普及に比肩する問題として捉えられていた。放送史家の古田尚輝は、こうした当時の状況を顧みて、映画館の乱立が映画産業の凋落を助長したと考える[23]。もっとも、それが映画産業の衰退にどれほど影響を及ぼしたかは定めがたいのだが、ただ、無秩序な映画館の建設が単なる興行者同士の争いだけに収まらない、映画産業全体を困難に陥れる相当深刻な問題であったことは間違いない。当時を振り返ってみると、そう断言できるいくつかの理由が考えられるのである。以下ではそれらの理由について考察をおこない、一九五〇年代の光り輝く時代に、いかに映画館の乱立が暗い影を落とす深刻な問題であったかを検証していく。

映画館の建設ラッシュの始まりである一九五一年、以後、黄金期の日本映画界を牽引する東映もまた自らの歴史をスタートさせる。その東映が発足当初から取り組んだのが、直営館の建設であった。

前章でもふれたように、当時、映画の上映形態は特定の料金で二本の映画を見ることができる二本立て興行が主流だった。とはいえ、どの映画会社もまだ、二本立てプログラムをすべて自社の作品で埋めるほど作品を量産していなかったので、一般の映画館は映画会社二社と契約してそれぞれの会社の作品を二本立てで上映していた。ただ、こうした興行形態に不満があったのが東映だった。映画会社の中で後進の東映は他社作品と併映だと、映画会社の力関係で取り分が少ない[24]。そこで東映は、二本立てプログラムをすべて自社の作品で賄えるよう映画作品の量産体制に入り、さらに自社作品だけを上映してもらえる、いわゆる専門館の獲得を目指して動いた[25]。そして、この専門館の獲得と並行して、東映は自らが経営する映画館、すなわち直営館を増やすことで、自社作品だけを安定的に供給できる場を増やし、通常、映画館主と分配しなければならない興行収入も得て、増収を図ろうとした。

しかし、こうした東映の戦略が、例えば広島市では飽和状態にある映画館の館主たちと激しい衝突を生んでしまう。映画館の乱立が深刻化した第一の理由は、この大手映画会社と独立映画興行者との対立である。

一九五五年七月、広島市興行協会の総会で「市内の劇場は現在飽和状態にあるから、これ以上増やさないよう、強力に推進する。方法は会長・副会長に一任する」という決議がなされるが[26]、その後東映が直営館新設の動きを見せ、興行協会との間で軋轢が生じた。翌五六年二月には、興行協会の会長ならびに副会長が大川博東映社長を訪れ、次のような強硬な要望書を提出する。

①映画館建設を二ヵ年延期すること②やむを得ない場合は建設地を広島市興行協会に貸与し、協会が東映封切館にふさわしい劇場を建てる。この場合、市内の封切館一館が他の業種に転向する③以上二点が受け入れられないときは全業者が広島市における東映映画の上映を拒否するとともに、日興連と提携してこれを全国的な運動とする。[27]

この要望書を受けた東映は工事の着手を延期するのだが、ここまで興行協会が東映の直営館進出を阻もうとするのには、「映画館をこれ以上増やさない」という総会での決議を遵守する目的にくわえて別の理由も考えられる。

一九五六年二月六日の『中国新聞』の「民声」欄を見てみよう。そこでは一人の市民が広島市の既設館について「完全な冷暖房もなく、他の大都市に比較して余りにも設備が貧弱で健全な大衆娯楽のいこいの場としては不備である」と批判する一方、冷暖房完備で設備の整った東映直営館の進出に対しては「広島市民は大々的に、積極的に、この誘致運動を起すべきではあるまいか」と奨励し、市民に賛同を求めている。観客である市民からすれば、映画館の経営者が誰であろうと、快適に映画を楽しめればそれで満足に違いない。それだけに興行協会長はこうした民意にすぐさま反応し、二月一五日の『中国新聞』の「民声」欄で「ここ二年ほど時をかせがせていただければ、他都市に勝る映画の理想郷を実現することを約束することもやぶさかではありません」と設備面での改善を約束している。

もっとも、東映の直営館進出において興行協会は、市民が意識する設備面だけを問題視したわけではなかった。

そのことが興行協会長の前述の記事の続きに見て取れる。「競争意識の強い製作六社は、東映に負けじと直営館進出を競い、広島の業者は二番館以下にけ落とされるわけであります」。つまり彼は、各映画会社の直営館が進出してくることによって、地元の映画館の番線が下がってしまうことを恐れたわけである。番線が下がると新作映画が流れてくるまでに時間がかかり、入場料金の値下げも迫られる。そのため、どの映画館主も番線は下げたくない。だが、映画会社の直営館が封切館として次々に進出してくれば、必然的に既設館は番線を下げられてしまう。こうした事態を興行協会長はじめ、広島市の各映画館主が懸念したのである。実際、東映だけでなく他の映画会社も直営館建設に積極的な動きを見せていた。一九五七年版の『映画年鑑』には「五五年下期から五六年上期にかけての建館ブームの一つの特徴として注目されたことは、大資本による地方都市建館進出が、前年度よりさらに顕著になったことである。［中略］これらの建館進出は地方都市独立興行者に異常なショックを与えたことは見逃せないことであった」と、地方への映画会社の直営館進出とそれによる独立興行者の苦悩が記され[28]、それを裏づけるものとして、徳島市興行組合と日活の対立などが報告されている[29]。このような業界の動向を踏まえ、広島市興行協会は是が非でも東映の直営館進出を阻止しなければならなかったのである。

結局、広島市興行協会の必死の抵抗も実らず、東映は一九五六年九月に冷暖房完備の近代的映画館を完成させる[30]。このことは、興行者が映画館の新設を阻止する絶対的な手段を保持していなかったことを意味する。具体的に言うと、映画館の乱立を規制する法律を彼らが有していなかったということである。法的措置を講じることができない映画興行者の苦悩は広島市興行協会長の発言の中にも表れていた。「広島市興行協会で新館防止対策委員会を結成し、すでに飽和状態の市内映画館をセーブしているのは、同じ間接税をあずかっている酒屋の醸造制限や浴場の建設制限などのように立法化の保護を受けないものの切実な姿であります[31]」。こうした興行者の悲痛な声は、各地で乱立防止の法制化を目指した動きへと発展を見せる。なかでも興行者は、一九五五年に国会に提出された「環境衛生関係営業の運営の適正化に関する法律案」に、映画館の建築制限を明記した項目を盛り込もうと国会に度重なる陳情をおこなった[32]。

興行者の希望を託した同法律は一九五七年九月に施行される。だがそこには、映画館（営業施設）の建築制限を直接的に謳った文言はなく、代わりに「営業施設の配置の基準の設定」が可能になっただけだった[33]。興行者は映画館の配置基準を設けることで映画館の増加を食い止めるという、遠回りな方策をとるよりほかなかったのである。しかも、この映画館の配置基準の設定は困難を極めた。強引な基準設定をおこなうと、憲法で実質的に保障されている「営業の自由」に抵触する恐れがあるからだ。そこで、東京都の興行組合は次のような代替案をまとめる。①映画配給会社に新設館へ配給をおこなわないよう申し入れる、②関係する所管官庁に対して映画館建設阻止の協力を要請する[34]。それらは一九五八年二月の興行組合の理事会で採択され、以後、新館防止対策の原則とされた。だが、こうした取り決めもまた完全に機能することはなかった。

というのも当時、新設される映画館は、実際にはむしろ東映・日活など大手映画製作配給会社の直営館はわずかで、大部分は独立興行者経営の映画館であった。それゆえ先の決議に則り、既設館の館主たちが配給会社に要請し、こうした独立興行者系新設館への映画配給を阻止しようとする事件が相次いで起こった。もし、配給会社が要求を呑まなければ、既設館の館主たちは団結し、その配給会社の映画をボイコットするというのである。つまり、独立興行者同士の争いに、配給会社を巻き込もうという戦略である。例えば、一九五八年七月に開館した東京の練馬文化という映画館に対して、興行組合が同館へ配給予定の大映と新東宝に圧力をかけ、配給を阻止せんとする事件が起こった[35]。両配給会社とも組合の要求に逆らうことができず、練馬文化への配給停止を決める。それにより、同館は三日間上映しただけで休館してしまう。

たしかに、同様の騒動は東京に限らず各地で起こっていた。だが、この件はこのままでは終わらなかった。行き過ぎた興行組合の行為に公正取引委員会が黙っていなかったのである。同委員会は一九五九年十一月、興行組合のとった行動が独占禁止法に違反すると見なし、彼らに厳重な警告をおこなった。興行組合の要請に半ば屈していた邦画六社はこうした経緯を踏まえて、今後営業上適当と認められる場合には、新設館に映画を配給するという態度を明確に打ち出す。結局、練馬文化に対しては邦画四社が映画を配給することを決定し、同館は営業を再スタートさせる。こうして、全国の独立興行者が総力を挙げて一九五五年以来取り組んできた新館防止の一連の運動はここに目的を果たせぬまま実質的に終結したのである。もっとも、そのときにはもう建館ブームは終焉を迎えていたので、それ以上運動を続ける理由もなかったのだが。

ともかく、映画館の新設に対して興行者たちが法的措置を講じられなかったことで彼らの間で激しい対立が生じ、映画館の乱立が深刻化したことは否めない。そして、その乱立は映画興行の形態を大きく揺さぶることで深刻度を増していった。乱立の問題を深刻にしたもう一つの理由、多本立て興行と入場料金のダンピングについて考えてみたい。

映画館の増加による競争の激化が、多本立てという形で興行の量的競合を生み、入場料金の不当な値下げを引き起こした。まず、多本立て興行についてだが、一九五八年版の『映画年鑑』を見ると、「二本建、三本建は普通で、極端なのは五本建、六本建で八時間、九時間という長時間興行が現れた」として異常な興行形態が問題提起されているのがわかる(36)。もっとも、同問題は突き詰めれば、大量生産＝大量消費を目論む映画会社同士の熾烈な製作合戦に起因するものであり、基本的に毎週二本の新作を配給する各社の量産体制が映画の質的低下を招き、大衆の映画離れを促進させたと見る向きもある。興行においても、下位番線の映画館を中心に、二、三本立て以上の興行形態による量的競合が動員対策上のサービスとしてなされたことはやむを得なかったかもしれない。だが、長時間の興行は観客の回転率を低下させ興行コストを上昇させてしまうため、デメリットの要素が大きくあった。

次に入場料金のダンピングについてだが、これは一例を挙げて当時の状況を振り返ってみたい。一九五八年に山口県のある映画館は、経営不振を挽回しようと邦画三本立て三〇円興行を始める。当時の全国映画館の平均入場料金がおよそ七八円であったことからも、破格の廉売だと言える。[37] 三〇円興行は大いに受け、同館は連日好調な入りを記録するのだが、一方で隣接する映画館の入りは一日一〇〇人前後と低迷してしまう。そのため、新作映画を五五円、再上映の映画を三〇円に値下げして巻き返しを図る映画館が出現し、ダンピングの泥仕合が展開されたのである。[38]

一九五八年版の『映画産業白書』には「最近では、定額料金の大幅な割引の実施、低料金制への移行等の形で入場料金のダンピングを行っており」、それが「興行業者の収入減となってはね返り、映画館の収支状況を悪化させる一因になっている」と記され[39]、ダンピングが映画館の経営上問題視されている。さらに一九五七年に東宝の営業本部調査課長・川上流二も、当時流行していた五〇円劇場を引き合いに出し「配給者としても五〇円劇場は非常に儲かるということで、どうしてもそっちのほうへ写真が三月もたたないうちに流れるということになれば、結局お客は上の番線の小屋にこないという傾向がますます強まる」と語り[40]、下番館のダンピングを映画興行の生態系さえ壊しかねない脅威と捉えているのがわかる。映画館の数が減少に向かう一九六〇年代になるとダンピングの問題が大きく取り扱われることはなくなるが、映画館の建館ブームに伴って各地で起こったダンピング合戦は共食いの状況を激化させ、劇場経営のみならず映画興行全体に大きな動揺を与えたのである。

見てきたように、映画館の乱立はそれを食い止める絶対的手段がなかったばかりに興行者同士の激しい対立を生み、非効率な多本立て興行や入場料金のダンピングを誘発するまでに深刻化した。それゆえ、映画館の数が証明する日本映画界の黄金期を、実際にその映画館を経営する者たちは悠々と闊歩することができなかったのが実情なのである。前述のように一九六〇年に七四五七館あった映画館はその年を境に減少に向かい、一〇年もたたないうちに半数以下に激減する。だがその事態を、テレビの普及が招いた悲劇とは必ずしも受け取ることができないだろう。激減しても仕方ないほど、一九五〇年代の映画館数は多すぎたのである。

斜陽期の興行収入増

映画興行者にとっては必ずしも輝かしい時代でなかった一九五〇年代が終わり、明らかな光の減衰を実感する六〇年代に時代は突入する。観客動員数等の統計的資料が証明する映画産業の急速な斜陽化。それは、時の覇者、大川博東映社長の発言内容の変化からもはっきりと読み取れる。一九六〇年に「最近、テレビの進出で映画は斜陽産業だといわれているが、私は決してそうだとは思わない」と強がってみせた大川も、[41]二年後には「映画界もいよいよ多難になってきた」と覆い隠すことができない現実を認めている。[42]こうして誰の目にも映画産業の斜陽が明らかになっていく中で、しかし唯一産業の景気を示す指標で堅調だったものがある。序章でも述べた、興行収入である。

表4-1を見てみよう。[43]興行収入（税抜き）は一九五八年に七〇〇億円を突破して以来、年によって多少の減少はあったものの増加傾向を示し、一〇年後の六八年には八〇〇億円を突破する（当時は後述の入場税がかかっていた）。観客数、映画館数ともに減り、普通なら興行収入も減少するはずであるが、それを食い止めるために、入場料金の値上げが敢行されたのである。

表4-1によれば、平均入場料金（税抜き）が一九六一年から六二年にかけて三〇円上昇し、五五年から六一年までの値上

表 4-1　税抜きの興行収入と平均入場料金

年	興行収入（円）	平均入場料金
1955	546 億 5700 万	63
56	618 億 9900 万	62
57	681 億 5300 万	62
58	723 億 4600 万	64
59	711 億 4100 万	65
1960	727 億 9800 万	72
61	730 億 300 万	85
62	759 億 8300 万	115
63	777 億 3400 万	152
64	769 億 3700 万	178
65	755 億 600 万	203
66	757 億 5000 万	219
67	789 億 4300 万	236
68	820 億 2600 万	262
69	838 億 500 万	295

がり分をたった一年で上回ったことになる。以後も毎年、料金の大幅な値上げがおこなわれ、一九六〇年と六九年を比較すると四倍以上の上昇が確認される。料金が明らかな変動を見せる一九六一年には、大映の永田雅一社長が「物価指数は生活必需品をはじめ風呂銭から散髪、たばこなど殆んどのものが値上がりしているのに対して、何故に映画の入場料金だけが指数が低いのか」と政府に訴えており[44]、映画界で入場料金の値上げの気運が高まっていたのである。

一九六二年版の『映画産業白書』では、戦前の一九三七年を基準にし、映画入場料金の指数と、小売物価指数の推移が比較されているが、永田の言う通り、一九六一年までは映画の入場料金の指数が一貫して低い。一九三七年のそれぞれの指数を一とすると、小売物価指数は五〇年代に三〇〇台前半を推移し、六一年には三三三であったのに対して、映画入場料金の指数は五〇年代には二〇〇台前半でとどまっており、六一年にようやく三〇〇台に達して、三〇二となる。すると勢いがついて、一九六二年前半（一～六月）には、小売物価指数が三四七であるのに対し、映画入場料金の指数は三八八と一気に上昇し、あっという間に逆転するのである[45]。一九六一年から映画界は、入場料金の上昇率が相対的に低いことを口実に大々的に値上げをおこなったが、それは他の物価と比べると水準以上の値上げであったことがわかる。入場料金の値上げは、動員数をカバーするための興行上の問題でもあったが、実は製作上の点からも急務の課題だったのだ。

テレビ対策として一九五三年にアメリカで導入されたワイドスクリーン映画が、日本でも五七年から製作されるようになる。それまでの縦横比一：一・三七のスクリーンが横に拡大し、一：二・三五のシネマスコープ・サイズがワイドスクリーンの標準規格となり、東映スコープや日活スコープなど、各社とも自社の名を冠したスコープ映画の製作に力を注いでいく。また、一九六〇年代はまだ白黒テレビが多くを占めていたため、映画会社はカラー映画の製作を推進することでテレビとの差異化を図ろうとする。こうして映画産業にとって、作品のスペクタクル化がテレビ産業との生存競争を勝ち抜くための至上命令とされた。そして、そのために映画会社は製作のコスト上昇を強いられ、それをカバーする興行収入の増加を必要としたのである。

こうした背景もあり、入場料金の値上げは業界一致の総意のもとに断行された。もっとも、入場料金の値上げには相応の出血も必要だった。一九六〇年、興行形態の主力はそれまでの二本立てから三本立てに移行する（二本立て三一四七館、三本立て四〇六二館）[46]。回転率の低下、諸経費の上昇が見込まれる三本立て興行は、過当競争時代である一九五〇年代よりも、映画館が相次いで閉館していく六〇年代になってからの方が盛んになり、二本立て興行を凌ぐ数にまで膨れ上がる。この移行の理由にはサービス強化の意味合いもあっただろうが、それと同時に、入場料金の値上げを推進するための、いわば口実として、三本立て興行へと移行する興行者が多くいたものと推測される。

さて、興行者にとって入場料金の値上げと共に、急務だった変革が他にもある。それが入場税である。一九八九年の消費税の導入に伴って廃止された入場税は、映画館をはじめ演芸場・遊園地といった娯楽施設にかけられていた税金で、この入場税が映画興行を苦しめていた。

一九四〇年に導入されて以来、一五割や一〇割といった法外な税率を刻んだこともある入場税は、五四年に入場料金に応じて一割から五割の税金を課すスライド制に変わり、その後若干減税されるものの、映画界が斜陽に差しかかった六〇年頃でもまだ、このような税制がとられていた。それにより映画界は入場料金を値上げしてもその分税金が取られる始末で、料金改定と並行して、税制改革が求められたのである。

一九六一年三月一五日の大蔵委員会に呼ばれた永田雅一大映社長は、前述のように入場料金を引き合いに出し「どうして映画入場料金が低料金かと申しますと隘路はこの入場税にある」と強引な論法で入場税の是正を政府に迫った[47]。さらに、関連の映画団体は一九六一年三月から「筋の通らぬ入場税撤廃」というスローガンをポスターや垂れ幕などで各所に掲示し、国民を巻き込んで入場税撤廃への雰囲気作りを試みた[48]。こうして映画界が総力を挙げて取り組んだ入場税の是正運動は、一九六二年四月にそれが一律一〇％に引き下げられたことで一応の成果をみる。とはいえ、当然ながら一般市民からは減税の分だけ入場料金の引き下げを求める声が多く上がり[49]、入場税の減税運動ならびに入場料金の値上げを以後継続しておこなっていく映画界と、購入すればタダで娯楽を享受できるテレビを所有し始めた大衆との距離は、だんだんと開きを見せていくのである。むろんその開きが、観客数の減少となって興行成績に跳ね返ってくることは言を俟たない。

都市と地方の格差

このように、斜陽期に差しかかった映画界は観客動員への影響を覚悟の上で、入場料金の値上げを断行し、急場を凌いでいった。前掲の表4-1で示したように、興行収入は観客動員が最高を記録した一九五八年に七〇〇億円台に乗ると、六〇年代には、年によって多少の減少も見られたものの基本的に増加傾向を示し、六八年に八〇〇億円を超える。けれども、その興行収入を上げる映画館の状況を概観すると、前述の通り、一九六〇年に七四五七館あったその数が、六九年には三六〇二館にまで落ち込んだ。一九六〇年代を通して、全国で実に半数以上の、五二％の映画館が姿を消してしまうのである。もっとも、それは全体としてまとめられた統計上の変化であり、各地域の状況を見ていくと、一様な現象として片づけることはできない。

すなわち、東京・神奈川・愛知・大阪といった大都市を抱える都道府県に限って言えば、映画館の減少率は、全国平均が五二％であったのに対して、三〇％台に収まっていた。それゆえ、反面、減少率が六〇％から七〇％にまでのぼる都道府県も数多くあり、地域間の格差が統計上の比較から確認される[50]。以下では、減少率が低率であった大都市圏と、逆に高率であった地方の事例を取り上げ、興行を取り巻く状況を比較してみたい。

まずは、映画館の減少率が低率であった大都市・東京の中で、有楽町の映画街を取り上げてみよう。ここは、東宝が支配する興行エリアで、料金の値上げも手伝って飛躍的に興行収入が増加する。同地区にある一一の東宝系映画館（東宝の直営館と専門館）の一九六一年の平均興行収入を見ると、最多の観客動員数を誇った五八年と比べて六〇％も増加し、急伸しているのが確認される。[51] 全国の一館当たり平均興行収入は一九五八年と六一年でほとんど変化がないことから、[52] 有楽町の各映画館は突出していたことがわかる。個々の映画館が料金の値上げを勝手におこなうことはできないので、有楽町の好況の背景には、料金上昇の全国的な流れとは別に、さらなる恩恵があったことが推測される。それを次に、業界誌『映画ジャーナル』一九六二年一月号の中から拾って検証してみたい。[53]

高度成長下の首都・東京にあって、当時の国鉄有楽町駅の乗降客は平日平均三九万から四一万人、日曜祝日では四九万から五〇万人にのぼると言われていた。新宿・渋谷の一〇〇万人台に及ばないにしても、そうしたターミナル駅のような乗り換え客がいないぶん、乗降客の大半が街に流れていくことが予想された。事実、こうした好立地条件下にある有楽町の各映画館は観客動員の低下を最小限に食い止めることができた。一一館の一九六一年の平均観客動員数は絶頂期の五八年と比べると一〇％弱の減少にとどまり、全国平均のそれが二〇％強の減少であることから、各館ともまずまずの入りを記録していたことがうかがえる。つまり、有楽町の各映画館は観客の減少を最小限に抑えられたことで、料金の値上げをほぼそのまま増収につなげることができたのである。

また、この安定した観客動員数は劇場経営に副次的効果をもたらす。全国的に観客数が減少に向かう一九五九年から、有楽町にある一一の東宝系映画館の支配人たちは劇場用ＣＭなど広告収入の強化を図る。一九五八年八月から五九年一月における各館の月平均の広告収入の合計を見ると、ＣＭとスライド広告での収入が一二三万円、タイアップとウィンドウ広告での収入が二五一万円だった。それが、一九六一年八月から六二年一月になると、それぞれ、四五一万円、五四〇万円と大幅にアップする。一九六〇年代になっても安定した観客動員を保つ劇場の「価値」が広告収入に反映された恰好である。なかでも、一九六一年度興行収入全国第一位の有楽座は、同年、月平均の広告収入で次のような好成績を残した。上映時間二分のCMで五五万円、スライド広告四〇枚を上映して三〇万円、劇場内外のウィンドウ広告で四〇万円、合計で月一二五万円を広告収入だけで上げたのである。定員一五八五名、従業員二八名の同劇場の経費が、人件費八八万円、経常費九四万円、宣伝費三八万円の計月二二〇万円であったことから、同劇場は経費の半分以上を広告収入で賄えた計算になる。立地条件に恵まれ多くの観客を集めることができた有楽町の一一の東宝系映画館は、増大する興行収入にくわえ、広告収入でも大きな利益を上げることができ、まさにこの世の春を謳歌していたのだ。

これだけを見ると、映画産業は本当に斜陽にあったのかと疑問に思わせる。だが、大都市圏にあるごく一部の映画館だけが、高度成長の時流に乗り伸張を遂げたのであり、それ以外の、特に地方の映画館は苦しい経営を迫られていた。今度は、映画館の減少が深刻だった地域として、全盛期の六〇％の映画館が一九六〇年代を通して減少した秋田県を取り上げて、六二年の同県における映画興行を取り巻く状況を振り返ってみたい。

前年に地元で開催された国民体育大会の影響でテレビが急速に普及してしまった秋田では、そうしたテレビと共に、集団就職や出稼ぎによる若者の流出が興行者を苦しめていた。秋田松竹の当時の支配人は次のように語る。「一〇代から二〇代にかけての映画人口の中枢部を占める若い連中が大都会にどんどん流れてゆくのだからたまりません。なにしろ市内の三つの中学卒の八割までが生まれ故郷をあとにしている状態ですから」[54]。こうした証言の深刻さを裏づけるように、学生の県外就職率と映画館の減少率との間に密接な関係が確認される。一九六五年三月卒業の学生（中卒、高卒）の県外就職率が都道府県別に記された資料を見ると[55]、県外への就職者数が多い一〇県の中の実に九県が、前述した映画館の減少率の平均値五二％を上回っており、そのうち六県が六〇％以上の減少率を記録した、映画館の減少がきわめて深刻な地域だった。一方、県外就職者数が少なかった四県は、順に大阪、東京、神奈川、愛知で、前述の映画館の減少率が低かった地域と重なる。いかに高度成長期の学生の就職動向が映画興行に多大な影響を与えたかが、以上の関係から推察できる。

また、秋田の興行者たちは劇場設備にも問題を抱えていた。秋田市内では「冷暖房完備の館も、水洗便所のコヤも一館もない」と言われるほど、冷暖房などの設備が貧弱だった[56]。この問題については、一九六二年八月時点で各家庭への冷暖房器具の全国普及率が、電気ストーブ一二・一％、ガスストーブ一七・九％、石油ストーブ一四・九％、ルームクーラー一・五％、と低率であったことと併せて考えなければならない[57]。すなわち、どの映画興行者も、テレビが鎮座した居間から大衆を引っ張り出すためには、居間にはない「冷暖房」を売りにして、テレビと対抗しなければならなかったのである。しかも、雪が多く、交通の便が悪かった秋田ではなおさら、市民の足を劇場へと向かわせる、より積極的な動機づけが必要とされた。にもかかわらず、同県の興行組合長は「冷暖房というような莫大な資金が必要なものには、とうていわれわれが集め得られる零細な金額では不可能に近いといえます。冷暖房をやれば客がはいるということがわかっていても、市中銀行からの融資などいまでは望み得なくなっています」と語り[58]、資金力に乏しい地方興行者の苦しい胸の内を明かしている。加藤幹郎によれば、京都では一九五〇年の元旦にはすでに、暖房完備を売りにした劇場広告が新聞紙面に登場していた[59]。だが、それから一〇年以上経過した時点でも秋田にはまだ、そうした広告が紙面に踊ることは皆無に等しかった。劇場設備においてもまた、都市と地方で歴然とした格差が生まれていたのである。

こうして一九六〇年代は、映画興行が二極化していく時代であった。いくら入場料金の値上げと減税で応急処置を施しても、地方の映画館の経営が苦しいことに変わりはなかった。そして、映画会社にとって実は二極化は、是正されるべき「問題」ではなく、推進されてしかるべき「結果」であった。一九六四年に松竹の白井昌夫専務の語った言葉がそれを物語っている。

経費にも見合わぬ低料金で配給するところよりも、やり方次第で興収ののびる余地のある劇場を直営乃至は準直営の傘下におき、適切な興行・宣伝の指導支援で、その館の興収増大をはかるように力を注ぐ。そうなれば他の一般契約館も、自然と収入の増大につながり、また刺激にもなる。(60)

「経費にも見合わぬ低料金で配給するところ」とは地方の下位番線の劇場を指し、「やり方次第で興収ののびる余地のある劇場」とは人口が密集する都市の上位番線の劇場と一般的に考えることができるが、ともかく、彼の発言には、潜在力のある地力をもった劇場を傘下において支援することの方が、下位番線の劇場に投資するよりも得策だという考えが示されている。当時、城戸四郎松竹社長はその具体策として、人口が「五万〜一〇万以上の都市に配給業務を集約」するという方針を打ち出している。(61) こうした大都市中心主義の配給計画は、松竹に限らず、どの会社も推し進めたが、なかでも東映が、それで大きな成果を上げた。そうした一連の流れについては次の第5章で詳述する。

それでは、以上のように顕著になっていく都市と地方の興行の格差を、解消するすべはなかったのか。いや、解消することはできなくても、地方の映画館が傾く陽光の中に、なにかしらの光明を見出すことはできなかったのだろうか。

深夜興行

かつて、山形県酒田市に「グリーン・ハウス」という洋画専門館があった。残念ながら一九七六年に火事が原因で閉館してしまった同館は、淀川長治が「世界一の映画館」と絶賛するなど、(62) 多くの映画関係者や業界誌に注目されたモデル・シアターであった。(63) 同館は劇場の規模から言うと一九六一年当時でキャパシティー四〇〇席と、全国平均四四六席と比較してもやや小さく、決して羨望の眼差しを集める大劇場ではなかった。にもかかわらず、グリーン・ハウスが注目されたのは、そこで、地方の映画館主が目標にするか、もしくはすでに効果的だと判断し実践していたサービスが展開されていたからである。

外観は田舎の商店の店先を感じさせる質素な造り。だが一歩中に足を踏み入れると、外からは想像できない、趣向を凝らした内装が露わになる。まず入口には、東京や大阪のホテルを思わせる回転ドアが設置され、高級感を漂わせると同時に、日本海から吹き寄せる冷たい風をなるべく中に入れないドアとしてもそれは有効に機能する。そして場内に入ると、小劇場であることを忘れさせる、ゆったりとした綺麗なロビーが広がり、入場者はそこに置かれている新聞・雑誌を読んだり、さらにはテレビを見たりすることも可能であった。またロビーでは、日本茶や紅茶が無料で提供され、より憩いを求める者は劇場内の喫茶店やバーで、恋人や友人、はたまたそこに居合わせた者とのお喋りに興ずることができた。

「映画の面白さ、楽しさのほかにもうひとつ、劇場の中で語りあえるサロン的ムードの楽しさを盛り上げること。劇場は映画を見せる場所から、映画を楽しんで貰うところへ切りかえる必要があるんじゃないでしょうか」と語る同館支配人の言葉に象徴されるように、[64] この時代、多くの映画館主が劇場の雰囲気作りの重要性を感じていた。というのも、劇場の雰囲気はテレビが映画から奪い取った主婦層を中心とする女性客を取り戻すのに重要な要素だと考えられたからだ。一九六二年一月号の『映画ジャーナル』に女性観客の座談会の様子が掲載されているが、彼女たちはトイレやロビーなど劇場設備の清潔さにくわえ、温かく親しみやすい雰囲気を映画館に求めているのがわかる。[65] むろん、こうした要素は映画が娯楽の王者であった時代から映画館に必要とされていたことには違いない。ただ、もはや映画館が「映画を見せる場所」としてだけでは満足されなくなった一九六〇年代、興行者は「映画を楽しんで貰うところ」へと劇場をシフトさせることが以前にも増して必要だったのである。

興行者の斜陽化対策への取り組みは、これだけに終わらない。集客のために、前売り券などを利用した「割引」サービスが以前よりも積極的におこなわれた。地域の信頼を得るために、子どもとその親を対象に安価な料金で教育的映画を上映する「映画教室」も各地で開催された。また、東映や東宝など大手映画会社は一九六〇年代に入って、作品の宣伝を強化するため「宣伝プロデューサー」を設置し、封切館から下番館まで自社と契約を結ぶ映画館に宣伝指導を繰り返しおこなった（詳しくは次章参照）。こうした不況対策は他にも数多く施行されたが、その中でも「深夜興行」の実施は斜陽期の映画館経営に大きな光を与えるものとなった。

深夜興行は単発的にはそれまでも開催されていたが、各地で定期的に実施されるようになったのは一九六〇年代初頭からである。今では定期的な深夜興行はあまり見られなくなったが、一九六〇年代から七〇年代にはごく当たり前のように全国でおこなわれていた。通商産業省が一九七六年十一月に全国の映画館を対象におこなった調査では、月に最低一回、深夜興行を実施している映画館が全国で一五三五館あり、割合で言うと全体の七割近くにのぼった。その中で月四回以上深夜に興行しているという映画館は一一七八館で、これも五割強あった。[66] それだけ深夜興行は客が入り儲かる商売だったわけである。それでは、その深夜興行はどのような形態でおこなわれ、どれほどの人気を呼んだのだろうか。

前節で、映画館の減少率が低率であったと述べた神奈川県で、川崎市に居を構えた興行会社・美須興行がおこなっていた深夜興行を一つの事例として見ていこう。

美須興行が初めて深夜興行を実施したのは、一九六三年四月。その二年前にテレビで深夜の映画番組が始まっていた。ＴＢＳが土曜深夜に旧作映画を放映する『週末名画劇場』をスタートさせていたのである。そして翌一九六二年に一週間連日、深夜に映画番組を放送する大胆な編成に打って出ると、その勢いに同調するように視聴率も上昇を見せ、「深夜の映画」がまず家庭の中に浸透し始めた。[67] その後を受けて、ようやく映画館の中にも「深夜の映画」が広まりだし、美須興行も深夜興行を開始したのだ。

美須興行の大島幸雄興行部長は「テレビの深夜劇場が相当高い視聴率をあげていますねえ」と深夜の映画番組の視聴率を意識しながら、「人間だれしも、夜になると一種の開放感がある。この生理感覚をイイ感じでとらえたのが終夜興行といえませんか」と深夜興行を始めた理由を語る。[68] 当時から、深夜興行が盛んになった背景に、テレビの深夜放映が関係していると言われていたのである。[69] また、「ラジオやテレビの深夜放送の番組をみて、午後一〇時すぎには大人向きのお色気番組や猟奇映画」を編成しようとする興行者もいて、[70] 彼らは天敵であるはずのテレビから、深夜興行を成功に導くためのヒントを得ていた。映画興行者たちはテレビの普及に伴い窮迫していったことは間違いないが、だがいくらかはそのテレビによって、自分たちの命運を託した深夜興行を開拓していくことができたのである。こうして深夜興行の内実からは、従来言われている、テレビの普及による映画の衰退という両者の関係ではない、別の関係性が浮かび上がってくるのである。

そうした映像メディア史的にも重要な意味をもつ深夜興行は、美須興行では次のような形態でおこなわれていた。美須興行は所有する川崎東映ならびに川崎映劇で、祝祭日前日の本興行が終わった後、夜の一〇時半から翌朝五時まで、その週に好評だった二本立て番組を二つ選び、二本立て二回興行をおこなっていた。とはいっても、一方の劇場には一本の二本立て番組しか供給されず、観客が二本立て番組を両方とも観ようと思えば、一回目の興行終了後、もう一方の劇場に移動するしかなかった。もっとも、その移動を伴う二回目の興行を観ずに帰ってしまう観客は近隣の商店街の住民たちだけだった。それまでいた客のほとんどが映画館をハシゴしてまで、深夜興行に熱狂した。[71] それでは、どんな観客が熱い夜を過ごしたのだろうか。客層は時間帯によって大別できる。

午後一〇時半から午前〇時半までは、サラリーマンや工員ふうの二〇代の若い男性が九〇%を占める。残りは近隣の商店街の住民らで、女性客が極端に少ないのが特徴的である。一人で来る客が多い。つまり、仕事を終えた独

図 4-1　深夜興行を知らせる看板（『映画ジャーナル』1963 年 7 月号）

身男性がほとんどだったのである。午前〇時半から二時半になると深夜興行の盛況がピークに達する。この時間帯になると、仕事帰りの水商売の女性たちが押し寄せ、男女比率が六：四と女性客が一気に増える。なにしろ、女性客の九九％が水商売の女性たちだと言われ、深夜興行の成功には彼女たちの存在が不可欠であった。そして、二時半になると、前述の通り、最初からいた商店街の住民はほとんどいなくなるが、それ以外の観客は劇場を変えて、もう一方の二本立て番組を楽しむのである。

　以上が、美須興行がおこなっていた深夜興行の全体の流れである。こうした形態で催されていた深夜興行は、同社の興行部長が「昼間の興行を下回ったことがない」という盛況ぶりだった[72]。その成功の最大の要因はなんといっても、先にもふれた仕事帰りの独身男性や水商売の女性など、仕事上深夜しか映画を観ることができない客層を開拓できたことにある。美須興行はこうした客層を呼び込むために、人目を引く大きな看板を劇場の前に常設した（図 4-1）。その看板には、深夜興行の実施日時、上映作品などが掲示され、観客は前もって深夜興行についての情報を知ることができた。このような宣伝活動の甲斐もあり、美須興行は新しい客層を開拓することに成功したわけである。なにしろ一九六〇年代半ばには、「深夜でなければ映画を見られぬ人が、東京だけでも約二〇万ある」と言われていて[73]、美須興行に限らずどの興行者たちも、昼間の観客動員数の減少を補うため、深夜の映画観客に目を向ける必要があったのである。

実際、映画館の減少率が高い地方においても深夜興行は積極的におこなわれていた。前節で取り上げた、若者の県外流出に悩む秋田県もその中の一つである。秋田市では、設備の改善、新聞社・商店などと提携した映画鑑賞会の実施や無料招待券の配布など、興行的対策がいくつも講じられてきたが、どれも十分な成果を上げられずにいた。そうした状況で、一九六二年五月に大映の系統館が深夜興行を開始すると、東宝を除く他社の系統館も実施するようになる。例えば日活では、毎週土曜日の一二時頃から翌朝五時頃までおこなわれる深夜興行で、平均三〇〇〜四〇〇人が集まり、六万円の興収が上がっていた(74)。通常の昼間興行では、「雪の季節となると、一日一〇〇人足らずの映画館がほとんど」と言われており(75)、深夜興行が実施されていた理由がよく理解できる。また、市内の川反《かわばた》と呼ばれる一五〇店を超す飲食店街では、一九六〇年代はじめには二千人以上が働いていたが、そのうち実に一五〇〇人が閉店後、深夜の映画館に足を運んだと言われている(76)。

他の地方においても、深夜興行は人気だった。石川県金沢市の興行者たちは、秋田と同様に若者たちの県外流出に悩んでいたが、市内にとどまっている若者たちさえ、劇場に呼び込むことが容易ではなかった。地元の興行者いわく、金沢は「青少年教育には熱心で厳格なところです。したがって、高校生などもゼッタイひとりでは映画館に入ることは許されません」という土地柄であり(77)、若者の動員には障害があったのである。そこで、興行者は集客を見込める客層として、夜の繁華街で遊興する大人たちに照準を合わせる。金沢の繁華街・香林坊界隈では、東映・日活の映画をそれぞれ上映する二館が、土曜から日曜にかけて深夜興行を実施したが、合わせて千人ほどを集客したという(78)。大都市と同様に地方でも、興行者は深夜に眠る潜在的な映画人口を呼び覚ますことに、不況からの活路を見出していたのである。

とはいえ、深夜興行にも問題はあった。諸経費の上昇、過重労働といった問題に加え、深夜の映画上映は青少年に悪影響をもたらすということで、興行者は警察やマスコミ、主婦などから厳しい非難を受けた。ちょうど、深夜喫茶にボーリング場と深夜営業をおこなう娯楽施設が問題視されていたときで、興行者たちは大手を振って深夜興行に精を出すわけにはいかなかった。彼らには地域社会との対話が求められた。例えば新宿では、興行者同士が集まり「深夜興行における防犯・防災対策申し合わせ事項」を決め、悪い評判を一掃する取り組みがなされた(79)。そこでは、未成年者入場厳禁の立看板を設置したり、未成年者と思われる者には身分証の提示を要求したり、廊下やロビーなどの照明を明るくし防犯防災に努めるといったことが取りまとめられ、実行に移された。他にも、警察に劇場パトロールを依頼する映画館もあり、興行者たちは、さまざまな手段で、深夜興行の健全さを世間に訴えていかなければならなかった。

ただ、こうした問題がありながらも、それでも興行者には深夜興行は欠かすことのできないものであった。例えば、横浜松竹という劇場では一九六三年、映画教室や貸館、深夜興行が不況対策としておこなわれたが、なかでも深夜興行は最大の収入源となっていた。映画教室は年間二四日で収入八〇万円、貸館は二二日で四四〇万円、深夜興行は一一〇日で一七〇〇万円と、深夜興行の収入と実施日数の多さが目につく(80)。まさに当時の深夜興行の活況を象徴する数字である。また、深夜興行では、売店の売上げも好調だった。前述の美須興行の場合だと、総売上げ額を入場者数で割った一人当たりの売上げ金額が昼の二七円二〇銭から深夜では四五円と大幅にアップしている。興行収入に対する売店売上げの比率も深夜は一七%と昼の一二%に比べて高い(81)。こうして売店収入の特典もついた深夜興行は、斜陽期の映画界にあって、興行者たちを照らす確かな光となったのである。

もっとも、その光は興行者だけに降り注いだわけではなかった。それは、特定の映画ジャンル、映画作品をも明るく包み込んだ。多くの熱狂的な観客に支持され、深夜に輝きを増す映画。それが、一九六〇年代に隆盛を極めた東映任俠（やくざ）映画である。

一九六〇年代に入り、東映は人気が低迷する時代劇の代わりに、鶴田浩二や高倉健を主演にした任俠映画を量産しだす。その端緒は一九六三年の『人生劇場　飛車角』（沢島忠監督）だと言われていて、以後同ジャンルは流行を見せ、やくざ映画と言えば東映という時代が続く。

「やくざ映画の全盛を物語るいちばんの情景は終夜興行である。そこには、映画界最盛期の昭和三三年［一九五八年］ごろの情景、場内に客がギッシリつまって扉がふくれ上ったというような情景を再現している」[82]。一九六六年には映画雑誌にこのような記事が掲載されるなど、当時やくざ映画は深夜興行の舞台で躍動していた。東映任俠映画と深夜興行の相性の良さは興行収入にも表れている。一九六五年、深夜興行による収入は全体で五億数千万円だったが、そのうち半分近い二億一千万円を東映が上げていた[83]。深夜興行が普及しなければ、任俠路線をひた走る一九六〇年代の東映の輝かしい歴史もいくらかかすんでいたに違いない。それだけ深夜興行の存在は、東映にとって大きなものであった。

こうした背景もあり、当時東映は深夜興行に合わせて作品を作っているとささやかれた[84]。つまり東映が、任俠映画を深夜向きだという理由で、量産しているというわけである。当時の岡田茂常務取締役はその真偽を問われ、「大体うちは深夜族向けだからね。夜に強い写真になっているわけですよ」と明確な否定も肯定もせず[85]、自社の作品が深夜興行に適しているということだけを強調する。それゆえ、どこまで任俠路線の拡大に深夜興行が関係したかは定めがたいが、作品の企画にそれが多少なりとも影響を及ぼしていたことは事実のようだ。東映の監督ではないが、深夜興行全盛の時代に大映で映画を撮った山本薩夫は「ナイトショウの成績が企画の基準を左右するようでは、日本映画作家の誇りを持てない」と現状に苦言を呈している[86]。つまりは深夜興行が作品の企画に影響を及ぼしている現実があったということであり、こうした不満をもつ監督は他にもいたであろう。監督たちにとっては、深夜興行は必ずしも歓迎できるものではなかったようである。

さて、東映が深夜興行で稼いでいた頃、他の映画会社はどのような態度をとっていたのだろうか。大映・日活・

松竹の三社は東映と同時期か、やや遅れて直営館で深夜興行を開始した。唯一邦画五社の中で東宝だけが、「作品が深夜向きではない」という理由もあり[87]、一九六〇年代後半に差しかかっても深夜興行を実施していなかった。一九六〇年代の東宝作品の代表的なものを挙げると、森繁久彌を主演にした喜劇「社長」シリーズや「駅前」シリーズ、他には加山雄三主演の言わずと知れた「若大将」シリーズ、あとはたまに公開され反響を呼ぶ黒澤映画など、たしかに深夜向きとは言いにくい作品が多かった。むろん、深夜受けする「やくざ映画」とは無縁だった。それでも、とどまるところを知らない深夜興行の盛況ぶりに、ついに東宝も一九六八年、深夜興行を開始する。その東宝に、東映任俠路線の一翼を担った加藤泰が、『日本俠花伝』という「やくざ映画」を撮るために降り立ったのは、それから五年後のことだった。

深夜興行のその後

本章は日本映画界の黄金期とされる一九五〇年代から斜陽期と位置づけられる六〇年代を中心に、興行の領域から斯界の実情を精察するものであった。それにより、一九五〇年代が多くの興行者たちにとって必ずしも輝かしい時代ではなく、六〇年代が一部の興行者たちの間で光り輝く時代であったことが判明した。とはいえ、一九六〇年代は大部分の興行者たちにとって困難な時代であったことは確かであり、そんな彼らが苦境を脱するために始めたのが深夜興行だった。それでは最後に、深夜興行のその後の流れを簡単に紹介して本章を閉じたい。

東映やくざ映画の隆盛とともに、活況を呈した深夜興行だが、東映のやくざ映画が任俠路線から実録路線へと引き継がれ、その象徴であった深作欣二の「仁義なき戦い」「新仁義なき戦い」シリーズ（一九七三〜七六年）が終わりを告げると、深夜興行もまたかつての勢いを失っていく。通商産業省が一九八〇年に全国の映画館に対しておこなった調査では、月に最低一回、深夜興行を実施しているという映画館が一五〇九館と、前述の七六年調査時の一五三五館からやや減少している。[88] さらに、一九九一年の調査になると、その数は七六八館（この中には本興行終了後、一回ほど上映がおこなわれるレイトショーも含む）となり、八〇年から半減してしまう。[89]「ちょっとヤクザ映画が下火になったころから、どうもオールナイトというのが余り入らなくなってしまったということで、やめていったと思います」と証言する興行者もいて、[90] 深夜興行の衰退にはやくざ映画のそれが関係していた。

深夜興行とやくざ映画をめぐる考察は、引き続き第6章で、エロ映画も含む一九六〇年代の隆盛の背景を探る中でおこなっていくことにするが、いずれにせよ、このように、ときに映画ジャンルと興行形態は相互に作用し、運命を共にすることもあった。これほど極端なケースはあまりないにしても、映画はなんらかのかたちで上映され鑑賞されて初めて価値をもつことは事実であるため、今後、映画興行についての研究が進展すれば、作品研究・作家研究に新たな地平を切り開くことが可能かもしれない。映画には、いまだ解明されていない複雑な力学が、数多く存在しているのである。

第5章　配給・興行に力を入れろ

——映画会社の動員戦略

映画会社にとっての配給・興行

日本映画の一九六〇年代は、新東宝の倒産、第二東映（ニュー東映）の解消に象徴されるように、出だしから、それまでとは違う不穏な空気に包まれる。直前の、一九五〇年代後半には、計算上、国民一人が月に一度は映画館に足を運ぶ全盛期であった(1)。だが、そのような輝かしい時代も、一九六〇年代に入って終わりを告げる。大衆娯楽であった映画から、大衆が消えていく。果たして、そうした状況に、邦画各社はいかなる対策を講じたのだろうか。前章では、大衆と結びつく現場である興行部門から映画産業の状況を確認し、大手映画会社の活動にも言及した。本章では、製作を担う映画会社の視角から、配給・興行について考察していく。

映画会社の活動で、配給・興行がいかに軽視できないものであったかは歴史が証明している。一九〇八年に日本で最初の映画撮影所を開設した会社は、すでに映画の輸入業と配給・興行で大きな成果を上げていた吉沢商店であった。その後、他社も相次いで東京・京都に撮影所を開設するが、そうした動きは、映画需要の高まりによって生じた。一九〇三年に最初の映画専門の常設館が浅草に誕生し、東京では〇七年より映画館の開館が相次ぎ、一〇年にはその数が四〇館に達した(2)。この時期、映画専門の常設館が開館しなければ、映画製作に商業性を見出して、撮影所を開設する会社は出現しなかったであろう。
他にも例を挙げてみよう。戦時中、配給を統轄していた映配が一九四五年十月で解散となり、自主配給が復活すると、大映が困難な状況に置かれた。当時、大映の他にも松竹・東宝が映画を作っていたが、その二社は戦前から系統館を保有していたので、そこに自社の映画だけを配給するブロック・ブッキングを採用する。一方、大映は戦時中の映画統制で誕生した会社であるため、系統館を保有しておらず、それゆえ、他社と同様にブロック・ブッキングを採用するのは不利であり、フリー・ブッキングで勝負することが賢明と判断された。[3] だが劇場経営者は、継続的に番組を提供してもらえるブロック・ブッキングの利便性や安定性を好んだことから、やむなく大映も系統館獲得を目指す。そこで同社は、三益愛子主演の「母もの」映画、すなわち『ステラ・ダラス』(キング・ヴィダー監督、一九三七年)に代表される「母性愛メロドラマ」の配給を積極的におこない、一九四〇年代後半から五〇年代中頃にかけて地方で好評を博したことで、契約を結ぶ劇場を伸ばしていった。[4]
このように日本映画史の重要な局面を振り返っても、製作と配給・興行が密接に関係しており、切り離して考えることはできない。国民一人が月に一度は映画館に足を運んでいたと言っても、それを映画作品の人気のみに収斂させて考えるわけにはいかない。その背景には、当然のことながら作品を供給(配給)し販売(興行)する映画会社の活動があったことも忘れてはならないのである。一九五〇年代から六〇年代にかけて、映画会社が観客に「映画を観に来ていただく」ために、どのようなアプローチをしていたのか、配給・興行の施策を取り上げて考察していきたい。

二本立て全プロ配給と専門館獲得競争

前章でもふれたが、まずは、一九五〇年代の大手映画会社の配給・興行へのアプローチについて補足しつつ整理しておきたい。この時代、映画会社は配給・興行網を拡充するために躍起になった。一九五一年に創設された東映では、五三年度の経営方針の中ですでに「広く全国にまたがる大直営館網を形成する」という構想が打ち立てられ[5]、東宝では五二年に欧州視察から戻った小林一三社長が「私が日頃申し上げている百館主義を押し進めて行きたい」と語り[6]、五〇年代初期にはすでに配給・興行の強化が掲げられていた。なかでも東映の動きが、各社に大きな影響を与え、製作体制に変革をもたらす。

東映は配給網の拡充に対して、明確なアプローチを示した。直営館の新設もさることながら、自社作品だけを上映する専門館を獲得するため、製作で他社との違いを生み出そうとする。従来二本立てプログラムは他社作品と併映であったが、東映はそれを自社作品だけで埋めるため、映画の量産に出る。そうして東映は、一九五四年一月から通常の長編劇映画に加え、「東映娯楽版」と称する中編時代劇の新作二本を毎週封切館以下に向けて配給していった。これがいわゆる二本立て全プロ配給である。劇場側としても、映画会社二社と契約するよりも、東映一社と契約した方が廉価で好都合だった。その上、「娯楽版」として公開された作品には、「里見八犬伝」五部作（一九五四年）や「新諸国物語」シリーズ全一一作（一九五四〜五七年）のような子ども／ファミリー層向けのヒット作が含まれていた。占領期には連合国軍総司令部（GHQ／SCAP）内部に設けられた民間情報教育局（CIE）の厳しい検閲で、「封建的忠誠及び復讐の信条に立脚する」ことを危惧された時代劇は製作が困難であったが[7]、もはやそうした検閲がなくなり、時代劇の大スターや将来性のある若手俳優を多数抱えていた東映は、このジャンルで人気を獲得するのである。東映の時代劇人気も手伝って、二本立て全プロ配給が好評を博し、その結果、東映の専門館が急増する。一九五三年十二月末に東映専門館は四二館だったのに対し、二本立てを開始して半年強経過した五四年八月末には一五五館と実に四倍近くにまで拡張を見せた[8]。

むろん、こうした東映の攻勢に対して、他の大手映画会社も黙ってはいなかった。一九五六年一月から製作能力が伴わない新東宝を除く、松竹・大映・東宝・日活の四社が月八・六本の二本立て配給を開始する。東映も、従来の中編「娯楽版」を長編に切り替えて対抗。だが、専門館獲得のための二本立て競争時代がこのまま展開されるかと思いきや、三ヶ月後の一九五六年四月にはもう、日活が月六・三本に減産し、七月には月四・三本と一本立てに回帰する。[9] 次いで松竹も、七月に月六・三本と二本立てから撤退し、五七年三月に月四・三本の一本立てに戻る。[10] 大映・東宝もこれに追随するが、東映だけが以前のように一本を中編にとどめて二本立てを継続した。当時の『キネマ旬報』には、この二本立て競争の成果を検証する記事が見られる。

五五年上期の六社配収一一〇億二九三八万円にたいし五六年同期は一二三億四八五四万円と約一三億二〇〇〇万円弱、一二％増えたものの、封切本数は五五年上期二二一本、五六年同期二八五本と六三［六四か］本、二八・四％増と成っており、増加分六三本の大部分を中篇物とみて一本の製作費平均一五〇〇万円と仮定すれば、製作費合計九億四五〇〇万円、これにプリント費、宣伝費の増高と、色彩映画の本数増による製作費の高騰を加算すれば、支出増は膨大なものとなって結局、各社とも出血を余儀なくされ、収支の均衡を崩すことになった。[11]

二本立ての実施前後での配給収入の変化と、増産やカラー映画への移行に伴って想定される製作費等の支出増を比較し、採算が合っていないと結論づけられている。事実、松竹の城戸社長は「二本立の強行は自殺行為に等しい」と告白し、「量より質」の「大作一本立主義」を名目に一本立てに回帰したのだった。[12]

にもかかわらず、映画会社はまた二本立て全プロ配給を再開する。一九五八年九月から今度は新東宝も含めた大手六社の間で、再度新作二本立て競争が展開されるのである。というのも、各社が一本立てに回帰している間に、東映の興行網がさらに拡大したからである。一九五七年に東映専門館が他社の総計よりも上回る八三七館に達し、[13]

その結果五八年の上半期の配収では、新東宝を除く四社が二〇億円台である中、東映だけが四二億円と抜きん出ることになった[14]。結局、東映以外の五社が東映の独走を止めるためには、「質より量」の競争に加わるよりほかなかったのだ。

当時の製作状況を考えると、一九五三年以降の「五社協定」(五七年から「六社申し合わせ」)によって、各社の専属の俳優・スタッフが他社作品に自由に出演・参加できず、仕事の選択では不自由な状況にあった[15]。スターたちからは「五社協定」に対し不満が続出していたが[16]、そうした声を抑圧しながら、撮影所システムが強化されていった。撮影所は不動の映画人を、量産体制を敷いた製作現場に投入し、そこから生み出される作品群は、ポジティブに捉えるならば、各社の特色が出たものばかりであるし、そう捉えなければ、どれも似た作品ばかりと見られる。それらはいわゆるプログラム・ピクチャーとして流通していった。

ミツヨ・ワダ・マルシアーノが指摘するように日本映画では戦前から特定のジャンルが映画会社や撮影所と密接に結びついていたが、戦後になってこの傾向はますます強まっていった[17]。日活の得意ジャンルはアクションであり、東宝は怪獣映画に代表される特撮映画や喜劇、東映は時代劇ややくざ映画が有名で、松竹は伝統的なメロドラマを相変わらず作り続け、大映は戦後すぐに母ものを流行させ、一九六〇年代は時代劇で異彩を放った。短命だった新東宝にしてもエロ・グロ映画を思い浮かべることができ、各社を代表する映画ジャンルを列挙することは比較的容易い。観客は各社の専門館に、以上の映画を期待して足を運んだのであり、前述の通り、東映の時代劇がなかでも人気を呼んで専門館の拡大に貢献したのである。

そもそも、東映は配給・興行上の問題を克服すべく設立された会社だった。前身の東横映画は、戦前に渋谷の東京横浜電鉄の資本で映画の興行をおこなっていたが、戦後に映画興行の好景気もあり、一九四七年から、旧新興キネマの撮影所であった大映の京都撮影所を借りて映画製作を開始する。だが配給を委託した大映からは配給収入を予定通り受け取ることができず、製作開始から一年ほどで相当な負債を抱えてしまう。東横映画は、このまま配給を他社に依存していては負債が膨らむばかりだと判断し、同様の悩みを抱えていた大泉映画と共に、大手映画会社が築いている配給・興行のブロックに割って入ることを決断する。[18] 両者は、大手製作会社に対抗するだけの製作能力を磨き、配給と興行も自社でおこなうべく配給会社（東京映画配給）を巻き込んで合併し、東映として一九五一年に出発することになったのである。そうして設立された東映が、わずか五年後の一九五六年に年間の配給収入でトップになる。その勢いのままに同社は、第3章で詳しく見たようにテレビ事業にも着手し、テレビ映画の製作を始めると、その再編集版を次には映画として利用し、一九六〇年三月には第二東映という新たな配給系統を打ち立てる。それはまさに「質より量」を加速させる動きであった。東横時代には大手のブロック・ブッキングの壁に苦しんでいた東映が、生産量を際立たせて配給・興行網の拡充を図り、今度は自ら分厚い壁を築いて他社を圧倒していくのである。

都市中心主義

こうして一九五〇年代半ば以降、東映を中心に配給・興行網の拡充が進んだが、六〇年代になると、市場そのものが縮小へと向かう。前述のように一九六〇年に映画館数は過去最高の七四五七館を記録するが、観客数の激減とともに、六九年には三六〇二館と半数以下になってしまう。[19] 以前とは打って変わっての不況に映画会社はどのような反応を見せたのだろうか。彼らにとって観客数の減少はたしかに痛い。だが、映画館の減少に関しては、必ずしもそうとは言い切れないことが、一九六二年に大川博東映社長が述べた発言に表れている。

劇場も多すぎた。しかしこれからは中小企業体の独立興行者はますます経営がむずかしくなってくるだろう。

今の配給系統から逆算して五〇〇〇館以内が理想ではないかと思う。劇場の多いということは配給会社にとっても喜ばしい状態ではない。[20]

さすがに大川も一九六〇年代後半に映画館数が三千館台にまで急減することは望んでいなかったであろう。ただ当時彼が、映画館の減少をいくらか歓迎していたことは間違いない。前章で確認したように、一九五〇年代の映画館の乱立は、各館の経営に悪影響を及ぼすだけでなく、適正な価格で統制された番線システムの崩壊につながりかねないと危惧された。それゆえ、観客数が減少に向かう一九五九年には、「映画が悪くなったというと、すぐテレビというけれども、大きな原因の一つに、劇場の乱立がある」という発言が映画会社の中から飛び出すほど[21]、当時、映画館の乱立は業界内で問題視されていたのである。

前述の大川の発言はこうした問題を受けて出てきたものであり、それはまさに、各映画会社の密かな想いを代弁したものでもあった。実際、邦画各社とも映画館の減少を食い止めることに心血を注ぎはしなかった。彼らは、将来性のない地方の劇場に見切りをつけ、その代わりに、発展を期待できる都市の劇場を手中に収めることに集中した。都市の興行網を強化し、「大都市中心主義で観客を動員」することが邦画各社の目指すところだったのである。[22]

一九六五年の国勢調査を見ると、こうした彼らの戦略に納得させられる記録が残されている。そこでは、各都道府県の「市部」と「郡部」(町村)で対照的な人口移動が確認される。日本返還前の沖縄を除く四六都道府県のうち、一九六〇年の調査より、実に四一の都道府県で「市部」の人口が増加しているのに対し、「郡部」の人口は三九もの都道府県で減少している。[23]もっとも、「郡部」の人口が増加している地域は、東京、神奈川、愛知、大阪など高度成長期の同時代、人口流入が目覚しかった大都市圏であり、全国的に「郡部」の衰退は誰の目にも明らかであった。こうした「市部」と「郡部」の相反する人口移動の結果、映画館の減少率にも大きな差が見られた。

一九六五年八月比の六六年八月における「市部」と「郡部」、それぞれの減館率を見てみると、「市部」では減館率が六%だったのに対し、「郡部」では一四%を記録した。[24] 一九六〇年代に映画館は急激に減少していくが、それは全国的に一様に見られた現象ではなく、「郡部」を中心に顕著になった問題だった。それゆえ、一九六〇年代に入って邦画各社は、人口増加が期待され、経営的にも安定を保つことが可能な「市部」の市場に目をつけ、そこに興行網を拡充しようと、専門館の量を増やすことに躍起になった。なかでも東映は、こうした都市中心主義の興行戦略をもっとも推進した会社であった。

東映が目指したのは、専門館ばかりでなく直営館を人口一〇万以上の都市に増設していくことだった。東映・大川社長は一九六五年度の経営基本方針の中で「人口一〇万以上の都市には必ず東映の直営館があるようにしたい」と述べ、「この直営館は、その都市におけるモデル劇場であるから、その従業員は単に上映作品を興行的に成功させるというだけでなく、例えば売店、劇場の装置その他空間利用法など劇場経営について創意工夫して他館の模範になるように心掛けねばならない」と直営館の重要性を強調している。[25] 大川は直営館がモデル劇場としての役割を果たし、周辺の劇場を刺激することで、そうした劇場の設備やサービスが向上していくことを望んだわけである。そして、最終的には人口一〇万以上の都市で東映の興行力を強化していくことが彼の狙いだった。

こうした戦略を実践した結果、当時東映は、人口一〇万以上の都市で、全配給収入の八〇%を上げるようになっていた。[26] 残りの二〇%の内訳は、人口一〇万未満の「市部」で一五%、「郡部」で五%と、主要都市とそれ以外で配収比率に大きな差が生じていた。これだけの差は、東映が配収を得る劇場数の違いによるものだと思われるかもしれない。だが、それぞれの場所に存在する東映契約館の数にはそれほど極端な差は見られなかった。人口一〇万以上の都市には、およそ七〇〇の東映契約館があり、そのほとんどが、東映作品だけを専門に上映する専門館ないしは直営館であった。一方で、人口一〇万未満の「市部」にも四〇〇館、「郡部」にも五〇〇館あったと言われ、契約館数の比較からでは、前述のような極端な配収比率になるとは考えにくい。やはりそれだけ、人口一〇万以上の都市とそれ以外の場所とでは一館当たりの興行収入が違うのであり、だからこそ、主要都市に専門館、さらには直営館を増やしていくことが肝要だったのである。

東映は専門館のみならず直営館の拡充も着実に進めた。一九五一年の創立当初から直営館の建設を推し進めた東映は、五九年には、その数が五六館で業界トップとなる。[27] 以後、東映は前述のように直営館を一〇万以上の都市に集中させ、一九六四年には他社の直営館数が五〇館に満たない中で、直営館数を八〇館にまで増大させる。[28]

一九六〇年代の『映画年鑑』を調べると、東映は邦画配給収入において、六四年七月〜六五年六月の一年だけ東宝に次ぐ二位となったが、[29] 他のすべての年で一位となった。この年代には、東映が時代劇から任俠・やくざ映画に主軸を移し、お色気映画の製作も積極的に展開して好調を維持したのだった。それは、以前のような家族で楽しめる映画ジャンルから、若者に限定した映画作りへの移行であった。人口一〇万以上の都市には、そうした映画を好む若者たちが多く集まっていたことは想像に難くない。

変化する興行場

高度成長期に地方から都市へと人口移動が盛んになったことで、どの映画会社も主要都市を中心に、専門館ならびに直営館の拡充を図ったわけだが、一九五〇年代から六〇年代にかけての社会状況の変化は、各社の動員戦略に影響を与えただけではない。それはこれまでの興行の勢力図も塗り替える大きなものであった。

一九五〇年代半ばまで、映画興行の中心地は紛れもなく浅草だった。常設映画館の発祥の地である浅草は、江戸時代から見世物小屋、芝居小屋などが立ち並ぶ盛り場として発展してきたこともあり、かつては日本一の映画街として栄えた。浅草の興行は「全国のバロメーター」と言われ、「浅草でヒットした作品は全国的に平均して稼ぐ」

と、全国の興行者たちから注目されていた。[30] そのため、映画会社は浅草のメーター（一時間ごとに入場者数を記録したもの）を偽って発表することもあったほどである。[31]

しかし、こうした浅草の映画興行が、一九五〇年代後半に入り衰退へと向かう。ちょうど、浅草のシンボルの一つ、ひょうたん池が一九五一年に埋め立てられ、売春防止法により吉原の赤線が五八年に廃止されるなど、浅草自体の魅力が次第に失われていく時代だった。

一九五七年、浅草の各館の支配人が集まった座談会で、次のような興行の問題が提起された。「東京都内にあまりに新館がふえたこと、ふえた関係上交通の不便さによって、浅草に昔ほど人が集まらない」、「以前は、浅草、新宿で映画の封切りをやって、それから他の地区に流れたのですが、最近は大ていの場末でも封切りをやっている」。[32] たしかに同時代の建館ブームの中にあって、特に東京の映画館の増加は著しく、例えば一九五五年から五六年の一年間で増えた映画館の数は一三〇館にのぼり、東京のその一年の劇場増加数が、ほとんどの都道府県の映画館数自体を上回っていたほどだった。[33] それゆえ、都内では封切館が増え、都民はわざわざ交通の不便な浅草に行かなくとも、近くの封切館で新作を楽しむことができるようになったのである。

浅草が日本一の興行街としての魅力を失い始めた一方で、全国の興行のバロメーターとして機能し始めたのが、新宿や渋谷、銀座といった交通の便が良好で、魅力的な盛り場を形成する副都心だった。吉見俊哉がそれらの都市の一九三〇年と五四年の映画館数を比較しているが、浅草と他の盛り場とで劇場の増加の仕方に極端な開きが確認される。浅草の映画館数が一四館から一七館へと微増だったのに対して、新宿は四館から一九館、銀座は二館から一八館、渋谷は四館から一二館だった。[34] 映画館の数では、一九五〇年代半ばには新宿や銀座が浅草と並んでいる。創立当初から興行に力を入れた東映の最初の直営館が、一九五三年に渋谷に開館したのも、こうした時代の流れに棹さしたものであった。さらに興行成績を比較すると、一九五〇年代後半には浅草から新宿・渋谷に興行の主戦場が移ったことがよくわかる。一九五九年のゴールデン・ウィーク（四月二九日〜五月五日）における、観客動員一位から一〇位までの劇場を順に挙げてみよう。

新宿東映（二万九一七六人）、新宿日活（二万五九六五人）、渋谷東映（二万二三二九人）、渋谷東宝（二万一〇九五人）、浅草東映（二万六九九人）、新宿松竹（二万六六一人）、新宿東宝（一万八四五八人）、浅草宝塚（一万八一九八人）、浅草日活（一万七七四二人）、渋谷松竹（一万四六一二人）。[35]

上位を新宿と渋谷の劇場が独占し、浅草にある劇場が下位になっている。なるほど、動員には各社の作品の人気が関係するが、各社とも共通して、新宿や渋谷の直営館が浅草の直営館を動員数で上回っており、明らかにそれぞれの興行街の力が動員に関係していることがわかる。しかも、「浅草は松竹が支配していた興行街である」とまで言われた松竹にいたっては、[36]社内随一の直営館で浅草を代表する劇場でもあった「浅草松竹」が、一〇位以内にも入っていないという始末で、このことは、浅草を興行活動の拠点にしていた松竹そのものの低迷も想像させる。年間の邦画配給収入で一九五〇年代前半に圧倒的な強さを誇った松竹だったが、五六年に東映にトップの座を奪われると、以後その座を奪還するどころか、次々にライバルたちに追い抜かれる。[37]そして一九六〇年代にはついに最下位が定位置となってしまった。松竹の不調は作品の人気低下が大きな原因だが、興行上の要所であった浅草の衰退も影響を及ぼしていたに違いない。

一方、一九五〇年代後半から浅草に代わって、全国一の興行街にのし上がった新宿は、伊勢丹、三越、二幸などいくつもの有名デパートをそろえ、集客には申し分ない盛り場を形成していた。社会学者の磯村英一が一九五七年におこなった新宿に関する調査では、[38]新宿を訪れる人たちの目的として、平日・休日ともに「買物」がもっとも多く、デパートの存在価値の高さを証明する結果が出ている。しかし「映画」も負けてはおらず、休日に新宿を訪れた人の中では「買物」に次いで二番目に多い回答数であった。このようにデパートと映画館は、盛り場で集客が期待できる施設であったが、それらは相互に交流することで、さらに存在価値を高めていく。

例えば、一九六一年の新宿の状況を業界誌『映画時報』の「興行街ルポ」から確認しておきたい。[39]「「国鉄新宿駅の」東口を出て右へ歩けば三丁目、伊勢丹、三越の二大デパートを中心に新装なった新宿日活、それに三和興行の新宿東宝、新宿文化、名画座など、ひとつ交差点をこえれば新宿東映、新宿京王などいずれも一流映画館が建ち並んでいる」、「都電の通る三光町は丸物デパートに並んで新宿松竹株式会社の新宿文化、名画座、スター座、文化演芸場が固まっている」。このように新宿では、各デパートの周囲に、映画館がひしめき合って建てられていた。「デパートがあるために人出が多いことは興行者にとってまったく文句のない好条件」だったのである。それゆえ、興行者たちは集客力のあるデパートと提携を図った。彼らは伊勢丹のダイレクト・メールに各館の番組を掲載してもらう一方で、伊勢丹の広告を劇場で掲示するといったタイアップ宣伝をおこなった。さらに彼らは、伊勢丹との交流を活発にするため「丹映会」という会合を設け、精神的なつながりも強化した。

もっとも、こうした共存共栄のための映画とデパートの結びつきは、一九六〇年代になって始まったことではなく、例えばデパートの中に映画館が入るという文字通りの両者の融合は、戦前からすでにおこなわれていた。[40]それゆえ、新宿の映画興行者たちがデパートとの提携をさまざまな面で図ったことはなにも目新しいことではない。ただ、一九五〇年代半ば以降、新宿が浅草に代わって日本一の映画興行街へとのし上がったその背景には、浅草にはない立ち並ぶデパートの存在があったことを忘れてはならない。一九五九年のゴールデン・ウィークの動員成績で、新宿の一流劇場が上位を占めたが、そのときの観客の多くが、おそらく隣接するデパートにも足を運んでいたのだから。

宣伝の強化

これまで、邦画各社の配給・興行における施策をいわば地政学的な観点から考察してきたが、むろん、彼らはただ、有力な市場に専門館や直営館を配置し、それで満足してしまったわけではない。一九六〇年代の斜陽期とは、大都市の劇場でさえ、全国的な映画観客の減少を前に、動員減を余儀なくされていた時代である。前章で確認したように同時代、映画界は入場料金の値上げを推し進めたが、当然ながらそれに対する反発もあり、観客数の減少は止まらない。そのような状況で、映画会社を含む興行者たちが昼間の本興行の不調を挽回しようと深夜興行を始め、大きな成果を上げたが、とはいえ肝心の本興行の入りはいまひとつである。また映画会社は、海外配給の振興を名目に、それに適した映画の製作資金を国に援助してもらうよう働きかけ、一九六六年に「日本映画輸出振興協会」の設立に漕ぎつけたが、融資を受けたことで果たされた成果よりも、実際の使途の不透明さなどの問題の方が印象に残り、結局、大映・日活・松竹の全六一作品に融資したその制度は七一年に終了する。[41]やはり、邦画各社は、劇場に観客を呼び戻すための根本的な対策を講じる必要があった。そこで彼らは、去り行く大衆との対話のために、まずは興行の現場と対話することを選んだ。その象徴が、一九六〇年代初期から東宝・東映などいくつかの映画会社が設置した「宣伝プロデューサー」である。

宣伝プロデューサーの役割とは、個々の作品の宣伝を強化するために、製作から配給・興行にいたるすべての過程における宣伝活動を指揮することであった。[42]配役、ニューフェイス、製作中の作品のニュースなどを紹介する製作宣伝（従来は撮影所の宣伝課が担当）と言われるものから、われわれが現在でもテレビCMや雑誌、あるいは街角のポスターなどで目にする、観客動員を狙った宣伝、いわゆる配給宣伝（本社の宣伝課が担当）や興行宣伝（映画館の広告係が担当）と言われるものまで、宣伝プロデューサーが責任をもって担当することで、作品の宣伝に一貫性が生まれることが期待されていた。そのことは特に、興行の現場で汗をかく人たち、つまり、映画館で働く人たちにとって、きわめて有意義なことだった。一九六一年に、東宝系封切館である浅草宝塚の支配人が、宣伝プロデューサーの利点を次のように語っている。

いままでですと、本社へいっても、一つの作品のどこをどう売るか、誰にきいていいのやら分からん有様だったんですが、近ごろは担当の宣伝プロデューサーにあえば、ハッキリと全国的に統一されたポイントをわかりやすく親切に教えてくれますからね。(43)

宣伝プロデューサーがいるおかげで、映画館主は宣伝の仕方に迷うことがなくなったというわけである。

このように映画会社が宣伝方針を劇場に浸透させようとする試みは、さらに別の方法でもおこなわれていた。例えば東映中部支社は下位番線の契約館のために、「宣伝バックミラー」を考案した。(44)その内容は、同支社宣伝課が封切館で実施された宣伝の効果を検証し、その結果を踏まえて、下位番線の劇場に興行指針を指し示すというもので、小冊子にまとめられ、一九六二年八月から配布された。大映も東映と同様、契約館のために宣伝方針をまとめた小冊子を発行していた。『大映宣伝案内』がそれで、本社の宣伝部が作成にあたった。映画会社から宣伝方針を劇場に伝えることは、次章で詳述するプレスシートによって以前からおこなわれてきたが、以上の試みはそれをより充実したかたちで展開しようとしたものだと言えよう。

こうして、一九六〇年代に入り観客数の減少に苦しめられた邦画各社は、劇場と協力して作品宣伝を強化し、観客の呼び込みを必死におこなった。そうした同時代の流れの中で、強力な訴求力をもった新たな宣伝のスタイルも胎動し始める。今では当たり前となった、俳優を起用した全国キャンペーンが、この頃からおこなわれるようになったのである。

一九六二年十一月三日に封切られた『忠臣蔵　花の巻・雪の巻』(稲垣浩監督)は、東宝三〇周年記念のオールス

図 5-1　『忠臣蔵』の宣伝パレードの様子（『映画時報』1962 年 11 月号）

ター映画として話題を呼んだ作品だが、東宝はこの大作を成功に導くため、当時としては画期的な、俳優参加の全国キャンペーンを展開した。『映画時報』一九六二年十一月号にその詳細が載っているので見ていきたい[45]。

「忠臣蔵製作記念、全国縦断自動車パレード」と銘打って開催されたその全国キャンペーンは自動車メーカー・プリンスとのタイアップによって実現したもので、東宝の重役たちを含めた二班がそれぞれ北は青森、南は鹿児島から東京を目指して自動車パレードをおこなった（図5-1）。東宝はこうした全国縦断パレードを一九五九年の『日本誕生』（稲垣浩監督）で実施した経験があったが、ただ、そのときは役者が参加しておらず、今回は出演者の司葉子や団令子らが加わり、前回よりも大掛かりな全国キャンペーンとなった。「司葉子が途中で赤い羽根を売ったり、交通安全週間にひっかけてパトカーの先導をあおいだり」しながらおこなったパレードは各地で話題を呼んだようで、「ともかくパレードのあるとこ人の黒山」だったという。こうして東宝が総力を挙げて宣伝した『忠臣蔵』は、一九六二年三月から六三年四月の年間配収成績で東宝作品中第四位の二億八〇一〇万円を記録する[46]。全国キャンペーンが有力な宣伝方法であることを示す、一つの結果である。だが、こうした大掛かりな全国キャンペーンを実施することは当時、容易なことではなかった。

一九五〇年代に確立された二本立て全プロ配給によって、俳優・スタッフたちは多忙を極めた。一九六〇年代になって作品数は減少へ向かうが、それでも量産体制が敷かれた状況では、宣伝に十分時間が割けなかったようである。「作品が本格的な宣伝に着手してから封切るまでの期間が短い、これでは宣伝したいその映画の角度がわからないから充分に効果をあげることは出来ない」という声が映画人の間からも聞かれた。[47] 宣伝活動にこうした問題があったからこそ、一九六二年に東宝がおこなった全国キャンペーンは大きな話題を呼んだのである。

もっとも、東宝が俳優参加の全国キャンペーンを他社に先駆けて実現できたのには理由があった。当時東宝は、邦画五社の中でもっとも映画を作っていない会社だったからである。一九六二年七月から六三年六月までの間で、東宝が製作した劇映画の本数は邦画五社で最少の五三本で、[48] それは最多の東映一〇一本(うち中編劇映画三本)と比べるとおよそ二分の一の数である。[49] 製作本数が少ないがゆえに、東宝は全国キャンペーンに要する宣伝期間を十分に取ることができた。さらに、専属契約を結ぶ俳優たちも仕事の合間を縫って参加することができたのである。

この年、東映の取締役総務部長・平林義次と東宝の配給業務部長・川上流二が雑誌の企画で対談したが、そこで東宝の宣伝について次のような会話がなされていた。「宣伝がお上手だからみんな大作に見える」という平林の発言に対し、川上は「宣伝がうまいといわれるが、個々の作品はそんなに違ったことをやっている訳ではない。封切本数を意識的に減らしたことが宣伝効果を挙げているのではないでしょうか。毎週作品を出すと宣伝の波が出せない」と、まるで映画を量産し続けるライバル東映を皮肉るように、自社の減産方針と宣伝戦略の相性の良さを指摘している。[50] 前述の通り、東宝は一九六〇年代、配収成績で独走を続けた東映から一年だけ首位を奪取した会社である。相変わらずの量産体制を敷く東映に対し、東宝は作品数を減らして十分に宣伝をおこない、個々の作品を良質に見せていく方向に向かったのだった。

東宝が一九六二年に『忠臣蔵』で大々的なキャンペーンを張った翌年、今度は不振の続く松竹が自社のイメージ・アップと新作映画の宣伝のため、全国各地でキャンペーンを張った。[51]「今まではやろうと思っていても、スターの都合がつかなかったり、中々実現できなかった」というが、今回は人気絶頂の倍賞千恵子が名古屋・静岡・宇都宮で地元マスコミの取材を受け、静岡では自動車パレードで、出演作の『舞妓はん』(市村泰一監督)の宣伝をおこなうなど、大車輪の活躍をした。さらに、当時の城戸四郎副社長が宣伝部長らと共に仙台・福井・金沢などを回り、各地で地元のテレビ局・ラジオ局・新聞社を訪問するなど、松竹映画のＰＲのために奔走した。こうした、マスコミへのアプローチは、テレビが普及し、マスコミの影響力が年々増大する状況に鑑みた絶好の戦略と言えよう。全国キャンペーンは、話題集めだけでなく、各地のマスコミ関係者との関係を構築する上でも、きわめて有効な宣伝戦略だったのである。

合理化、あるいは量産体制の終焉

見てきたように一九六〇年代になって、観客数と映画館の数が減少していくと、各社とも人口が集中する主要都市に直営館・専門館を配備した。どこで映画を売るのかという、配給・興行網の展開にいっそうの計画性が求められたのである。くわえて、どのように映画を売るのかも重視され、宣伝体制が強化された。

一方で、大手映画会社が映画を量産し配給していく慣習は次第に廃れていく。一九六四年には「このところ日本映画は、二週間以上の続映がふつうになっておりますが、地方の館では一週間程度しかもたないので、その後の穴埋めのために、お色気映画などが使われるわけです」と指摘され[52]、大手作品がもはや毎週新作二本立てで配給される時代ではなくなったことが伝えられている。この年の各社の配給本数を全盛期と比べてみよう。松竹は全盛期に年間で九二本（五九年）映画を配給していたが、六四年にはその数が四六本になっていた。東宝は九五本（五六年）から四八本、大映は九〇本（六一年）から五四本、日活は一〇一本（六〇年）から六一本、そして二本立て全プロ配給の火付け役である東映でさえ一〇六本（五五年）から六五本へと、各社とも配給本数が激減している[53]。どの会社も全盛期（それぞれ時期が異なるものの）と比較して半分から三分の二程度に本数を減らしているのがわかる。そのため、次第に新作が二週間以上の期間で上映されることが自然になってきたのである。だが、それでは地方の劇場は運営できないため、独立プロのエロ映画を買い取り、プログラムの不足を補塡したというのだ。

一九六〇年代後半にはついに、ブロック・ブッキングの崩壊が囁かれだした。一九六七年に「現在はまだブロック・ブッキングだといっても、二番線でもフリー・ブッキングのような売り方になることが多い」と指摘され[54]、六八年にはずばり雑誌記事のタイトルに「ブロック・ブッキングの崩壊」が謳われた[55]。その「崩壊」の中身だが、「日本映画は、依然としてブロック・ブッキング制をとってはいるものの、厳密にこれがきっちりと行われているのは大都市の中心部だけで、その周辺部では、封切館、専門館でも次第にその固まりがこわれかかってきている」状態であったり、さらに、「色々な映画を番組し、自社作品のみにとらわれない融通性をもって、興行は興行という割り切った考え方で成績をあげているところもすくなくない」と紹介されている。大手映画会社が自社製作から配給・興行に至る流通ルートをブロック・ブッキングによる垂直統合で管理していたはずが、生産力が低下したことで、その管理が及ばなくなってきたのである。配給網の整備は、こうした状況で、いっそう求められたに違いない。

むろん、邦画各社の製作機構にも異変が生じていた。この時期、中村錦之助や石原裕次郎、三船敏郎、勝新太郎など各社の看板スターが相次いで独立していくが、その一連の出来事は「五社協定」の効力が弱まり[56]、映画会社の求心力が低下していることを象徴している。各社はスタッフ、キャストと専属契約を結ばなくなり、人員削減を試みた。松竹は一九六五年に四三年続いてきた京都の撮影所を閉鎖し、余剰人員を自宅待機にさせる[57]。大映もまた人員整理の必要性から同様の措置をとる[58]。日活は仕事のない者たちのために、テレビ映画の自主製作を開始する。それまで日活は下請け会社に監督と主演者を派遣してテレビ映画の製作をおこなっていたが、撮影所のステージ一棟をテレビ専用に充て、自社製作に切り替えた[59]。こうしたことは各社で「合理化」という名目で遂行されたが、これまで盲目的に映画を量産してきたツケが回ってきたと言える。

「合理化」の射程は、配給形態にも及ぶ。大手各社は自社で製作した映画の代わりに、独立プロの作品を買い取って配給するようになる。例えば興収の低下に悩む松竹では、専務の白井昌夫が「松竹の製作スタッフがあまり得意でないジャンルの企画を採用する」と述べ、自社作品の迷走を、独立プロの作品で補っていく方針が打ち出される。[60] 一九六七年に松竹が配給した映画の三分の一は外部の作品になっていた。[61] 邦画各社は映画製作にある程度見切りをつけて困難な時代を乗り切ろうとし、一九五〇年代は盤石だった撮影所システムが大きく揺れ動いていくのである。

その間隙に乗じて、フジテレビが一九六七年に映画プロダクション構想を掲げて映画界への参入を示唆し、六九年には自社のディレクター・五社英雄を監督で起用して『御用金』を完成する。この作品はフジテレビの資本上のパートナーである東宝の傍系会社・東京映画が共同で製作に当たり、東宝が配給した。当時東宝の藤本真澄専務は、フジテレビと提携する理由について「宣伝面でテレビの機能をフルに生かした、新しい宣伝形態が生み出せる可能性があるから」と答えたが、[62] それは一九七〇年代に、多額の宣伝費をかけて映画界を席巻する角川映画の登場を予感させる発言であった。

一九七〇年代になると映画製作・配給の「合理化」はいっそう加速する。大映と日活が経営破綻した一九七一年、東宝は映画製作部門を分社化する。[63] 代わりに、こんにちの東宝躍進の礎を築いた「映画調整部」が一九七三年に発足し、[64] 外部から持ち込まれた作品の選定をおこなうようになる。この年、東宝が配給した映画は四八本のうち、自社作品は八本だけで、あとは、傍系あるいは他社の作品だった。[65]

こうして見てきた一連の動きは、映画会社の姿勢が配給・興行に傾いていくプロセスだと捉えられる。現代の映画事業では、製作が東宝・松竹・東映といった伝統的な映画会社を含む複数の企業の参加で遂行されるのに対し、配給・興行は映画会社の力に依存して展開される。そういう意味で、上述のような映画会社の変貌は、現代の企業形態の淵源と見なすことができる。一九六〇年代に邦画五社が遂行した配給・興行的な施策は、単に斜陽期の不況対策としておこなわれただけでなく、映画会社の役割が大きな変化を見せていく、その端緒の動きでもあったのだ。

第6章　「不良性感度」で勝負
——映画会社の宣伝戦略

エロ映画とやくざ映画の流行

一九六〇年代、日本の映画産業が斜陽に向かう中で、人々を熱狂させたジャンルが、エロ映画とやくざ映画であった。それぞれ同時代にメロドラマや文芸ドラマ、アクション映画など他のジャンル映画の視点から言及されることもあったが、愛欲表現や性描写が印象的なものはエロ映画やお色気映画として、また、渡世人・侠客・博打打ちといった呼び名で世間の裏街道を生きる人物が活躍する作品はやくざ／任侠映画と見なされ語られてきた。それだけ、映画におけるエロとやくざの勢いが強かったのである。

一九六八年の『キネマ旬報』の「日本映画の現場」という連載の中で、五八年と六七年の日本映画の全体の本数とジャンル別の統計比較がおこなわれている。(1) 歴代最多の一一億二千万人の観客動員を記録した一九五八年には、松竹・大映・東映・東宝・日活・新東宝の大手映画会社六社合計で五〇三本の映画が作られていた。けれども、観客数が三億三千万まで落ち込んだ一九六七年になると、六一年に新東宝が倒産し大手五社になったとはいえ、全体の製作本数が二四四本と半数以下に激減してしまう。こうしてわずか一〇年ほどで日本映画の状況が大きく変化するのだが、作られる映画の種類も様変わりする。一九五八年には、製作された劇映画五〇三本のうち、一五〇本を時代劇が占め、お色気映画は一、二本、やくざ映画にいたっては〇本であった。それに対して一九六七年には、二四四本中、時代劇はわずか一一本と急減する一方で、やくざ映画が四六本と最多のジャンル映画になり、お色気映画も一四本と伸長している。これら二つのジャンルだけが、明確な増産を見せていたのである。

もっとも、こうしたジャンル映画の統計は前出の『キネマ旬報』の連載を担当した筆者の主観によるもので厳密ではなく、あくまで目安にすぎない。実際、一九五八年のデータのように、この時代にやくざ映画が日本映画に無縁のものであったかというとそうではない。同年、映倫の青少年映画審議会内部に「成人映画研究委員会」が設けられ、「成人映画指定の基準」を映画会社に通知したが、その基準には、「犯罪者、やくざ者など反社会的な人物を主要人物とするもの」が設定されている。さらに、お色気／エロ映画についても「正常ではない男女の交渉、人妻の恋愛などを扱ったもの」「売春に取材したもの」といった形で警鐘が鳴らされている。[2]

ちなみに映倫による、こうした審査・取り締まりには、戦前の内務省検閲、戦時下の映画法による国家の大幅な介入、すなわち脚本の事前検閲、製作・配給従事者の免許登録制といったものから脱却して、自主規制機関を機能させるという目的があった。[3] 映倫は、占領期の日本映画を取り締まっていた民間情報教育局（ＣＩＥ）による民主化政策の一環で、一九四九年に「映画倫理規程管理委員会（旧映倫）」が日本映画界による自主的な審査機構として発足し、さらに一九五六年に、自主規制を強化する意味もあり映画会社からも独立した第三者機関として、旧映倫が「映画倫理管理委員会（新映倫）」に改組になったものである。戦前・戦中の国家権力の手を離れ、映画界主導で、さらには映画業界とも一線を画す組織へと映画の審査機構が展開していったのである。

そうした立場にある映倫が、一九五八年に前述のような形で「成人映画指定の基準」を映画会社に伝えているということは、過激で際どい内容をもつ映画がすでにかなりの数、作られていたことを意味するだろう。

それはともかく、一九六〇年代になるとエロ・やくざ映画が大流行し、世間を騒がせることになる。例えば、一九六八年の東映作品『徳川女系図』（石井輝男監督）では、独立プロで活躍していたお色気映画女優が多数出演し、裸で相撲をとるシーンなどが物議を醸した。同年七月二二日の『読売新聞』では、「『徳川女系図』以来、乳房の露出も平気でパスしているようだ」「映倫の審査には〝醜悪な場面〟も対象になっているはずだがあの女相撲の場面など、その点でも問題なのではないか」と映倫の対応を問題視しながら厳しい論調で記事が書かれている。また、やくざ映画に対しても、一九六六年の『読売新聞』に、犯罪の増加に関係していると批判的な記事が掲載されている[4]。ただ、こうしたマスコミの批判がありながらも、一九六九年の『朝日ジャーナル』では、当時の東映製作本部長・岡田茂が「どんなに悪者あつかいされようと大衆が喜ぶものをつくるだけ」と語り、やくざ映画・エロ映画を一貫して製作していく姿勢を見せている[5]。

当時、大手五社の中で邦画配収がもっとも順調だった東映について、一九六九年度の興行収入ベスト五を見てみると、①『博徒列伝』②『俠客列伝』③『徳川女刑罰史』④『人生劇場　飛車角と吉良常』⑤『新網走番外地』であり[6]、やくざ映画とエロ映画しかない。まさに岡田の言う、「大衆の喜ぶもの」を東映は作り、それで稼いでいたことがわかる。そしてその二つのジャンルは、売れる映画であるがゆえに、存在感も際立っていたのである。前述の『朝日ジャーナル』では、他社も「東映以上に東映的になろうとして必死の努力をしている」との指摘があり、日活を一例に挙げて、「製作企画に七つの路線、すなわち代紋路線、非常路線、アウトロー路線、さすらい路線、夜の支配路線、女番長路線、青春路線を決定した」が、「中身は依然としてヤクザとエロだ」と結論づけている[7]。

本章では、以上のような東映を中心とした大手映画会社のエロ・やくざ映画ブームに着目し、それらが一九六〇年代の映画産業の斜陽の中で、流行していった背景に迫る。くわえて、映画会社がそうした映画を大衆に浸透させていくにあたりどのような戦略をとったのかについても考察する。その際、映画会社の戦略を探るすべとして、各社が劇場に配布していた作品解説や宣伝方針を記したプレスシートを見ていく[8]。プレスシートがどういうものか、一例を示しておくなら、溝口健二監督の一九五三年の作品『祇園囃子』は、戦前に撮った『祇園の姉妹』（一九三六年）の戦後版としても有名だが、製作会社の大映から劇場に配布されたプレスシートには（図6-1）、「宣伝のポイント」欄で「尚溝口監督のかつての名作『祇園の姉妹』を宣伝で云々するのは、現在の若いファン層には効果が薄いと思われます」と指示されている。ここから、大映は映画館での興行において、『祇園囃子』を戦前の『祇園の姉妹』と関連づけて宣伝することに消極的であったことがわかるわけである。こうした内容を含むプレスシートを参考にしつつ、エロ・やくざ映画ブームの背景を探っていきたい。

図6-1　『祇園囃子』プレスシート

過激なエロ宣伝

エロ映画とやくざ映画は親和性が高い。両者は映倫やメディアの標的になりながらも一九六〇年代に流行したが、その流行し始める時期も一緒であった。まずエロ映画については、『映倫五〇年の歩み』に、一九六三年から六四年にかけて「人気のあるピンク映画の影響からか、邦画作品にもピンク映画のような濃厚な愛欲シーンや裸体描写を多用する傾向が顕著に表れた」として、六三年度に七本、六四年度に一九本の大手の「成人映画」が公開されたと記録にある[9]。映倫による「成人映画」指定作品と言えば、以前は「任侠世界の美化、遊侠無頼の博徒容認、現代活劇（主にギャング映画）の暴力肯定」を含むものが多かったが、このころより目立つのが「愛欲及び性描写」を対象とした作品である[10]。それゆえ、ここで挙げられている「成人映画」の七本、一九本という数は、ほぼそのまま性描写に関連した映画の本数を示していると考えられる。また、ピンク映画という用語が出てきたが、それは一般的に独立プロダクション作品のエロ映画を指し、本章でもそれを採用して、大手のエロ作品と区別して記述していきたい。

さて、そのピンク映画だが、はっきりとしたジャンル映画としての始まりは一般的に一九六二年の『肉体の市場』(小林悟監督)からだと言われている。この作品はかつて新東宝の社長としてエロ・グロ映画製作を指揮した大蔵貢が、六一年の倒産後に興した大蔵映画で製作されたもので(協立映画との共同製作)、五〇〇万円程度の製作費で三千万円を稼ぐヒットを記録する。[11] この成功を受けて、他の独立プロからもピンク映画が製作されていく。くわえて、市場を牛耳ってきた大手映画会社の影響力の低下もこの動きに拍車を掛けた。前章で見たように一九六〇年代になって大手の製作本数が減少する中で、環境上、複数本立ての量的興行を強いられる地方の映画館は、プログラムを補填するため、フィルム料金が安くて客が呼べるピンク映画に飛びついていったのである。[12] 大手映画会社間の競争から脱落した大蔵貢のもとから、大手の市場を侵食するジャンル映画が最初に生み出されたとは何とも皮肉なことである。『肉体の市場』は六本木の不良グループの性的・暴力的生態を描いた作品で、監督の小林悟は「仲間の恋人に手をつけたため、全裸で縛られて〝ローソク遊び〟というリンチを受ける男女を描いたシーン」を見どころとして挙げている。[13] この監督の証言からも、この作品とそれ以降のピンク映画がいかに過激なエロ描写を含んでいたか想像できる。地方を中心に市場をピンク映画に侵食され始めた大手映画会社は、それに対抗するため自らも「ピンク映画のような濃厚な愛欲シーン」を描く必要が出てきた。次に、具体的に大手の成人映画を見てみよう。

一九六三年度の成人映画七本は、大映『温泉芸者』『嘘』、松竹『黒い河』『日本の夜　女・女・女物語』(佐野芸術プロ製作)『乾いた花』(にんじんくらぶ製作)、東映『五番町夕霧楼』、日活『にっぽん昆虫記』であった。なかでも愛欲シーンで注目を集めたのが、今村昌平監督の『にっぽん昆虫記』である。左幸子が演じた若い娘が義父に自分の乳房を吸わせるという近親相姦を連想させる場面などが衝撃を与えたのだった。「親子とも男女ともいえない本能的な愛情」[14]「性はふつうの夫婦のむすびつきと比較を絶した実質で、父と娘の間に存在する」といった冷静な分析を示すものがある一方、[15]「親子の間のこうした性的なつながりほど、ジメジメして不潔なものはない。健康的なエロティシズムとは違って、むしろグロテスクの世界にふみこんでいる」という辛辣な批評も展開された。[16]

もっとも、『にっぽん昆虫記』の性的描写がこうして話題を振り撒くのを製作会社の日活は予測していたと同時に、期待もしていたふしがある。というのも、劇場に配布されたこの作品のプレスシートには、エロを押し出し、それを軸に宣伝を展開するよう指示がなされていたからである。以下「宣伝ポイント」欄に記載されていた、宣伝についての主な指示である。

・今村昌平久々の話題作として、ドギツク、イヤラシク、欲情の権化になって売ってください。しかし、じめついた昆虫のような日本のセックスを描くことによって鋭いメスを当てる大正から現代までの歴史――という大義名分によるベストワン作品という格調も決してこの作品の興業価値を下げるものではありません。
・名スチル集栞を作成します。ご家庭のご婦人方の目にソット触れるように致しましょう。必ずや、「まぁ、イヤラシイ!」と云い乍ら目が輝き出し、世の亭主族にワンクッション。その亭主どのは百人のクチコミ効果を表わします。
・映倫カット供養をやりましょう。なるべく、エライ人を集めて盛大に、これは新聞の地方版の恰好の記事となります。

強烈な言葉を用いて扇情的な宣伝を展開することが具体的に指示されている。いずれにしても作品の魅力が、エロに集約されて伝えられている印象である。こうした宣伝効果もあってか、この作品はヒットし、日活映画の代名

図 **6-2**　『白日夢』プレスシート

詞であったアクション映画や純愛映画が翳りを見せ始めた中で、日活の危機を救った作品だと言われた[17]。それゆえ、日活が以後、今村監督を起用してエロ映画を推し進めていくのは自然なことであった。翌一九六四年の次作『赤い殺意』は、「『にっぽん昆虫記』のようなセックスものと異なるがセックス描写がこの作品のテーマにとって『昆虫記』以上に重要なポイントを占めているので、宣伝のための『エロ』は〝必要不可欠〟」とプレスシートに記載され、『昆虫記』以上のセックス描写が謳われている。

他社もまた、エロを宣伝で強調しながら推進していく。東映で一九六四年に公開された『二匹の牝犬』（渡邊祐介監督）は、姉妹で一人の男を取り合う話だが、エロ描写に関しても、オープニングのタイトルバックに、白黒とはいえ乳房やお尻など女性の裸体を一貫して映し続ける過激なものになっている。宣伝を担当した橘喜代次は、「流行の兆をみせたエロムードにもしうまく乗ったら?・」と同時代のエロ映画を意識しながら「ポスターの構成も、思い切ってエロ一点張り」にしたことを明かしている[18]。また、松竹は谷崎潤一郎原作、武智鉄二監督の『白日夢』を一九六四年に配給するが、ポスターには「全裸で勝負する新スター」という女優の紹介と共に、「全シーンの六〇％がハダカ」という過激な惹句を使用して、興味を惹こうとした（図6-2）。プレスシートの「放送原稿」欄にも「白昼、歯科医院の中で起った異常な情事を全シーンの六〇パーセントが裸体場面という、ショッキングな構成でセックスの問題に正面から取組んでおります」と記され、場内アナウンスで映画の内容とともに、エロの過激度合いが観客に伝えられていたのである。

谷崎潤一郎原作ものでは、大映も負けてはいない。大映は一九五〇年代後半から『鍵』（市川崑監督、一九五九年）、『痴人の愛』（木村恵吾監督、一九六〇年［六七年に増村保造監督でも映画化］）、『瘋癲老人日記』（木村恵吾監督、一九六二年）と、立て続けに谷崎原作の成人映画を発表していき、六四年には「日本映画初って以来の同性愛がテーマ」と銘打った増村保造監督『卍』を公開する（実際には、五八年の『春泥尼』［阿部豊監督］のように、それ以前に女性の同性愛シーンが注目を集めたものもあった）[19]。プレスシートの「宣伝ポイント」欄で「ショッキングに［売る］」と指示されていたが、場内宣伝用の「放送原稿」欄にはそれを意識したかのように「女同士が裸になって、女の炎をさぐり合う……愛と美の二点をえぐる大谷崎文学に、若尾文子、岸田今日子が体当たり演技で挑む」と生々しい情景を想像させる原稿が用意されていた。

こうして各社の、エロを売りにした宣伝合戦が展開されていた中で、東宝だけがやや距離を置いた対応を見せていた。一九六五年に東宝は東宝館主研修会において、次のように製作方針を示す。

・主要都市の中心部では良家の子女が家族ぐるみで映画館に来られるといった、ふんい気興行をやりたい。また東宝としては、その様な作品を提供する用意がある。
・最近流行のピンク映画は、出来るだけ街の片隅の興行であって欲しいし、中心部ではのぞましくないので、東宝の専門館については、併映作品は一切ピンク物はご遠慮ねがいたい[20]。

つまり東宝は、系統の映画館が都市の中心部にあり、観客もエロ映画には食いつかない「良家の子女とその家族」を相手にしているので、それに相応しい映画を提供するし、劇場側も協力してくれと呼びかけているのである。もっとも、東宝は成人映画をまったく作っていなかったというわけではなく、少数ではあるが製作はしていた。けれども、プレスシートの宣伝方針を見てみると、エロを他社のように強調せず、愛欲描写を含んだ映画を別の形で売ろうとしていたのがわかる。例えば、前述の『白日夢』や『卍』などが公開されていた一九六四年に、東宝は恩地日出夫監督の『女体』を発表するが、そのプレスシートには「エログロ、が世の厳しい批判を浴びている時だけにあくまで、若い鬼才恩地日出夫監督が、全情熱を傾けて作る芸術映画であるという印象を強く前面に押し出した方がいい」という宣伝方針が示されていた。この方針からも、東宝は系列の映画館や客層、それにこれまでの東宝作品のイメージといった総合的な東宝ブランドを考慮に入れながら、エロ映画と向き合っていこうとする姿勢が感じられる。

やくざ映画と路線化

次にやくざ映画の流れを見ていこう。やくざ映画もまた一九六三年から六四年に流行の兆しを見せる。その中心にいたのが、やはり東映だった。例えば、一九七一年の『キネマ旬報』で渡辺武信が「やくざ映画十年の系譜」というタイトルで過去十年間、すなわち六〇年代のやくざ映画を振り返り、次のように指摘している。

「やくざ映画」という名称が一般化したのは実は、そう古いことではない。一九六三年の「人生劇場・飛車角」（沢島忠）がその続編と共に大当りしてから、東映はそれまでの時代劇に代って、明治末から昭和初期の侠客を主人公とした映画をつくりはじめ、六四年の後半期からその数が急増するにつれて、東映自らがその一連の企画をやくざ路線と呼称しはじめた。

この〝やくざ路線〟的な企画が他社にも波及しはじめた時、ジャーナリズムは、それらを一括して「やくざ映画」と呼びはじめたのである。明治から昭和初期までの時代の侠客を主人公とした映画がつくられたことはそれまでにもないではないが、それがかくも大量につくられはじめたのは日本映画史上、はじめてのことであった[21]。

こうした見解が、やくざ映画史に関する多くの論考に大同小異のかたちで確認される。だが当時のプレスシートを調査すると、この指摘とは大きく異なる部分も存在していたことがわかる。すなわち、東映がやくざ映画の量産とともに、それらを路線として売り出したのではなく、あらかじめ路線を設けて、そこにやくざ映画を大量に送り込んだのである。一九六三年三月に公開された『人生劇場　飛車角』のプレスシートの「かいせつ」欄には「東映〝やくざ路線〟の第一弾として重厚味を盛った意欲作である」と明記されていて、「売り方」についても、次のような注文が劇場側になされていた。

義理と人情を重んじるやくざが辿る波乱に富んだ渡世を、恋とアクションを織りまぜて描いたやくざ路線の第一作であることを謳っていただきます。やくざ路線のスタートであり、重厚味のあり、迫力もある作品であることを強調してください。

こうして東映は当初からやくざ映画を継続的に製作する方針で、『人生劇場　飛車角』をその第一作として売るようわざわざ劇場側に促していたのであり、そこにやくざ映画への期待の大きさが見て取れるのである。

一九五〇年代の東映映画の金看板は時代劇であった。多くのスター役者は時代劇を専門にし、現代劇には光が当たらなかった。そうした中で、一九五〇年代後半から現代劇の振興が叫ばれるようになっていくと[22]、六一年に東映東京撮影所で製作された石井輝男監督『花と嵐とギャング』が転機となって現代劇にも光が注がれる。当時、テレビでは『ララミー牧場』『幌馬車隊』『ローハイド』などの西部劇、あるいは『アンタッチャブル』『サンセット七七』『マンハッタン・スキャンダル』といったギャング・探偵ものの海外テレビ・ドラマが放映され、その影響でガン・ブームが起きていた。そこでギャングものが企画され[23]、以前に新東宝でギャング映画を撮っていた石井輝男に『花と嵐とギャング』を監督させたのである。実際、この作品の宣伝文案として「ガン・ブームに応えて五人・五挺・五種類の新型ガンが炸裂する!!」と、ガン・ブームを意識した惹句が付けられている。この作品は興行的に成功し、その姉妹篇として『恋と太陽とギャング』(一九六二年)、さらに『ギャング対ギャング』と石井輝男監督でギャング映画が製作されていく。ギャング映画が路線としてプレスシートで表記され意識されるようになるのは、監督が石井輝男から深作欣二に替わった四作目の『ギャング対Gメン』(一九六二年)からである。

ギャング映画の推進の背景には、一九六一年九月に東京撮影所長に就任した岡田茂の存在があった。彼は並行して『人生劇場　飛車角』を第一弾とするやくざ路線を企画したのだが、ギャング映画が定着していなければ、やくざ映画の当初からの路線化は決行されなかったかもしれない。そしてこの作品の成功も手伝って、二ヶ月後には早速、続編の『人生劇場　続飛車角』(沢島忠監督)が公開される。このときには、すっかりやくざ映画への期待は厚くなっており、「文芸ドラマの印象は完全に捨て、〝やくざ路線〟第二弾として、アクション中心の男性的内容を打ち出す」とプレスシートを通して指示が飛んでいる。さらに岡田が京都撮影所長になった翌一九六四年には、かつては時代劇を量産していた京都から『博徒』(小沢茂弘監督)、『日本俠客伝』(マキノ雅弘監督)とシリーズ化される作品が生み出されるのである。東映の時代劇は一九六〇年代になり、人気に翳りが見られるようになっていた。岡田は「京都撮影所のポスト時代劇路線として東京撮影所の再建の決め手となった任俠路線を敷くことにした」と語り[24]、その通りに、鶴田浩二・高倉健・藤純子などを主演にした任俠映画を量産していくのである。

もっとも、ここで注意が必要なのは、この時代、東映がやくざ映画製作の先陣を切ったわけではないということである。例えば、岡田茂が『人生劇場』を作るきっかけになった映画は、一九六二年に公開された石原裕次郎主演の日活映画『花と竜』（舛田利雄監督）だとも言われている。[25] さらにその一年前には、大映が東映に先行する「〝やくざ路線〟的な企画」として、勝新太郎主演の『悪名』（田中徳三監督）を公開し、以後シリーズ化を果たす。ただ、そうした両者と東映とでは、宣伝・興行の仕方が異なっていた。日活の『花と竜』、大映の『悪名』、どちらのプレスシートにもやくざ映画であることが強調されてはいなかった。例えば『悪名』のシートには、「勝新太郎の青年やくざ」という記載があり、やくざを主人公に据えた映画だと理解されている。けれども、東映のやくざ映画と違って、こちらの「宣伝ポイント」欄には「爽快味あふれる文芸大作として、真向うから堂々と、スケール豊かに売込んでいただきます」と記され、この作品はやくざ映画としてではなく、文芸大作としての売り込みが目論まれていたのである。ちょうど大映はこの年、日本映画初の七〇ミリ映画『釈迦』（三隅研次監督）を発表するなど大作主義を押し出し、観客に映画のスケール感を積極的にアピールしていた。その方針が『悪名』でも採用されていたのだろうか、「悪名」シリーズはこの後も、大作であることを強調するように劇場側に指示されている。だが、そうした中でシリーズ六作目、東映『人生劇場』の一ヶ月後の一九六三年四月に公開された『悪名市場』（森一生監督）で変化が起きる。

百発百中のドル箱シリーズ〝悪名〟の爆発的な人気を追いかける他社の現代やくざものに対して、〝真似ごとは所詮真似ごと〟とたっぷり皮肉を利かし、あくまで、独創的な面白さで勝負しようと、絶対の自信を持って製作しているのがこの作品です。

こうプレスシートに記され、このシリーズがやくざ映画の真正であることが強調されている。『人生劇場』の好評もあって、やくざ映画の盛り上がりを感じていたゆえの対応であろう。『花と竜』を製作した日活もまた、同じ年の七月より高橋英樹主演で「男の紋章」シリーズをスタートさせるが、東映やくざ映画の攻勢が関係していたのか、第一作目からすでにそれが「遊侠」シリーズであることを謳っている。いずれにせよ、任侠やくざ映画で主導権を握る東映は、こうして当初から宣伝で他社の先を行く動きを見せていたのである。路線化、あるいはシリーズものを設定することについて、一九六三年に東映の岡田茂は「製作と営業が密接に手を結ばねばならず」、そのため「ひとことでわかる」路線が意思統一を図る上で大事だと指摘している。[26] 同様に、日活の宣伝部長も「弱い作品なら、ナントカ路線と売って平均値まで高める」ことが可能だとして、安定性を狙って路線で売ることの利点をあげている。[27]

一九六〇年代には以前にも増してシリーズもの・路線化が増え、例えば東映の主なものだけを取り上げても、「日本侠客伝」（六四年〜）、「博徒」（六四年〜）、「網走番外地」（六五年〜）、「兄弟仁義」（六五年〜）、「昭和残侠伝」（六五年〜）、「緋牡丹博徒」（六八年〜）が作られていった。また、お色気ものでも一九六三年からの成人映画製作の流れで、六五年に「夜の青春」シリーズが生まれる。各社とも路線化・シリーズものを企画し、その流れに乗せて、やくざ映画・エロ映画を世間に浸透させていったのである。

普及の要因

邦画五社のエロ映画ならびにやくざ映画は、ほぼ同時期に浸透していった。そこには個別の事情が関係していたが、ただやはり、両ジャンルの需要が同時期に高まっていった背景には、共通の理由もあった。

一九六〇年代初頭、テレビの普及もあって、映画観客の減少が顕著になっていく。なかでも問題になったのは、女性客の減少であった。一九六三年の邦画五社直営館における観客層の調査では、男女の観客比率が六八：三二という結果が示された。一九五〇年代にヒットした映画は、男女比が五〇：五〇で年齢層も広範だったと言われ、万人に受ける映画作りが求められていた。[28] だが、一九六〇年代になると女性や子どもがテレビに取られ、各社は映画の企画に変化を強いられるようになっていたのである。

一九五〇年代に時代劇が人気を博していた頃の東映は、「御家族揃って楽しめる東映映画」を信条に映画を配給してきた[29]。特に一九五六年の新映倫改組後には、この会社は邦画五社で唯一成人映画を製作しない会社として、まさに万人を相手にした健全な娯楽映画を提供していたのである。だが一九六〇年代になると、テレビの存在もあって方針を転換する。東映京都撮影所長になった岡田茂は、「急速なテレビの進出により観客を失ってしまった映画、特に婦人層と子供層をテレビに失った映画はただ漠然と『御家族そろって東映映画』を狙っても役に立たない。いやむしろテレビに走らない成人層にはっきり焦点を当てて企画すべきである」という方針を掲げた。そこで彼は、「安保改正反対で気勢を上げる反体制の学生層、労働者層、そして水商売の女性層等に的をしぼったやくざ路線は狭い層ではあるが、確実に把握できる客層ではないか」と特定の客層を対象にしたやくざ路線へと舵を切ったのである[30]。むろん、それによって、女性や子どもが鑑賞できる映画は限定されてしまう。しかし、前章で述べたように、映画会社の中でも東映は、一九六〇年代以降大都市中心の配給網整備を積極的に展開した。そうした盛り場では、岡田が言う「テレビに走らない成人層」の動員を期待できるわけで、製作と配給は両輪をなして目的の方向に突き進んで行ったのである。

さらに岡田は、エロ映画も加えて「不良性感度」映画という表現で、そうした映画の量産を目指す。岡田のもとで撮影所企画部長などを務めた渡邊達人はそれを次のように解説する。

> 従来の東宝、松竹等で作り、上映される映画は善良性の感度に基づく映画であるが、この種の善良性感度の映画はテレビによってお茶の間に提供できるものである。テレビに対抗して映画館でお客に見せる映画、お客をして映画館まで足を運ばせる映画はテレビでは見られないもの、即ち「不良性感度」の映画でなければならな

い。「やくざ映画」がまずその一ジャンルである。そしてその外に探すとまず「好色もの」があるというわけである。[31]

テレビで提供されうるものが従来の東宝・松竹作品のような「善良性感度」映画であり、そうした映画とは異なる、テレビに対抗する作品として、「不良性感度」の「やくざ映画」と「好色もの」が推奨されているのである。岡田が提唱した「不良性感度」の映画作りに関しては、他社でも同調する発言があり、大映京都撮影所長の鈴木炤成は「これからの映画の主人公はアウトロー的人物でなければダメ」だと同時代のヒーロー像に言及している。[32]さらに、テレビの演出家から映画の世界に身を投じた五社英雄監督は「テレビの場合は、やはり家庭というものを意識して、ずいぶん〝良識〟のブレーキがかかる。ところが映画のセットにはいると、そういう意識や制限を忘れ、監督はイメージを作り上げるオールマイティーとなって、なんでもできるというような、悪くいえば独善的な、思い上がった状態になりがちです」と証言する。[33]こうして、テレビ・ドラマとの差異を意識した新たな映画作りが実践されていったのである。

それから、第4章で述べたように深夜興行の流行も、両ジャンル映画の発展を考察する上で看過できない。一九六〇年代初頭より、昼間の興行力の低下を補うべく、各地で定期的に深夜興行が実施されていく。一九六五年に映画産業団体連合会（映団連）がおこなった調査では、深夜興行によって、全国的な興収の増加が報告されており、[34]興行者の不況対策の成果が示されていた。こうして深夜興行が映画館経営にとって重要視されていく中で、その深夜興行を成立させるために、やくざ映画やエロ映画が必要とされたのである。

表6-1は、一九六五年七月一〇日〜八月二八日の期間を対象に大阪興行協会がまとめた『大阪の深夜興行の実態調査』から筆者が作成したものである。[35]東宝を除く大手映画会社の系統館かピンク映画館で、週末に深夜興行が

実施されているのだが、上映映画のタイトルを見ただけでも、やくざ映画かエロ映画で大方のプログラムが構成されているのがわかる。なかでも東映系統館の深夜興行の頻度がもっとも多いのは、それだけ同社の深夜興行が好調であり、支持される作品も多かったということであろう。そもそも、東映の直営館で深夜興行が週末に実施されるようになったのは一九六三年三月末からで、その第一弾が、あのやくざ路線第一作目の『人生劇場　飛車角』であ

表 6-1　大阪の深夜興行の一例

実施日	劇場名	上映映画
1965 年 7 月 10 日	大阪東映 大阪東映パラス 梅田東映 梅田東映パラス	『関東やくざ』『続網走番外地』
17 日	聖天キネマ	『セクシーワールド』『生きたまま喰え』『日本拷問刑罰史』他
24 日	庄内東映	『関東やくざ』『続網走番外地』
31 日	堺松竹	『幽霊屋敷の蛇淫』『怪談呪いの霊魂』『怪異ミイラの恐怖』
	堺中央	『シャイアン』『ダンディー少佐』
	サカイ大映	『6 人の女を殺した男』『不倫』
	市岡中映	『ちんころ海女っ子』『動乱のベトナム』
8 月 7 日	梅田日活 日活シネマ 国際日活 国際日活地下 新世界朝日	『黒い賭博師』『男の紋章流転の掟』
14 日	大阪東映 大阪東映パラス 梅田東映 梅田東映パラス 新世界東映 平野東映 境パール	『日本侠客伝　関東篇』『ダニ』
	アシベ劇場 梅田大映 十三シネマ	『若親分出獄』『続兵隊やくざ』
	浪花座	『血と掟』『あの娘と僕』
	松竹座	『クロスボー作戦』
21 日	大阪東映 大阪東映パラス 梅田東映 梅田東映パラス	『日本侠客伝　関東篇』『ダニ』
	都島会館	『壁の中の秘事』『色好み三度笠』『雪の涯て』
28 日	松竹座	『脱走特急』
	浪花座 堺松竹	『血と掟』『悦楽』
	新世界東映	『甲州路殴り込み』『無宿者仁義』
	市岡中映	『血と掟』『悦楽』

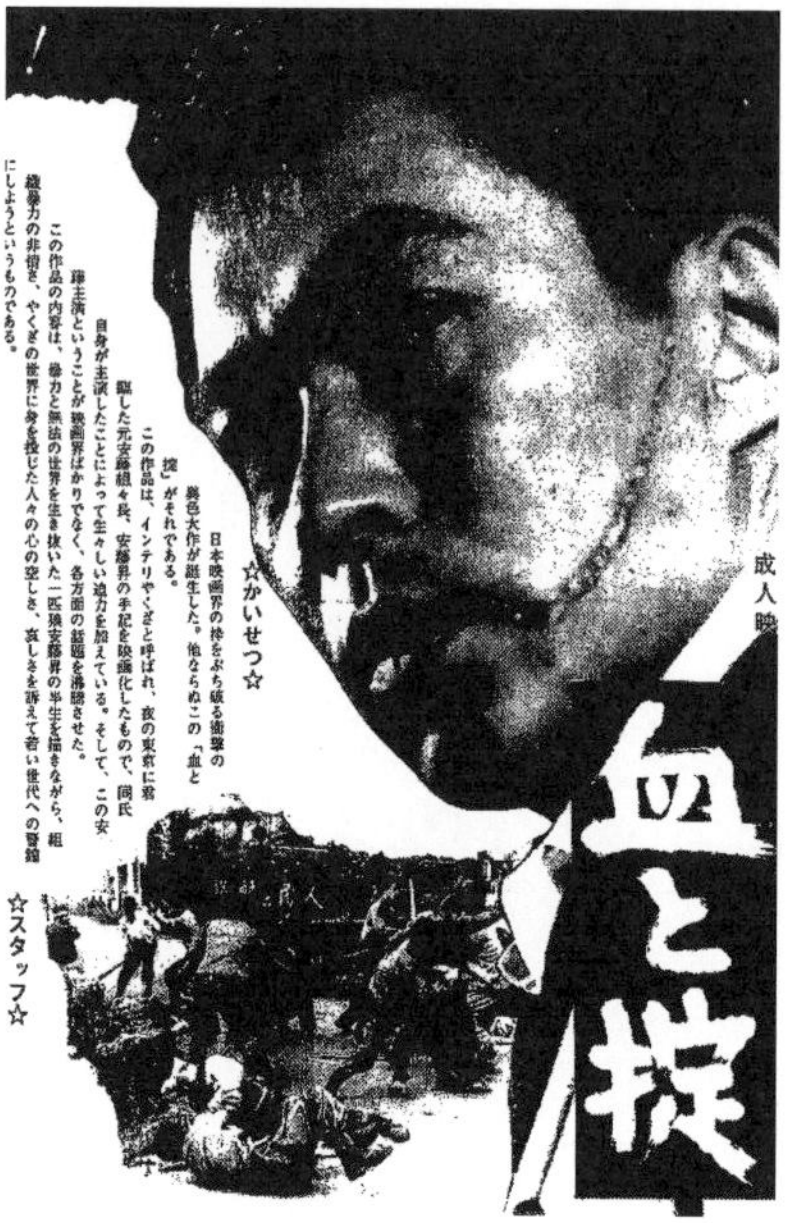

図6-3　『血と掟』プレスシート

った（併映作品は『東京アンタッチャブル　脱走』〔関川秀雄監督〕）。[36] まさに東映やくざ映画の発展と同調して深夜興行も拡大していったのである。くわえて、東映はお色気もの「夜の青春」シリーズを一九六五年よりスタートさせ、表6-1にある映画『ダニ』（関川秀雄監督）もそのうちの一作としてやくざ映画と二本立て番組で相性の良さを発揮した。「一四日の夜は大阪、神戸など一〇館ぐらいが実施、なかなか好調で、客層はあらっぽいが、満員の客を集めた」との報告がなされている。[37] まさに、シリーズ名の通りに夜に輝きを放ったのである。こうして東映は、深夜興行を利用しながらやくざ映画やエロ映画といった「不良性感度」映画を売り込んでいき、ついには「夜の東映」とまで言われるようになる。[38] 一九五〇年代は成人映画を製作せずに「御家族揃って楽しめる東映映画」がモットーであったはずの東映の姿勢は、すっかり消失し、様変わりしていた。

　また、その東映に「善良性感度」映画の作り手と見なされていた松竹にも変化が起こる。一九六五年に松竹は表6-1にもあるやくざ映画『血と掟』（湯浅浪男監督）を配給し、以後「掟」シリーズとして継続させていく。しかも、この『血と掟』は元安藤組組長・安藤昇の手記を基にした映画で、安藤自身も映画に初めて出演した正真正銘のやくざ映画であった。プレスシートには頬の傷跡がはっきりと写る彼の顔写真が掲載され（図6-3）、「「安藤」本人の主演により生々しい迫力を加えた本物のアクション作品である」と場内アナウンスで宣伝するように指示がなされていた。他社のやくざ映画と比較して、この作品がまさに「本物の」やくざアクション映画であることが訴えられているのである。併映作品の大島渚監督の『悦楽』も「人間を買おう！　女を買おう！　くみつくせ生の悦楽」というきわめて扇情的なエロの惹句で売られており、こうした宣伝効果も手伝ってか、この二本立てプログラムは深夜興行で好成績を収めた。例えば浪花座では「午後六時半ごろから、一日の動員数の三分の一がやってくる。一日中平均した入りは正月興行以来の盛況だ」ったことが伝えられている[39]。松竹は前年の一九六四年に池部良を主人公のやくざに据えた『乾いた花』（篠田正浩監督）を公開していたが、これはやくざと少女との「愛とその悲劇を描いて『愛の真実』を浮き彫りにし、現代人の心に強烈に訴えかける最も現代的なドラマ」であるとメロドラマ的に売っており[40]、『血と掟』が初めての本格的なやくざ映画の配給となったのである。

この作品ならびに併映作品の『悦楽』は外部プロダクションで製作され、松竹が買い取って配給されたもので、前章で紹介したように、大手映画会社の中でも特に松竹は、外部プロの作品を積極的に配給していった。低迷していた松竹はあまり得意でないジャンルの企画を採用し打開を図ったわけだが、一九六六年にも白井昌夫専務が「企画の方向は、エログロはやめて、大衆にアッピールする企画に焦点を合わせ、刺激的なものは出来るだけ避けてゆく」と語っており、「刺激的なもの」を社内で製作することにはなおも抵抗があったのだろう[41]。松竹は一九六〇年代はじめに、「松竹ヌーベル・バーグ」と呼ばれる大島渚や吉田喜重などによる、若者の暴力やセックスを扱った「刺激的な」映画の興行で大失敗しており、その過去のトラウマがあったのかもしれない。いずれにしても、社外から「刺激的なもの」を買い取っての配給はこの後もおこなわれ、一九六七年には『かまきり』『さそり』など女の性を生物の生態になぞらえた映画が公開されていく。

こうした中で東宝だけが一貫して、エロ映画とやくざ映画に距離を置いていた。前述のようにエロ映画を配給することはあったが、他社のようにエロを押し出すような宣伝の指示はなく、やくざ映画に至っては、一九七一年に公開した五社英雄監督『出所祝い』が初の本格的やくざ映画と言われたほどであった[42]。深夜向きの映画を作らない東宝は、一九六八年になるまで深夜興行にも乗り出さず、「主義としてやりたくない」ということを東宝系統館の館主たちに伝えていた[43]。同時代、森繁久彌主演の「社長」シリーズやクレージーキャッツ主演の映画など喜劇映画が好調だった東宝は、やはり自社作品のイメージや客層など、総合的な東宝ブランドを考慮し、そこから逸脱する変化を嫌ったのである。

エロ・やくざ映画の展開

東宝以外の大手映画会社は、この時代にエロ映画ややくざ映画を路線化やシリーズものという体裁をとりながら市場に流通させていった。テレビに影響を受けた映画観客層の変化や、深夜興行の流行が、各社のそうした映画配給に拍車をかけたのである。映画会社から劇場に配布されるプレスシートには過激な指示が飛び、路線化やシリーズもののことを盛り込みながら劇場側の作品理解を容易にする方策がとられていた。

もっとも、松竹がそうであったように性や暴力に関する映画を配給するのにはそれなりの抵抗もあった。エロとやくざ映画の急先鋒であった東映でさえ、宣伝に際して世論を気にする素振りが見受けられた。東映エロ映画の走りである「夜の青春」シリーズでは、『エロ』と『セックス』が売りものになりますが、薄汚れた印象やドギツイ不潔感をもたせないようにして下さい」(『いろ』[一九六五年])、「館前装飾で、あまりドギツイ感じにしますと、対映倫問題及び作品の低俗化と、宣伝面で逆効果になります」(『夜の悪女』[一九六五年])といった宣伝の指示がプレスシートで伝えられていた。それでも一九六八年には、冒頭でも述べた『徳川女系図』のような、ピンク映画女優陣に裸で相撲を取らせる「ドギツイ」エロ描写を含む映画が製作され、以後、同種の映画が立て続けに公開されていく。東映ピンク路線の第三作として公開された『徳川女刑罰史』(石井輝男監督、一九六八年)のプレスシートでは「云うまでもなく成人映画」と居直り、「ドギッイ」宣伝が指示されている。「拷問と刑罰及び数々の愛欲シーンのスチールとカットを、館前にチラシに多数使用して、サディズムとエロチシズム渾然一体となった強烈、凄艶、残酷を全男性に訴えていきます」と、はっきりと男性向けに映画を作っていることが伝えられている。そこからは一〇年前の「御家族揃って楽しめる東映映画」の姿はすっかり消えてしまっていた。

結局この時代、映画会社は葛藤を抱えながらも、テレビのある家庭の外に出る男性観客を主要な客層に据えて、アプローチしていくよりほかなかったのである。そうした男性客を奪い合うのが、一九六〇年代の日本映画の企画の主流であったと言える。そのために各社とも過激な宣伝を劇場に対して要請し、なおかつ自社作品の独自性を訴えていった。その中で、時宜にかなった転生を遂げ、主導権を握ったのが東映であった。東映は、大都市中心の配給網に「不良性感度」映画を投入し、さらに同時代に流行する深夜興行にも送り込んで成果を上げた。まさに製作・配給・興行が一体となって進んでいった印象を与える。その軌道から外れることなく、一九七〇年代になっても東映は、残り香にすがるようにやくざ映画・エロ映画を頼りとした映画作りを続行する。狭い土俵での勝負において、一九七〇年代早々に経営破綻で脱落してしまう日活・大映のうち、日活がロマンポルノの会社として再生するのも、やはり必然であった。松竹は一九六九年に『男はつらいよ』(山田洋次監督)が当たり、ようやく迷いから解き放たれたかのように喜劇映画を量産していく。一九六〇年代、唯一エロ映画とやくざ映画の人気に流されなかった東宝は、自社製作に見切りをつける。前章でもふれたように、一九七一年に東宝は製作部門を切り離し、配給・興行に力点を置く会社へと移行する。この変革が、現代の製作委員会方式の映画ビジネスにおける映画会社の役割に通じるものであり、エロ・やくざ映画製作の潮流に乗れなかった/乗らなかった会社が、新たな潮流を生み出していったのである。

III　テレビとの差異を求めて

第7章　ワイドスクリーンの挑戦

——撮影様式の変化

ワイドスクリーン時代の到来

一九五〇年代に日本映画で二つの大きなテクノロジーの革新が起こった。一つは、カラー化であり、もう一つは、画面のワイド化である。第1章でふれた一九五八年のテレビ・ドラマ『マンモスタワー』には、その二つの技術革新《イノベーション》を武器にテレビとの違いを主張する映画会社の姿勢が描かれていたが、例えば、同年の『映画産業白書』を見ても、「天然色映画の製作は、最近テレビ等の進出に対する対抗策の一つ」[1]、「わが国における大型化の将来の見通しとしては、それが最も有力なテレビ対策の一つ」というように[2]、テレビという新たなメディア技術に対抗する上で、それらが求められていたことがわかる。

表7-1を見てもらいたい。一九五八年版と六二年版の『映画産業白書』をもとに、カラー映画とワイドスクリーン映画の製作数の推移をまとめたものである。[3]カラー映画の製作は、一九五一年の松竹作品『カルメン故郷に帰る』（木下恵介監督）から本格的に始まり、五三年の大映作品『地獄門』（衣笠貞之助監督）がその鮮やかな色彩効果も手伝ってカンヌ映画祭でグランプリを受賞するなど、五七年から導入されたワイドスクーン映画よりも先行して実績を上げている。だが、普及率に目を移せば、後者が前者を遥かに凌ぎ、カラー映画が導入から一〇年かけても

全体の五割に満たない中、ワイドスクリーン映画はわずか三年で、一〇割近い製作比率を占めるようになった。
普及率の差が、ここまで拡大した理由は何だったのか。その最大の理由は、製作コストの違いであった。ワイドスクリーン映画は、専用の機械設備さえ整えば、毎回の製作費については最初期の一九五七年頃で、従来のスタンダード映画より一五%から二〇%増だと言われていた[4]。それに対して、一九五七年のカラー映画の平均製作費が五二六一万円、白黒映画のそれが二九二三万円であったことから、前者は後者の一・八倍の製作費を必要とし、映画のカラー化には相当な費用がかかっていたことがわかる[5]。こうしてコスト面を考慮に入れると、ワイドスクリーン映画は最初期の頃でもカラー映画に比べて生産しやすい、テレビに対抗するのに最有力の商品であったと判断できるのである。

表 7-1　カラー映画とワイドスクリーン映画の推移

年	カラー映画の本数（割合，%）	ワイドスクリーン映画の本数（割合，%）
1951	1（0.5）	—
52	1（0.4）	—
53	3（1.0）	—
54	5（1.4）	—
55	11（2.6）	—
56	32（6.2）	—
57	85（19.2）	72（16.3）
58	150（29.8）	379（75.3）
59	167（33.9）	485（98.4）
1960	239（43.7）	545（99.6）
61	251（46.9）	529（98.9）

もっとも、ワイドスクリーンとひと口に言っても、一九五〇年代に世界的にさまざまなフォーマットが開発され公開されてきた。初期には、三台のキャメラで撮影したものを、同じく三台の映写機を用いて、巨大な映像として提示して見せたシネラマや、通常の三五ミリ・フィルムではなく六五ミリ・フィルムで撮影した映像を六チャンネルのサウンド・トラックを備えた七〇ミリ・プリントに焼きつけて上映するTodd-AOなどが話題を呼んだ（フィルムの面積を大きくすることで、大画面でも鮮明な映像を映し出すことを可能にした）。ただその中でも、アメリカの二〇世紀ＦＯＸ社が、一九五三年の『聖衣』（ヘンリー・コスター監督）で初めて公開したシネマスコープは、同作の大ヒットもあり[6]、以後アメリ

カ国内のみならず各国で注目を集め、同時代のワイドスクリーン映画の主流をなした。

シネマスコープは、アナモフィック・レンズという特殊なレンズを撮影ならびに上映の際に使って、拡大映像を生み出す装置である。キャメラに同レンズを取りつけて撮影すると、映像が圧縮してフィルムに焼きつけられ、次に、そのレンズを映写機に装着して映写することで、圧縮された映像が復元され、上映される仕組みになっている。そうして映し出された映像は、従来のスタンダードな縦横比一：一・三七（サイレント時代は縦横比一：一・三三であったが、トーキー以降同サイズが標準化した）の画面を横に大きく拡大させ、縦横比一：二・三五（初期には、縦横比一：二・五五など、しばしば他の比率で製作されることがあった）の画面を構成し、同時代に普及していくテレビの映像（画面自体の大きさは違うが、縦横比は三：四）では味わえない興奮を観客に伝えるとされたのである。

日本のワイドスクリーン、すなわちシネマスコープの歴史は、一九五七年四月、東映製作の『鳳城の花嫁』（松田定次監督）の公開とともに始まる。そもそも「シネマスコープ」とは、FOX社の商標名であり（一九五五年六月に同社の日本支社が「シネマスコープ」という名称の使用禁止の声明を出した）[7]、それゆえ、邦画各社は東映スコープや日活スコープなど自社の名を冠した「スコープ映画」を、次々に製作していく。もっとも、前述のようにカラー映画を凌ぐ普及率で浸透するワイドスクリーン／スコープ映画の製作に、問題がなかったわけではない。当初は、邦画専門館の上映設備をどうするかが課題だった。例えば、東映がスコープ映画の導入に本腰を入れるようになったのは一九五六年十一月で、この頃にはすでにシネマスコープに対応した洋画専門館が一三〇〇館程度あったが[8]、邦画専門館には専用の設備等が普及しておらず、スコープ映画での興行は難しい状況であった。そこで、東映は「技術員を動員し、五億円もの資金を用意し、全国の映画館に設備費の資金援助を行」うなど[9]、上映環境の整備を率先しておこなった。その結果、一九五七年六月末には「一六四〇館以上の契約館が上映設備を完備」するまでになった[10]。

だが、こうして解決に向かった上映設備の問題とは異なり、解消されない難題が、まさしく製作の現場に生じていた。それは製作者が撮影や演出の際に直面する技法上の問題であり、本章ではその側面における彼らの奮闘を見ていくことにしたい。映画学者ジョン・ベルトンが言うように、ワイドスクリーン映画は「サウンドやカラーのように、一連の新しい技術的・美学的規範を打ち立て、映画全体を変形させ」るほど目覚しい革新的テクノロジーとして受け入れられた(11)。けれどもそうした変革の背後には、製作者の苦闘があったことを忘れてはならない。映画監督の今井正は次のように語る。

たしかに、横へひろがったことの大きさは、ぼくたちの仕事にさまざまな変化を与えた。ビルディングを狙っても、天地が切れてしまって、その高さをあらわすことができない。どうしてもキャメラをパンさせることになる。まず、構図のとり方が変わって来た(12)。

監督たちが長年蓄積してきた構図に対する感覚が、スクリーンの改変によって修正を強いられたのである。さらに、こうした構図の問題にくわえ製作者を悩ましたのが、フォーカスの問題だった。前述のようにスコープ映画で必要となったアナモフィック・レンズのせいで、焦点距離（レンズの中心から焦点までの距離）が長くなり、焦点深度（焦点が合った部分の前後で鮮明に見える範囲）が浅くなってしまったのだ。また、同レンズは光の透過時に、反射および吸収で光量を損失する欠点もあり(13)、キャメラマンは白黒映画に比べて感度の劣るカラー映画の普及もあって、晴天下の屋外撮影ならともかく、人工照明に頼るセットでの撮影では、レンズの絞り（aperture）を絞り込むことができなくなってしまった。そしてその結果、全面に鮮明な映像を生成するパン・フォーカスという定番の撮影技法が困難になったのである。

なるほど、各社ともスコープ映画におけるフォーカスの問題に対し、技術的な改善を試みた。だが一九六二年の時点で吉村公三郎監督は「横にひろがったものではなくて縦がせまくなった」とスコープ映画を表現し、[14]キャメラマンの北坂清は深作欣二監督の「仁義なき戦い」シリーズ（一九七三〜七六年）でもまだ、スコープ映画における焦点深度の問題が改善していなかったことを明らかにしている。[15]もっとも、前景をキャメラから離せば監督たちは鮮明な映像を奥まで生成することが可能であった。[16]ただ、そうした技術的制約に縛られないで全面に鮮明な映像を生成しようとすると、照明で膨大な光量を必要とし、それを用いることを許された黒澤明のような実力者を除いて、[17]大部分の監督たちはパン・フォーカスによる映像美を創造することが困難であった。こうして、テレビ対策として推奨されたスコープ映画は、製作の現場にいくつかの難題を惹起してしまったのである。

それでは、こうした製作上の変化に監督たちはどのように対応したのだろうか。デイヴィッド・ボードウェルやバリー・ソールトといった映画学者は、ワイドスクリーン時代の撮影スタイルの特徴を自らの著書で丁寧に解説している。とはいえ、それらはやはり欧米の映画が中心で、同時代の日本映画の撮影スタイルについては多くを知ることができない。そこで、本章では、彼らの論考を参照しながらも、彼らが分析の俎上に積極的に載せることをしなかった、わが国のスコープ映画の撮影様式について詳しく考察していきたい。

ショット時間の変化

スコープ映画の到来によって、盛んに議論されるようになった撮影上の変化の一つに、ワン・ショット当たりの平均時間（ＡＳＬ）についての問題がある。日本でワイド時代の幕が開けた一九五七年、今井正は「一カット一カットが、スタンダード映画に比べて長くなったことも事実である」と述べ、[18]また、ドキュメンタリー作家の桑野茂も「シネスコでは当然一ショットの長さが長くなる」と語るなど、[19]ＡＳＬの値はスコープ映画において長くなったと考えられていた。とはいえ、そうした証言は、カット割りについての支配的な概念に誘導されていたむきがある。

なにしろ、当時の映画雑誌では、画面が拡大したことによって、「当然数ショットに分解するか、又は長いパンを利用しなければ表現出来ない情景が、そのものズバリの効果を一画面で出してしまう」といった意見が数多く見られ[20]、かつてはカットを割らなければ表現できなかったものが、スコープ映画では、ワン・ショットの中に収めることが可能になったと考えられていたからだ。だが、そもそも以上の証言のように、果たしてＡＳＬは本当に長くなったのだろうか。画面の拡大は、監督たちに、長廻し撮影への傾倒を促したのだろうか。

そこで、その真偽を確かめるべく、①一九五〇～五七年（スタンダード作品のみ）、②一九五七～六四年（スコープ作品のみ）、③一九六五～七二年（スコープ作品のみ）と八年ずつ三つの年代に区切って、ＡＳＬについての調査をおこなってみた。調査対象に選んだ作品は、同時代に多くの観客動員を果たしたヒット作品で、一九五一年度から七四年度の『映画年鑑』に掲載されている製作会社別の作品配収ランキング表（年度によって表記が異なるが、例えば「邦画五社配収ベスト・テン」のような表）を参考に、その中から、先の三つの年代ごとに四〇作品ずつを取り上げ（計一二〇作品）、ＡＳＬの変化を辿った。すると、大衆が好んで見ていた作品は、前述の証言とは逆で、むしろショットの平均時間が短くなる傾向にあることがわかった。表７-２が、その結果をまとめたものである。

表 7-2　ASL 値別映画本数

年 ＼ ASL秒数	5〜10	10〜15	15〜20	20〜
1950〜57	12	20	3	5
1957〜64	9	24	5	2
1965〜72	21	17	1	1

表７-２を見てもわかるように、一九六五年以降、明らかにショットの平均時間がそれまでの年代より短くなっている。具体的に、各年代の特徴について見ていくと、まず、一九五〇～五七年では、『お遊さま』（一九五一年）や『楊貴妃』（一九五五年）といった溝口健二監督作品でＡＳＬ三〇秒以上を記録するなど、いくつかの映画で異常な長廻しがみられる一方、「ゴジラ」シリーズ（『ゴジラ』［本多猪四郎監督、一九五四年］、『ゴジラの逆襲』［小田基義監督、一九五五年］）がＡＳＬ七秒未満で撮られるなど、素早いカッティングがおこなわれる作品も

目立った。次に、ワイド時代初期の一九五七〜六四年の作品ではＡＳＬが一〇秒台前半の作品が多く、シリーズを通してヒットした「座頭市」も、『座頭市血笑旅』（三隅研次監督、一九六四年）だけはＡＳＬ一六秒で撮られていたものの、それ以外の作品『座頭市兇状旅』（田中徳三監督、一九六三年）、『座頭市あばれ凧』（池広一夫監督、一九六四年）、『座頭市関所破り』（安田公義監督、一九六四年）は同範囲内に含まれていた。

そして最後に、明らかにＡＳＬの減少が確認される一九六五〜七二年だが、ここではＡＳＬ一五秒を超える映画がほとんど見られなくなっていた。代わりにＡＳＬ一〇秒未満の作品が急増しており、「若大将」シリーズや「無責任」シリーズなど、人気シリーズ作品のほとんどがそうして撮られていた。なかでも「子連れ狼」は、『子連れ狼　三途の川の乳母車』（三隅研次監督、一九七二年）がＡＳＬ五秒、『子連れ狼　親の心子の心』（斎藤武市監督、一九七二年）がＡＳＬ六秒と、カット割りの速さが突出していて、その目まぐるしいショットの回転が、同シリーズを特徴づけるものになっていたのである。

こうして、製作会社の貴重な収入源となっていたシリーズ作品については、そのシリーズが要請するカッティングの規則にどの監督も従っていたと言える。『座頭市血笑旅』においてＡＳＬ一六秒で撮っていた三隅研次が、『子連れ狼　三途の川の乳母車』では、ＡＳＬ五秒で撮っているのが典型的な例である。ワイド時代も成熟期に入った一九六五年以降、ヒットしたシリーズ作品の多くで素早いカッティングがおこなわれていた。監督が替わっても、そうした作品のリズムは変わることはなく、そのことが、同時代のＡＳＬの減少へとつながっていたのである。ワイドになってショットの平均時間が長くなったという、当時の支配的概念は一般的に見て正しくなかったことになる。

一九五三年にスコープ映画の製作が開始されたアメリカでも、しばらくするとＡＳＬは減少に向かう。バリー・ソールトが一九四〇〜九九年まで六年ずつ時代を区切って、五八九三作品を対象におこなった調査では、五八年頃よりASLが明確に減少し始める結果が出た[21]。同調査では、一九四六〜五一年のASL平均値が他の年代に比べてもっとも長く一〇・四七秒で、一九五二〜五七年でもほぼ同数の一〇・一三秒だったが、一九五八〜六三年に一〇秒を切って八・八〇秒を記録すると、それ以降も減少を続け、一九九四〜九九年で最少の四・九二秒を刻む。ボードウェルもソールトと同様、ワン・ショットの時間が次第に短くなっていったことを明らかにしている[22]。

だが、その一方で、ボードウェルはスコープ映画になっても長廻しを好む監督がいなくなったわけではないことを強調している。例えば、オットー・プレミンジャーは、『ローラ殺人事件』(一九四四年)をASL二一秒で、『堕ちた天使』(一九四五年)を三三秒で撮るなど、スタンダード時代にすでに長廻しの監督として評判だったが、ワイドに移行してからも、『カルメン』(一九五四年)をASL三五秒で撮るなど、自らのスタイルを変化させなかった[23]。他にも、『ブリガドーン』(一九五四年)をASL三四秒で撮ったヴィンセント・ミネリや、ジョージ・キューカー、ビリー・ワイルダーといった監督たちがスコープ映画でも、長廻しを好んで採用した。

日本でも、何人かの有名監督が、スコープ映画で長廻しを多用した。黒澤明、川島雄三、加藤泰などがそうだが、彼らの場合は共通して、ワイドで撮るようになってから、そうした特徴が顕著に見られるようになったと言える。筆者の調査では、黒澤はスタンダード時代には『姿三四郎』(一九四三年)や『七人の侍』(一九五四年)などASL一〇秒を切る作品を発表していたが、スコープ映画ではむしろ、ASL二〇秒を超える『赤ひげ』(一九六五年)などに代表されるように長廻しへの傾倒が強まり、ASL一〇秒未満の作品を撮らなくなった。川島や加藤も同様に、スタンダード時代にはASL一〇秒未満の作品を残しているが[24]、ワイド時代になるとそうした作品を撮ることはなくなった。長廻しによる撮影が、彼らの文体の基調になっていったのである。その中で、彼らはたしかに、前述の映画雑誌の意見にもあるように、「数ショットに分解するか、又は長いパンを利用しなければ表現出来ない情景が、そのものズバリの効果を一画面で出してしまう」ような場面を、スコープ映画で演出していた。つまり、彼らに関しては、同誌に代表される意見も正しかったことになる。

同居する人物

川島雄三がＡＳＬ二四秒で撮った『しとやかな獣《けだもの》』（一九六二年）を見てみよう。ここで川島は、スコープ映画における空間の広さを生かして、登場人物たちを自在に配置し、彼らの生態を徐々に露わにしていく。

とある団地の一室だけで物語が展開するこの映画において、そこに住む家族四人は、父親の指示のもと、長男は勤め先の会社の金を横領し、長女は有名小説家の妾になり、どちらもそうして得た多額の金を、母親が切り盛りする家計に充てる「獣」たちである。「獣」たちの前面には、しばしば、小窓やベランダに設置された鉄格子が捉えられ（一例として図7-1）、それはあたかも猛獣を囲う「檻」のように、この「獣」たちが決して野放しにできない危険な存在であることを公然と周知させる。川島はこうして、厄介な「獣」たちを映像通り頑丈に包囲し、他人に対してはなんとか体裁を繕いながら暮らす彼らの生態を、あらゆる角度から解剖していこうと試みる（ショット間でキャメラが同じポジションにならないように工夫されている）[25]。そして、そこに映るとりわけ印象的な彼らの行動が、「盗み聞き」ないしは「覗き見」である。

例えば長男が、会社から横領した多額の金を愛人に貢いでいるにもかかわらず、自宅でその愛人から一方的に別れを告げられる場面では、二人の会話を長女と母親が別々の場所で盗み聞きしている。別れを切り出された長男が、興奮のあまり、愛人に向かってこれまでの情事の内容を仔細に話すのだが、その行為は、てっきり彼が横領した金を全額、家に入れてくれていると思い込んでいた長女と母親への（嘘をついていたことの）告白にもなり、二人はそれを聞いて、また、自分たちよりも一枚上手の「（しとやかな）獣」＝愛人に対して（彼女が入室する際、前面にはっきりと「鉄格子＝檻」が収められ、恐ろしい「獣」の入場が暗示される）、驚きと好奇に満ちた表情を浮かべる。川島は、その盗み聞きの場面を、話す者（長男）と聞く者（長女、母親）を同一フレームに収めて撮影する。特に、母親が盗み聞きするショットでは、前景でフレームのおよそ半分もの空間を占めるほど彼女が大きく捉えられて、息を殺して様子を窺う母親の表情をキャメラは克明に記録しながらも、同時に、後景で展開される長男と愛人のやり取りを漏らすことなく提示して見せる（図7‑2、ここでも「獣」の存在を強調するように「鉄格子＝檻」がはっきりと捉えられている）。もしこうした場面を、スコープ映画ではなく、スタンダード映画で撮影しなければならなかったなら、画面の大きさの問題から、同様の演出をすることは困難だっただろう。実際、川島はスタンダード時代の作品では、話す者と聞く者を、カットを割って別々のショットで捉えている[26]。スクリーンの拡大がこうした盗み聞きの場面での、両者の「同居」を容易なものにしたと言える。そしてこの作品では、その「同居」の行為が、彼らの生態を的確に捉える演出だったと頷ける。すなわちそれは、家族各々が異なる思惑を抱き、感情のすれ違いがあるにせよ、金のために結びついている、そうした「獣」たちの生活の実態を表しているのである[27]。

図 7‑1　『しとやかな獣』の一場面

図 7‑2

一方、前出の長廻しの監督たち、黒澤明や加藤泰もまた、川島と同様、ワイド画面になって、話す者

図 7-3　『悪い奴ほどよく眠る』の一場面

図 7-4　『座頭市喧嘩太鼓』の一場面

と盗み聞きする者を同一フレームに収めて撮影するようになる。もっとも加藤は、野次馬とも言える連中を多数揃え、彼らに盗み聞きを「同一現場」において遂行させるため、ワイドスクリーンの背景に大きく映る襖の裏に彼らを隠して、結果的に聞く者がおよそ三分半、フレーム内にいながら姿を見せないという、驚きの演出をやってのけるのに対して（『瞼の母』〔一九六二年〕）、黒澤の方は、聞く者たちにそのような窮屈な思いをさせることなく、川島と同様、キャメラの前に彼らの存在をはっきりと提示する。しかも、黒澤の聞く者たちは、定位置をしっかりと確保している。

すなわち彼らは、スクリーンを縦に横断する印象的な直線（ドアの桟など）によって左右に分割された空間に対して、常に右側に位置し、左側にいる人物たちの会話を盗み聞く（図7-3）。黒澤はその構図が安定的と見たのか、決まって採用し(28)、物語が転機を迎える重要な場面で、聞く者たちに活躍の場（＝分割された右側の空間）を与えている。

こうした画面分割の撮影手法は、黒澤に限らず、同時代の他の監督たちにもさまざまな用途で用いられていた（図7-1も同様の撮影だろう）。例えば『座頭市喧嘩太鼓』（三隅研次監督、一九六八年）では、座頭市が殺めてしまった男の姉と宿屋で相部屋することになったとき、二人の間に介在する心理的距離を暗示するように、部屋の柱が二人の空間を分断するし（図7-4）、『こんにちは赤ちゃん』（井田探監督、一九六四年）では、画面中央にスリットが挿入され、それを挟んで異なる空間の映像が並列して提示される。スクリーンが縦に切断されたかのような印象を与えるこの演出は、横長の画面にどう対応するかという課題に対して、製作者たちが導き出した一つの解答だったに違いない。

もちろん、これらの撮影方法だけが、拡大したスクリーンに適合する方法だったわけではない。スクリーンの拡大がどのような撮影スタイルを招来したのか、さらに詳しく見ていきたい。

スコープ映画の「過剰さ」

渡辺邦男が一九五七年に撮った『明治天皇と日露大戦争』は、『鳳城の花嫁』に次ぐスコープ映画第二作だが、上映設備が整っていない劇場のことを考慮して、スタンダード版でも製作・公開されたことは有名である。同時撮影された映像が同一順序で編集して見せられ（各ショットの持続時間は同じではない）、異質な作品にならないように仕上げられている。すなわち、両者の間で大きく異なるのは、画面サイズとそこに被写体がどう収められているかという撮影の問題だけである。

映画の冒頭、ロシアの軍事的脅威に抗議する街頭演説の場面に早速、撮影の違いが確認される。キャメラは、スタンダード版では画面手前にいる聴衆を収めて、演説中の人物へとパンするのに対し、スコープ版では遠くの方から画面手前へと演説を聴きにやって来る人たち、それからすでに近くまで来て話を聴く大勢の人々を順次俯瞰でクレーン移動により捉えていき、最後に演説中の人物に視線を向ける。つまり、スコープ版の方が人の多さを可能な限り表現しようと撮影されているのである。こうして、大画面の魅力を伝えるにはうってつけのモッブ・シーンで

図 7-5　スタンダード版の一場面

図 7-6　スコープ版の図 7-5 と同一の場面

は、スコープ版のキャメラは躍動感溢れる動きを見せるのだが、一方、少人数の会話の場面になると、不自由な印象を見る者に与えてしまう。というのも、スコープ版のキャメラは会話の場面で、特定の一人に近寄ることができないからである[29]。

例えば乃木大将に部下が戦況報告をおこなう場面。どちらのキャメラも乃木を引き気味に捉えてから、その部下へと画面を移行する切り返しショットをおこなうのだが、スタンダード版では、その男だけをバスト・ショットで捉える（図7-5）のに対して、スコープ版ではその男の他に、二人の軍人を両脇に据えて一直線に並ばせ、ウエスト・ショットぐらいのサイズでフレーミングする（図7-6）。肯定的な見方をすれば、スコープ版は横にいる軍人の反応まで見せてくれたと評価できるが、ただ、こうした撮影が何度も繰り返されると、やはり違った印象を抱いてしまう。つまり、この映画の監督・渡辺邦男、あるいは、スコープ版キャメラマンの渡辺孝（スタンダード版は西本正）は、一人だけを横長の画面にどうフレーミングしていいのかわからなかったのではないか、常に何人かの人物を配してでないと、拡大した空間を処理しきれなかったのではないか、と。前述のように構図の問題を吐露した今井正も一九五七年に、「画面の広さをうめるために、一人の芝居より何人かの芝居を、一カットの中にもり込もうとする。どうしても意識して、拡大したサイズに合うような演出方法を考えることになる」と告白し[30]、広い空間にどう人物を収めるか思案している様子が見て取れる。

そこで、そうした構図の問題を解決すべく、同時代の監督がしばしば用いたのが、

図 7‒7　スタンダード版の一場面

図 7‒8　スコープ版の図 7‒7 と同一の場面

スコープ版の戦況報告の場面（図7‐6）のように人物を横並びに直線的に配置して撮影する手法だった。ボードウェルが物干し綱（clothesline）ショットと呼ぶこの横並びのショットは、ハリウッドでは次のような推移で使用されてきた[31]。同ショットは、一九二〇年にはすでに標準的に用いられ、三〇年代までは支配的な撮影スタイルとして重宝された。一九四〇年代になると、そうした平面的なショットの中にも、奥行きをもった構図が目立つようになる。そこでは画面手前から奥に対角線的に人物が配置され、「縦の空間」が強調された。しかし、一九五〇年代のスコープ映画時代になると、冒頭でも述べたフォーカスの問題（パン・フォーカスが困難で、焦点深度が浅い）もあり、平面的な横並びのショットが再び重視されるようになったのである。

　こうして、横並びのショットは同時代の技術的制約もあって、スコープ映画に適した構図としてしばしば採用された。再び『明治天皇と日露大戦争』のスコープ版とスタンダード版を見比べてみよう。御前会議で明治天皇がロシアとの開戦に慎重な姿勢を示したことに対して、会議終了後、一人の政治家が不満を述べる場面がある。ここで、その政治家に反論するように、椅子に腰掛けていた男が立ち上がり、明治天皇の心中を代弁して見せるのだが、この重要な場面を、両方のバージョンとも、居合わせた男たちを例のごとく横並びで収めることで、奇妙な空間に仕立て上げている。何を思ったか、そこでは、ほぼ正面を向いて神妙な面持ちをした男たちが、前後二列、あたかも儀式的に「整列」して見せるのだが、なかでもスコープ版の方が、その不自然な「整列」が、「過剰に」見えるようにおこなわれている。というのも、スタンダード版と比べて、スコープ版の方が横幅の広さから、前後とも一名ずつ余計にその列に「参列」を果たしており、視覚的に横並びの度合いが「過剰に」映るからだ（図7-7・図7-8）。このように、スタンダード時代から定番だった横並びの構図も、スクリーンの横幅の拡大に比例して、拡張を見せたのである。すなわち、ここで述べるスコープ映画の「過剰さ」とは、視覚的に特徴のある構図や人物配置が、スタンダード映画と比べて「極端」に際立って見えることを意味する。

また、この作品の会話の場面（戦況報告の図7-6の場面）では三人が画面を占めたが、通常一対一の会話においては、肩越しのショットが多用された。[32] 向かい合った二人の人物が会話するとき、キャメラは一方の人物（＝A）の視点から、会話している相手の人物（＝B）を眺める（Aの主観ショット）のではなく、Aの後姿を入れて、肩越しにBを捉えようというものである。前者のショットは、Aの視点からBだけを捉えたものだが、後者は、AとBを画面内に収めている分だけ、空間が人物で占められる。そうして、監督たちは余分な空間を埋めようと図ったのである。

とはいえ彼らは、空間を「埋める」ことだけに固執していたわけではない。松田定次がスコープ映画を二本撮り上げた時点で、「今までは一杯に画面を使っていてよかったものが、むしろ左右をあけた方がいいなあ、ということは、やっておる中に発見しました」と語るなど、[33] 監督・スタッフの中には当初から空間を「空ける」ことを意識する者もいた。松田は『維新の篝火』（一九六一年）において、自らの言葉を実践するように、故意に空けたスペースを利用して劇的な演出をおこなっている。

土方歳三とヒロインのお房が料理茶屋の一室で愛を語り合う場面。二人は同時代の流行に倣い、同一平面上に横並びで収まるのだが、ただ前述の『明治天皇と日露大戦争』（スコープ版）の戦況報告の場面（図7-6）のように密着しているわけではない。フレームの両端にそれぞれ位置することで、彼らの間には大きな空間が介在する。ここで二人が愛を語らうためには、互いに近寄ってその空間を縮めなければならないが、それが果たされるのは、およそ三分後。愛し合っていいのかどうか躊躇う彼らの複雑な心理を、なかなか埋められない空間が代弁して見せるのである。

図 7-9 『ぼんち』のラスト・シーン

市川崑も空間を空けて演出をおこなった監督の一人だ。彼は『ぼんち』（一九六〇年）のラストで、画面のわずかな部分に光が差す障子扉を用意し、それ以外を真っ黒な「余白」で覆う（図7-9）。その光の扉を若かりし頃の主人公が通る、想像上のショットで物語が終わるのだが、「余白」が大部分を占める、その大胆で印象的な構図によって、見る者はラスト・シーンを記憶に留めておくことになる。こうした大胆な構図は、スクリーンが拡大したことにより、「過剰に」見えるようになった結果、生み出されたものだと言えるだろう。それゆえ、市川が『ぼんち』を仮にスタンダードで撮っていたならば、ラストを同様の手法で演出していたかは疑問だ。彼はワイドだからこそ生まれる「過剰な」余白の効果を期待して、ラストをあのように演出したと考えられる。スコープ映画の大画面は、撮影を「過剰に」見せる特徴的な傾向をもち、監督たちの中には、それを自覚して、観客の視覚に刺激を与えるユニークな映像を生み出そうと考える者もいたのである。そして、そうした「過剰さ」は一方で、スコープ映画における問題点としてたびたび浮上する奥行きの問題を解決するのにも役立てられていた。

たしかにこれまで述べてきたように、スコープ映画においてはフォーカスの問題もあって、平面的な横並びのショットが日本に限らず各国で多用された。だが、奥

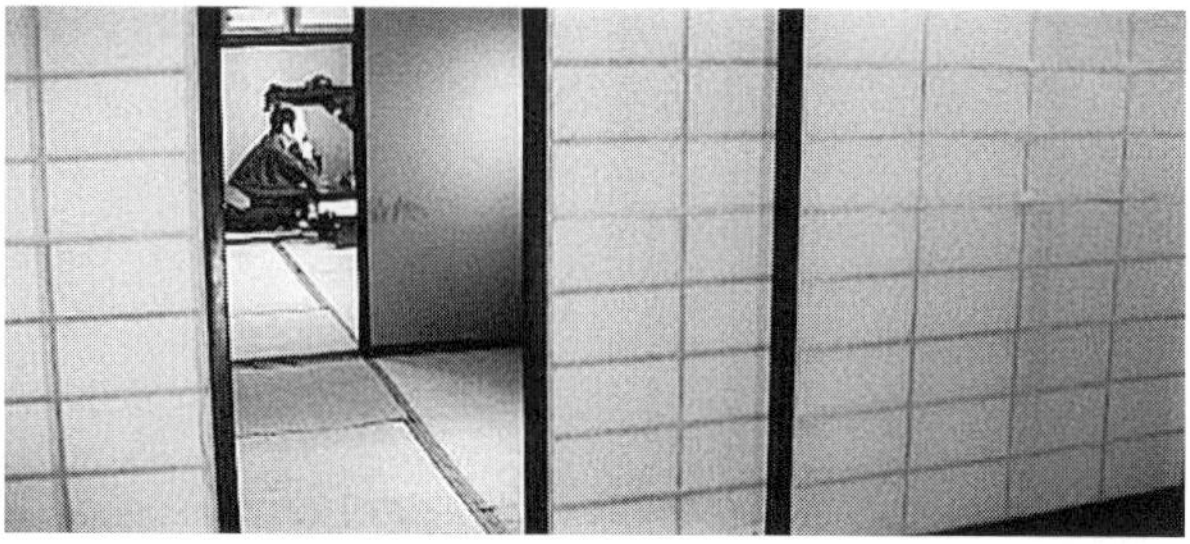

図 7-10 『十三人の刺客』の一場面

行きに対する意識も捨て去られたわけではない。松田定次監督は前述の発言の続きで、「横のひろがりと同時に、奥深いやり方も必要だと思った」と語り[34]、中島貞夫監督もスコープ映画で演出する際「縦で人間を動かさなあかんなあってのが意識としてあった」と明かしている[35]。また、映画評論家の登川直樹も一九六二年に雑誌で、「再び縦の構図を」という見出しとともに、奥行きを利用した撮影である「縦の構図」による映画美学の復活を熱望している[36]。そんな中、奥行きを「過剰に」演出して見せた監督が工藤栄一だった。彼は自身の回顧録で、次のようにスコープ映画における撮影の問題を告白している。

横位置てのを拒否したわけ、真ん中がスッポンポンになっちゃうからね。縦構図に、人間とか物とか配したわけ。もちろん奥の方のピントがボケるわけだよ。シネマスコープてのは、深度が凄く薄いわけでしょ。だから横位置に並べないと、しょうがないわけ。ちょっと上がるともうピンボケになってる。それで有名な俳優さんなんか嫌がるわけだよ[37]。

彼の「縦の構図」に対する思いの強さを裏づけるように、『十三人の刺客』（一九六三年）では大胆な撮影が敢行されている。この映画は「有名な俳優さん」である片岡千恵蔵演じる公儀御目付役・島田新左衛門が老中からの命を受けて、仲間と共に将軍の残虐な弟を討つ話だが、その途中で見せる彼の苦悩と葛藤を、工藤は「嫌がる」ことをして表現しようとする。

そこは、千恵蔵たちの本陣である屋敷。したがって誰はばかることもないのに、いや、だからこそ、使命に背くことのできない哀しき武士の心情がそこで露わにされる。千恵蔵は、画面手前から奥にかけていくつもの部屋が連なる中、もっとも奥の部屋にいて、小さく映し出される（図7-10）。ピンボケになろうが構わず撮られた彼の姿は、まるで、自らの屋敷に幽閉されているかのようでもある。仲間の前では気丈に振る舞う彼の内面の孤独が、ふいに、そして「過剰に」発露してしまう瞬間である。

こうして千恵蔵の心理的「孤独」を、映像的「孤立」として表現したこの場面には、単に奥の部屋に彼を追いやったこと以外に、観る者に奥行きを想像させる演出的工夫がなされていた。そのことを、ワイドスクリーンの効果と絡めて考察してみよう。まずこの場面で注目したいのが、畳の縁が画面手前から千恵蔵のいる最深部まで斜めにはっきりと通っていることだ。美術監督の松山崇が「画面がヨコに二倍拡がった結果は平板になりがちであるが、この解決策であるかのようにタテの奥行きに変って斜めの奥行きをあらわす斜線の構図がワイドスクリーンで用いられている」と語るように[38]、この時代、美術的要素で直線が目立つ箇所があれば、それを利用して画面手前から奥に斜線が引かれた。むろん、こうした対角線的構図は、スコープ映画になって初めて確認されるわけではなく、一九一〇年代の日本映画にもすでに登場していた[39]。だが、そうした構図は松山の指摘にもあるようにスコープ映画で頻繁に観察されるようになり、またワイドだからこそ、横幅を利用して以前より奥まで伸びる直線が描けるようになったのである。

それに、千恵蔵の前景で何枚もの障子が、深度の形成に貢献していたことも見逃せない。それらの障子はどれも開いており、その隙間に千恵蔵を収めることで、彼を周囲の空間から切り離して「孤立」させる。言うなれば、障子の開口部は、千恵蔵だけを収めるフレームとして機能しているわけで、それが大画面の特性を生かして、何層にもわたって入れ子構造的に展開することで、画面に「過剰な」深みが生み出されている。こうした「フレーム内フレーム」はこれまで言及した映像でも見られたが（図7-1・図7-2など）、やはり、その「過剰さ」の度合いはこの作品が一番ではないだろうか。

さらに、それらの障子が前景で圧倒的な存在感でもって、大きく提示されていることも看過できない。というのも、そうした障子が、後景で小さく映る千恵蔵との対比でいっそうの遠近感を醸成しているからだ。前景の障子が存在感をもって大きく映る分だけ、後景で小さく提示される千恵蔵との間にある距離が長く感じられる。ちなみに、ここでは、遠近感はモノと人との関係で醸成されているが、それが人物間によって表現されることも多かった。『しとやかな獣』で盗み聞きする母親もそうだが（図7-2）、スコープ映画では、前景に位置する人物が、もしスタンダード映画ならそれだけで画面がいっぱいになってしまうほど、大きく捉えられていることがよくある。前景に存在感のある人物がしばしば登場しては、後景の人物との間にある距離を想像させ、遠近感を生成するのである。また同時に、こうした「ナメ」の撮影は、遠近感を生み出すためだけでなく、空間を「埋める」ことも期待でき、スコープ時代、有効な撮影法として重宝された[40]。こうして、同時代の奥行きの創造には、かつてのスタンダード画面ならいっぱいになるほど大きなクロースアップの前景が用いられるようになったのである。

とはいえ、『明治天皇と日露大戦争』（スコープ版）では、一人の人物がアップで捉えられることがほとんどなかったように、初期の頃は特に、クロースアップの使用に困惑する監督・スタッフが多くいたのも事実である。内田吐夢もその一人で、一九五七年に「大型の構図としては、ロングはよいが、カメラが接近すると乱れる」と答えている[41]。またキャメラマンの高村倉太郎は「はじめの頃はアップの顔の両脇があいてしまうのを気にして画面の両端に顔を入れたり、いろいろ考えましたけど、だんだん気にしなくなりましたね」と当初、クロースアップを用いるのに戸惑いがあったことを告白している[42]。

画面が拡大したとき、撮影技術による人物の拡大はどう処理されたのか。本章の最後に、クロースアップに対する監督たちの反応を見ておこう。

拡大する人物

ボードウェルによれば、アメリカではスコープ映画の製作が開始された当初、監督たちは技術的理由でクロースアップを使うことが困難だった。というのも、広角レンズなどの短焦点レンズを用いて人物の顔をアップで撮ったとき、キャメラに装着されたアナモフィック・レンズの影響で、顔に歪みが生じてしまうからだ。だが、やがて、パナビジョン社が高性能のアナモフィック・レンズを市場に導入したおかげでその問題は改善に向かい、一九六〇年代後半には、接近したフレーミングをおこなえるようになる。(43) そして、その結果、ショットのスケールにも変化が生まれた。

スタンダード時代、多くの監督は膝から上を映したショットからミディアム・クロースアップ（バスト・ショット）までを使って画面に変化をつけていた。だが、ワイドになって、膝から上のショットはあまり見られなくなり、ミディアムから超クロースアップまでの狭い範囲で仕事をするようになる。(44) つまり「寄り」の画面が増えたわけだ。日本においても上記の歪みの問題は存在した。(45) ただ日本の場合、高額なレンタル料金が障害になってパナビジョン社のアナモフィック・レンズはあまり普及していなかったようで、製作者は歪みを防ぐために、プロクサー（接写レンズ）を付けて、アップでもなるべく長焦点になるようにして改善を図った。(46) その成果は一九六〇年代初頭にすでに見られ、『明治天皇と日露大戦争』のようなスコープ映画最初期には確認できなかった、極端なクロースアップが使われるようになっている。

一九六一年の『かげろう侍』（池広一夫監督）で、若侍役の市川雷蔵が悪漢を退治し、ヒロイン役の中村玉緒と抱き合ってキスをする場面がある。キスの最中、キャメラは雷蔵の目元を超クロースアップで捉え、彼の目が開く瞬間を極端に接近して収める（図7-11）。すると次には、その開いた目から捉えられた、つまり雷蔵の視点から撮られた、玉緒の閉じた両目が画面いっぱいに映し出される（図7-12）。この一連のショットはおそらく、映画史上最

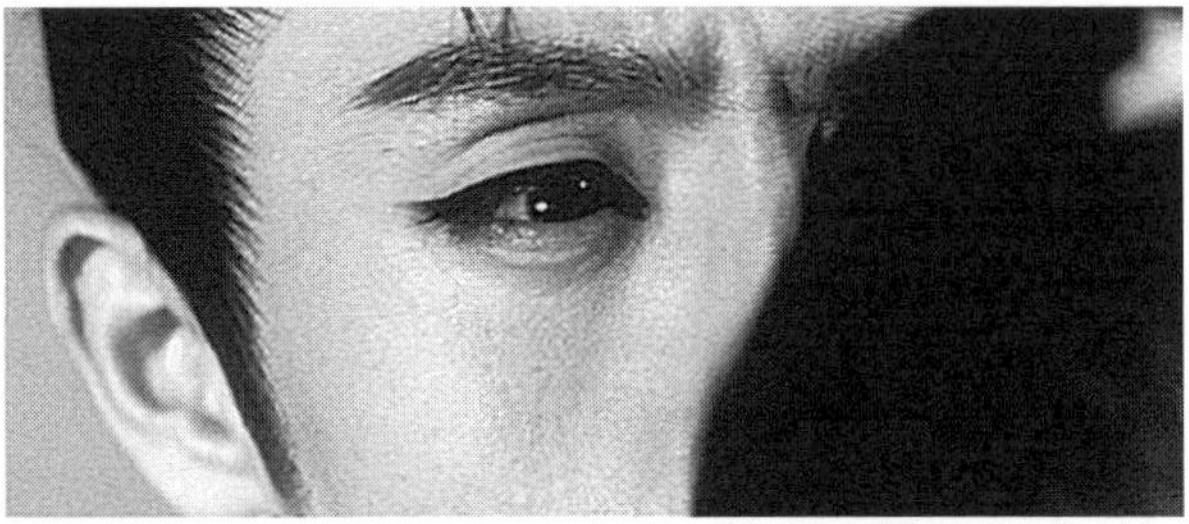

図 7-11　『かげろう侍』の一場面

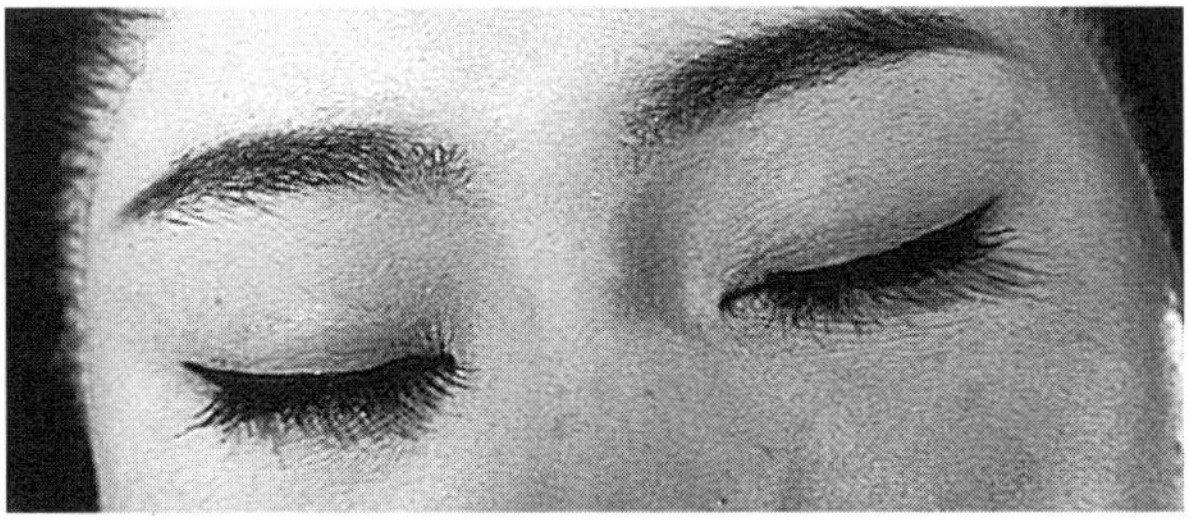

図 7-12

大サイズでおこなわれた切り返しショットだろう。この時代に「寄り」のショットが増えたために、このラブ・シーンでは、さらに「寄って」みせようという意図があったのか、キスの最中であるがゆえに、二人の顔が極限まで接近していることを含意しているのは間違いないとしても、この頃から、アクセントとして用いられるようになった人物のクロースアップは、より大きく、「過剰な」ものに変化していった。しかも、この「過剰さ」は、撮影常識を覆してみせるほどの「過激さ」を伴っていたのである。

同様の超クロースアップは、オムニバス時代劇映画『股旅三人やくざ』（沢島忠監督、一九六五年）の三話目の冒頭にも確認される。ここでまず観客が目にするのは、登場人物の口元である。その人物が、誰であるかわからないほど、口元にキャメラが寄っている。それから、キャメラは移動する人物を追いかけ、徐々に顔が明らかになり、その人物が中村錦之助であることがわかるのだが、ここでは顔の一部を映した超クロースアップ（図7-13）から顔全体を提示したクロースアップ（図7-14）まで、一五秒のワン・ショットで撮られている。通常の、少なくともスタンダード作品における冒頭なら、キャメラは相手がどれほどのスターであったとしても特定の人物を一五秒もアップで捉えようとはしない。スタンダード映画では大抵、これから登場する人物がどんな場所にいるのかというエスタブリッシング（状況設定）・ショットで始められ、その際キャメラは比較的引いた状態で撮られるのが普通である。だがスコープ映画では、たとえ人物のアップが一五秒続こうとも、その両側の隙間から背景を確認できるので、観客はどんな場所にその人物がいるのか推測できる。この作品では観客は、錦之助のアップの顔を見ながら同時に、背後に広がる田園の風景を視界に収め、彼が長閑な自然の中を移動していることを把握できるわけだ。こうして、この映画の監督・沢島忠は、スコープ映画ならば、「過剰な寄り」のショットでも、エスタブリッシング・ショットとして機能させることが可能だということを、証明して見せたのである。それはまさに、スコープ映画の到来がもたらした、映画演出の新機軸だった。

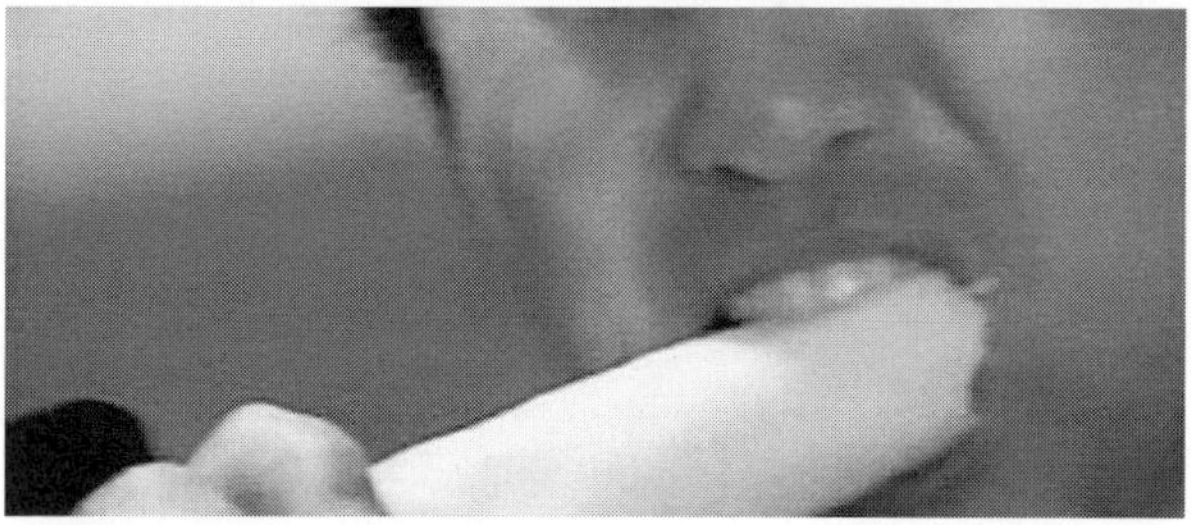

図 7-13 『股旅三人やくざ』の 3 話目の冒頭

図 7-14

ワイドスクリーンの可能性を求めて

これまで見てきたように、スタンダードからワイドへのスクリーンの転換は、日本映画の撮影様式に多大な影響を及ぼした。盗み聞きの場面に象徴されるように、それまでカットを割って撮影されていた場面が、しばしば同一画面で捉えられるようになり、川島雄三や黒澤明、加藤泰のような作家が自らの

「個性」を発揮する場にもなった。ただ、ワン・ショット内で表現可能な演出の幅が広がったからと言って、一般的にショットの平均時間が長くなるということはなかった。スクリーンの拡大によって監督たちが強いられたもっと大きな演出上の変化は、むしろ、被写体をそのスクリーンにどう収めるかという構図の問題だったのである。

たしかに、拡大した空間は、スタンダード映画に慣れ親しんだ監督たちにとって、扱いにくいものだったに違いない。最初期の頃は特に、多くの監督はどのように人物を配置していいのかわからず、複数人を常駐させては、大きな空間を補塡するために横並びに整列させていた。その整列は、横長の画面の特性もあって、しばしば視覚的に「過剰に」誇張されて伝えられたが、大画面の特性に自覚的になっていくにつれ監督たちはその「過剰さ」を逆手にとり、特徴的な撮影様式をどこまでも推し進めようと図った。それにより、ここでも、彼らの「個性」が形＝構図となって浮かび上がってくるのである。

よく知られているように、縦横比一：一・三七のフレームで確固たる構図を確立し、独自の文体を築いた小津安二郎は、決して一：二・三五のスクリーンで映画を撮ろうとはしなかった。その一方で、スコープ時代の独創的な作家たちは、小津が拒否したワイドスクリーンの可能性を追求して、自らの撮影様式を深化させていったように思われる。新技術として導入され、さまざまな製作上の問題を投げかけたスコープ映画は、それでも、新たな映画的想像力の発掘に大きく貢献し、テレビとの差異化の切り札とされるようにもなったのである。

次章では、そのことをさらに具体的に見ていくため、スコープ映画におけるフォーカスの問題に対して、本章でも紹介した「個性的」な監督、加藤泰がどう立ち向かったのかを精察しよう。

第8章　ワイドスクリーンの達成
——映画演出の美学

加藤泰映画の「奥行き」

　加藤泰はいくつかの特徴的な撮影スタイルを駆使して映画を撮った、映画史的に見ても稀有な映画作家である。彼のキャメラは、低く（ローアングル）、動かず（フィックス）、途切れない（長廻し）。彼は独自のスタイルでの撮影にこだわり、妥協を許さない映画製作を実践していった。だが一方で、そうした徹底した映画作りが予算と時間の超過を招き[1]、その上、興行的にもいまひとつだったので、彼と会社との関係は必ずしも良好というわけではなかった。もっとも、このように、ある種、商業性を無視してまで独創的な映像美を追求した加藤泰だが、一九五〇年代の映画好調期にすでにテレビへの対抗策という産業的要請を担わされた新たな技術たるスコープ映画に対しては、それが映画製作にさまざまな問題を生み落としていたにもかかわらず、好感触を抱いていたようだ。自ら「［シネマスコープのほうが］ありがたいんです」と語り[2]、周囲からも「日本の監督の中では実に見事にシネマスコープを使った」と評されている[3]。本章では、このように自他共に認める、加藤泰とスコープ映画との相性の良さに注目し、前章で指摘したスコープ映画の最大の課題と言える、フォーカスの問題を含んだ奥行きの創造について、彼がどう対応し演出していったのかを精察する。彼の映画の助監督または脚本家を長年務めた鈴木則文は次のように証言する。

最初のシネマスコープについては、僕も分からないですけど、シネスコになって焦点深度が浅いからとすごく困ってましたね。その頃から縦は無限であるようなことを言ってましたからね。つまり縦の構図が加藤演出の基調です。それでぼけてもいいから、やっていくうちにたくさん使えると言っていました。[4]

ローアングルや長廻しなど、多様な撮影スタイルを活用し映画を撮った加藤泰。そうした彼の演出の基調が、奥行きを利用した演出である「縦の構図」だと言明されていて、スコープ映画になってもフォーカスの問題に関係なく、自らのスタイルを貫こうとしたことがこの証言からうかがえる。実際、彼の奥行きを意識した映像表現は、次の作品例からも確認できる。

筆者は加藤泰が生誕一〇〇年を迎えた二〇一六年秋に、京都・大阪で二回、加藤映画の常連スタッフであった美術監督の井川徳道氏とトークセッションをおこなったが、その両方で加藤泰の代表作『緋牡丹博徒　お竜参上』(一九七〇年)が美術との関連で話題に上った。[5] この作品は浅草を舞台にしているが、印象的な場面では決まって後景に「凌雲閣」が映し出される。今戸橋、六区通り、淡島明神など浅草情緒を醸し出す場所に、かつて実在した「凌雲閣」が遠くに、映像的には「ぼけて」いようとも構わず姿を見せるのである。特に主人公のお竜を演じる藤純子と相手役の菅原文太が絡む有名な雪の今戸橋のシーンでは、美術的な建物としては橋と背景の凌雲閣しか存在せず(図8-1)、それが却って観る者の情感を刺激する。井川によれば、自らの美術案に対して、普段から加藤泰はほとんど注文をつけることがなかったようで、実際の位置では凌雲閣が背景に見えるはずがなくともスケッチで描くと(図8-2)採用されたという。こうして、繰り返し人物の背後にそびえ立つことになったこの建物は、大正時代までは浅草のシンボルであり、浅草の雰囲気を伝える重要な美術的役割を担っているわけだが、くわえて、映画のラストで、お竜と浅草六区の興行を支配しようと企むやくざ一味との決闘の舞台となるのがこの凌雲閣であり、物語が映像通りに、ある一点（凌雲閣）に向かって収斂していく印象を与える。物語が順調に進展し、ラストの舞台にお竜たちを円滑に届ける意味でも、要所で背景に姿を見せる凌雲閣は不可欠だったのである。

図 8-1 『緋牡丹博徒　お竜参上』の一場面

図 8-2 井川徳道のスケッチ（井川徳道『リアリズムと様式美――井川徳道の映画美術』ワイズ出版，2009 年）

むろん、こだわりをもった映画作りをするこの監督が、それほどの確固たる意志で表現する「縦の構図」については、これまでも評論家の山根貞男らが、印象的な場面を取り上げて、卓越した分析をおこなってきた。それに対して、本章で実践したいのは、加藤泰映画の「縦の構図」の分析を、より徹底的に作品全体にわたって展開することである。上記の『お竜参上』の一例だけを見ても、加藤泰がスタッフの協力を得ながら随所で、奥行きを使った映像表現を心がけていたことがわかる。点在する「縦の構図」の場面を結んで、そこに何が浮かび上がるのか、まだ不明瞭な地点から彼が実践した演出術を浮上させたい。その分析の試みは、スコープ映画が先天的に抱えたフォーカスの問題に関して、映画作家の想像力がそれを克服し到達した成果を明らかにする作業と言える。

そこで以下では、加藤泰の一九六四年のスコープ映画作品『幕末残酷物語』を取り上げ、そこに見られる奥行きを利用した映画演出の詳細を、全編にわたってテクスト分析を展開し明らかにしていく。そしてそこに、フォーカスの問題を乗り越え、新たな映画的想像力の開花が見られるのか、注目して見ていきたい。

『幕末残酷物語』という残酷映画

『幕末残酷物語』は、その冒頭から異様な空気がフィルムの表層を覆う映画である。新撰組が池田屋襲撃を終えたばかりのところから始まる場面、隊士たちは皆一様に冷徹な表情を浮かべている。加藤泰はその光景を超広角レンズで撮ることによって歪んだ世界に演出し、これから残虐な殺戮集団として描かれていく新撰組のフォルムをフィルムに浸透させる。なるほど、この冒頭の演出はこの作品が一九六〇年代はじめに流行した残酷時代劇と呼ばれるサブ・ジャンルの一つであることを視覚的に強調したものと言えるだろう。次章でも述べるように、残酷時代劇とは簡単に言えば、字義通りストーリーが残酷であったり、グロテスクな映像が強調されたりする映画で、代表的なものに『切腹』（小林正樹監督、一九六二年）や『武士道残酷物語』（今井正監督、一九六三年）などが挙げられる。

この作品にもグロテスクな映像は多分に見られる。「凄まじさを前面に押し出し、集団時代劇として売って下さい」というプレスシートの「宣伝ポイント」が物語るように、ほぼフィルム全編にわたって人殺しと、その都度大量の血が流される。その過激な暴力描写が影響してか「初公開時には早々に打ち切られ、以後、二番館や名画座では上映を見合わせたという」[6]。全般的に十分な興行収益を上げることができなかった加藤泰作品の中でも、この作品は彼の興行的不振を象徴する作品と言える。そして予想通り、当時の批評家たちの『幕末残酷物語』に向ける評言も辛辣である。映画公開当時の『キネマ旬報』の批評は「総体的にはあまりにも陰惨」と一蹴し[7]、新聞紙上でも「全編、殺りくと血のにおいにみちみちた異常な映画であった」、「残虐の鋳型にはめこんだ」といった判で押したような残酷批判が展開されている[8]。こうした批判が出てくるのも、加藤泰が残酷さを強調したことを自ら語っている以上、仕方のないことだと言えるかもしれない。[9] だが、加藤泰はこの作品を「残虐の鋳型にはめこんだ」映画などにはしていない。もし「残虐の鋳型にはめこんだ」人がいるなら、それは『幕末残酷物語』を残虐さと結びつけてしか考えることのできなかった批評家たちの方である。彼らはフィルムの表層に浮かんでくる残酷な映像に眼を奪われ、加藤泰が実際にどのような演出を展開したのかについては無視し続けている。さらに言うなら、この作品における男と女の恋愛、すなわち、新撰組という殺戮集団の中で障害を乗り越えて愛し合おうとする江波三郎（大川橋蔵）とさと（藤純子）の揺れ動く恋を、加藤泰が空間の奥行きを利用して精緻に描ききったことについては、誰も語ろうとしていない。

空間のダイナミズム

江波とさとの出会いは、江波が新撰組への入隊を拒否された後に訪れる。江波は入隊を志願したが、気弱で剣の腕も立たないため入隊させてもらえなかったのである。隊士たちに莫迦にされた江波は腹を切って自害を試みる。しかし、気は失うものの未遂に終わり、その思い切った行動が認められて入隊が許可された江波は、屯所の中で目を覚ます。そしてその目の前に、隊士たちの世話をしていたヒロイン・さとがいた。

この場面はまず、江波の視点から見たさとの愛らしい笑顔がクロースアップで示される（図8-3）。次にキャメラはさとの視点から、さとを見ていた江波の顔を捉える（図8-4）。印象的におこなわれる視線の交換。唐突に訪れた二人の出会いが、両者の顔のクロースアップの切り返し編集から始まることで、二人が恋に落ちていくことを予感させる。案の定、二人が次に絡む場面では二人の心理的距離の近づきを示唆する会話がなされ、ここでも江波とさとが笑顔で視線を交換する切り返しがおこなわれる（図8-5、図8-6）。こうして二人の関係が親密なものに推移していくプロセスをわれわれは目撃するのだが、これら二つの場面でさらに注目すべきことがある。それは映像の運動である。

もっとも、映像の運動と言っても、両方の場面でフォーカスによる誘導によってわれわれの視線が向けられる江波は、傷を負った状態で動くことがままならず、運動能力を欠いている。ならば、加藤泰はどのように運動を表象しているのか。スコープ映画の焦点深度の浅さを示すように、二つの場面でフォーカスはほぼ一貫して江波とその周辺のみにしか合っていない。ただ加藤泰はその江波をある種の運動の軸に据え、江波の周辺の人物を動かして、フォーカスに入ったり、フォーカスから出たりという動作をその人物におこなわせることで、観客の視覚に刺激を

図 8-3 『幕末残酷物語』の一場面（以下同じ）

図 8-4

図 8-5

図 8-6

与えるのである。さらに加藤泰はそうした演出を、極端に異なったアングル、サイズで構成された一連のショットの中でおこなうことで、視覚的な運動感覚をより効果的に観客に伝達するのである。

例えば江波とさとが出会った場面。二人の切り返しが終わると、前景に大きく横たわる江波がいて、そのすぐ後ろにさとが座っているショットに替わる。どちらにもフォーカスが合っている。それから一八〇度カットが替わって、今度はさとが手前にいるのだがフォーカスから外れていて、その後ろにいる江波にフォーカスが合い、そのまた後ろにいる大勢の人物はフォーカスから外れている。ここで手前のさとが立ち上がり、フレーム・アウトしてから再度フレーム・インして立ち去っていく。次にさとと入れ替わるようにして、一人の新撰組隊士が江波の傍までやってきて、フォーカスに入ってくる。隊士の腹部のショットが挿入され、最後にまたもキャメラは直前に江波を捉えていた側と一八〇度反対の位置から、今度は手前に江波との接触はない別の人物を大きく焦点外で捉え、焦点内にいる江波を奥の方に小さく捉える。こうして観客の視線の先にいる江波はほとんど動かないものの、加藤泰は人物とキャメラ位置を動かして空間をダイナミックに使い、観客に視覚的な運動感覚を喚起させるのである。そして、こうした前後の空間をダイナミックに使う加藤泰の演出は、この後の二人の恋愛の表象に「奥行き」を与えるため、フィルム全体へと拡張していく。

孤独な視線

このまま二人の恋が順調に進展していくかに見えた矢先、二人の仲を揺るがす事件が起きる。江波は間者として忍び込んだ新入隊士を斬首する断罪役に任命され、怯えながらもその人物の首をはねたのだ。その事実にさとは大きなショックを受ける。断罪場面の後、さとは江波と顔を合わせる。だが、これまでと違って彼女の顔には笑みがない。江波に失望したような表情を浮かべるさとと、それを見て困惑する江波の顔が切り返しによって提示される

図 8-7

図 8-8

図 8-9

（図8-7、図8-8）。そして次の瞬間、江波の視点を担ったキャメラが江波から遠ざかっていくさとの姿を捉えると、カットが替わって二人の微妙な心理を象徴する「縦の構図」が現出する（図8-9）。

この「縦の構図」の場面、前景のさとと後景の江波の間に大きな空間が介在し、そこに確かな奥行きがあることをわれわれは確認する。さとと江波の大きさの違いからくる遠近感がわれわれに奥行きの存在を強く印象づける。

この場面以外でもこの作品で用いられている、人物の遠近を利用した奥行きの生成法は、前章でも紹介したように、加藤泰のみならず他の同時代の多くの監督たちによっても用いられていた。スコープ映画時代になり、監督たちは人物をより接近したショットで捉え始める。その理由については、スティーヴン・スピルバーグがスコープ・サイズで撮影することの難しさを告白し、クロースアップに傾倒する契機になったことを述べていたり[10]、キャメラマンの小林節雄が「クロースアップを撮った時は、すきまなく安定感のある画面が出来て、これはいいと思った」と語っていたりするように[11]、拡大した画面における構図の問題に起因する部分があるだろう。そして、そのように大きく捉えられるようになった人物は、「縦の構図」の中で大きな前景として機能し、背後の後景と関係することで奥行きを生成したわけである。

くわえて、この場面では、両者の位置関係も奥行きの生成に深く関係している。ワン・ショット内で二人の空間的距離を最大にするために、両者をそれぞれ端と端、手前と奥に対角線的に配置することが選択されている。こうした三次元の対角線的構図もまた、ワイドスクリーン時代に奥行きを生成するために幾度となく利用されていた。前章では、その間に畳縁が通って、距離が視覚化されていたが、奥行きの生成の原理は同じである。

こうして加藤泰は、スコープ映画に適した有効な奥行きの生成法を実践しながら、二人の間に大きな空間＝距離を生み出した。物語の文脈を考えれば大抵の観客は、その不自然に空いた空間が二人の離反を示唆していることを察知できるだろう。そして多くの観客が理解できると同時に多くの凡庸な監督たちもそうした演出を簡単におこなうだろう。とはいえこの「縦の構図」には、より繊細に二人の離反について語る加藤泰のさらなる仕掛けが施されていることに、目を向けなければならない。

影で顔を覆われたさと。遠くにいる江波。われわれの関心は二人の表情ではなく自然と身振り、仕草に向かう。そして気づかされるのが、二人の視線のずれである。これまで二人は切り返しの中で視線を交換し、クロースアップの顔の表情と共に、互いの想いを観客に伝えてきた。だがこの場面で初めて、二人の視線が一致しない瞬間をわれわれは目撃する。さとはこっそりと江波に視線を送るのに対し、江波は自分を呼びに来た新撰組隊士の方に視線を送る。さとに向けられていた江波の視線が、新撰組に向けられるという、さとにとってそれだけは避けたかった視線の転換がおこなわれてしまうのである。加藤泰はこうして一方通行のさとの視線を描くことで、二人の間に生じた距離を、新撰組に染まりつつある江波に対するさとの心理的距離へと変換したのである。

もともと国弘威雄が書いたこの映画の脚本には、新撰組に染まっていく江波に対するさとの失望が「江波はん、わて……虫でもあやめるの嫌いどす」という台詞によって強調されていた。[12] だが、実際の映画ではその台詞の代わりに、視線の齟齬と空間的距離によって二人の離反が暗示された。ここには人物の視線や空間構成といった視覚的情報で人物間の微妙な関係、または特定の人物の内面を繊細に描こうとする加藤泰の意志が確認される。その意志はこの後も弱まることはない。

遠ざかる視線

江波とさとの離反を示唆する「縦の構図」を見たわれわれは、それが現実のものとなる場面に遭遇する。映画は断罪に次ぐ断罪で、この作品において直接的な批判の対象となっている残酷な斬首の場面がさらに二度描かれる。そこで二度とも、つまり全部で三度、断罪役として人の首を斬ることになるのが江波である。正確に言えば、三度目はすすんで介錯人を引き受け、命令によってではなく自らの意志で人の首を斬る。断罪役を務めるにしたがい、江波は殺戮集団として批判的に描かれる新撰組に同化していくのであり、当然のことながらそれにともない江波とさとの亀裂は深まる。

江波が断罪役を務める二度目、三度目の断罪場面にさとは姿を見せる（図8-10、図8-11）。さとはキャメラの方を向き、その先にいるであろう江波を見つめる。ただしこの場面には、脚本の段階ではさとが登場する予定はなかった。[13] 実際の映画通り隊士たちがその場の仕儀を見守っていることは脚本に記されているものの、さとがその場にいて江波を見ているとは記されていない。なぜこの場面に、加藤泰はさとを登場させる必要があったのか。

それは、さとが江波の視線を失い、江波に一方的に視線を送る存在になってしまったことを強調するためである。状況的にこの場面で、江波がさとの方を見ないのは仕方ない。人の首をはねる場面で、江波がさとに視線を送ることは不自然であろう。ただ加藤泰はその不自然な状況を利用して、さとをあえてこの場面に登場させ、孤独なさとの視線を強調したのである。こうして、二人の離反が示唆された「縦の構図」の場面でも、二度目、三度目の断罪場面でも、さとの孤独な視線は二人の関係を定義するのに重要な役割を担っている。物語の構成上、さとは江波との関係でしかスクリーンに登場せず、単独では姿を見せない。だが、そのさとの存在を加藤泰は軽視することはない。むしろ、江波に視線を送るさとを利用して二人の関係を精緻に語る意志を、加藤泰は徐々に明確化していく。そのことを明らかにするため、この場面のさとの表象についてさらに詳しく見てみよう。

図 8–10

図 8–11

二度目、三度目の断罪場面では、江波を見つめるこれまでのさととは明らかに違う点がある。江波との出会いの場面からずっと、さとはキャメラの前で大きく捉えられ、その顔の表情によって江波に対する想いが語られてきた。さとの愛らしい笑顔は江波への好意を表明していたし、初めて江波が首斬りを実行した後のさとの冷めた目つきは、江波への失望を表現していた。映画学者デイヴィッド・ボードウェルは、ワイドスクリーンで人物の顔が大きく捉えられるようになったことによって、役者は身体全体を使った演技から顔の演技が重要視されるようになったと述べているが[14]、まさにこの映画のさとのクロースアップからもそのことは理解される。ならばこの二度目、三度目の断罪場面では、さとはどんな顔をキャメラに見せているのだろうか。ここで、さとに感情移入することを期待しながら彼女に視線を送る観客は挫折を味わう。さとはキャメラから遠く離れて空間の深部に位置するからである（前掲図8-10、図8-11）。しかも、二度目より三度目でより遠くに、画面のより奥深くにさとは位置している。その深さは、ここでも前景（隊士）と後景（さと）の大きさの比較から十分なものとして観客に認知され、加藤泰は観客の期待を裏切るかたちでさとを遠ざける。だが、実はそれは裏切りでもなんでもない。ただ、加藤泰は自らの演出に一貫性をもたせているだけなのである。すなわち、江波とのつながりでしか登場しないさとは、江波に心理的に近づいていたとき、江波とのつながりが強く、はっきりとクロースアップや切り返しによって自分の存在を提示することができた。しかし、江波に心理的な距離を感じ始めた今、さとは自らの存在意義を無効にするようにキャメラから遠ざかり、空間の深部に移動する。こうして最初から、加藤泰はさとと江波の関係を、江波に視線を送るさととの空間上の位置どりによって表現していたのであり、われわれはそれによって、さとの揺れ動く心のうちを文字通り看取できるのである。そして、そのさととの存在はこの後も江波との関係を語る上で欠かすことのできないものとなる。なぜなら、さとの視線が欠けたとき、さとがこの映画から去ったことを意味し、二人の関係は終わりを迎えるからである。

日常化した断罪

さて、これからのさとと江波の関係を見ていく前に、江波に対するさとの気持ちに大きな影響を及ぼした断罪場面がどのように描かれていたかについてふれておこう。映画全体では四度の断罪場面があり、そのうち三度江波が断罪役を務めた。簡単に人殺しを実行してしまう新撰組を観た観客はそこに残酷さを感じるわけだが、その断罪場面で加藤泰は人殺しが日常化してしまっている新撰組の体質を視覚的に表現し、その残酷さを強調する。

繰り返される断罪の場面は、文字通り繰り返される。われわれは断罪場面に遭遇するたびに、既視感を覚える。というのも、それら断罪場面のワン・カット目に注目すると、その構図・大きさ・照明・アングルなど、一枚の画を構成する視覚的要素が似ていて、相似をなしているからである（図8-12〜図8-15）。やや俯瞰で撮られたそれらのショットの中景では、屋内にいる近藤勇（中村竹弥）がキャメラに背を向け、暗い影を身にまといながら座り、

図 8-12

図 8-13

図 8-14

図 8-15

後景では屋外にいて斬首される者の姿が今にも消えてしまいそうなほど、白い光で照らされる。この明暗の強い対比が印象的な「縦の構図」の中で、近藤は、今から人が死のうとしているのに、傍にいる沖田総司（河原崎長一郎）の体調を気遣うなど平然としていて、対照的に、斬首される者は悲痛な叫びを近藤に向けて発している。こうして、視聴覚的に強調される中景と後景の位相差・齟齬は、残酷な場面にいる残酷な人間（近藤）の存在を強調する。そして、このショットが何度も画的に変化なく繰り返されることで、非日常的な光景がパターン化され、日常化してしまった光景としてフィルムに収まってしまう残酷さをわれわれは目撃するのである。

消えた女

日常化してしまった非日常的光景に、溶け込む者（江波）と溶け込むことができない者（さと）。その離反していく両者が同一フレームに溶け込んで接触する場面が訪れる。

翌日出陣することになった江波は他の隊士たちに混じって宴会の席にいる。その場面、ロング・ショットのフレームの中に大勢の人物がいて、江波は右端の奥に位置する。そしてそこに、さとが酒を運んでやってくる。さとは部屋に入ってくると、隊士に押されて江波にぶつかり、二人は顔を合わせる（図8-16）。久しぶりの接触。ただ、われわれの視線が接触した二人に向くかというと必ずしもそうではない。画面は一貫してロング・ショットで撮られていて、大勢の人物が宴会で絶えず動き回っている空間の中で、後景にいる江波とさとが顔を合わせたことなどは、漠然とその場を見ている者なら看過してしまうし、その上、途中から前景の人物が邪魔してさとの顔がはっきり見えないのだから、よけいにわれわれの視線は二人に向かない。二人の接触はあまりに軽視されている。本来なら、主役の男女が人ごみの中で、出会ったり抱き合ったり喧嘩したりと、何らかのアクションを起こす場合、監督はその二人を周囲の環境から切り離して、二人に寄ったショットや二人を交互に収めた切り返しショットを使う。

それによって、観客の視線は無事二人のもとに行き着くことができる。しかしながら、加藤泰はさとと江波が顔を合わせたこの場面で、二人の様子を仔細に捉えるようなアップのショットへと切り替えようとはしない。大勢の隊士の中に埋もれたかたちで提示するだけである。だがそうした現実こそ、つまり二人の接触が観客の注意を積極的に引かないという現実こそ、加藤泰が二人の今の状況を積極的に表現した演出なのである。思い返してみよう、二人が出会った頃、新撰組から抜け出したかのように二人が嬉しそうに視線を交換すると同時に愛情を交換していたことを。われわれはその二人をはっきりと注視することになった。だが、今の二人は新撰組から抜け出すほどの強固な愛情関係で支えられているわけではなく、逆に新撰組の影に覆われてしまい、われわれは二人の存在を文字通り見失ってしまう。

さらに加藤泰がこの場面で、二人の表情を仔細に見せるための切り返しを使わない理由がある。それは、江波に視線を送るさとの存在が一貫性を失ってしまうからである。この場面で切り返しが使われるなら、さとはある程度の大きさで提示され江波を見つめることになるだろう。それゆえ、前述したようにさとの空間上の位置どりによって彼女の微妙な心理を語ってきた加藤泰は、ここで切り返しを使うことができない。というより、断罪場面で脚本には登場しないさとを登場させてまで、さとの気持ちを反映するようにさとを空間の深部へと追いやった加藤泰は、ここで切り返しを使うはずがないのである。そしてこの後、綿密に設計されたさとの位置どりが江波との関係について、新たな展開を示唆する。

江波と顔を合わせたさとに隊士たちが抱きつこうと迫ってくるため、さとは江波と特にやり取りもないままその場を離れ、逃げるように前景の中心までやってくる（図

図 8-16

図8-17

図8-18

8-17）。逃げるさとに抱きつこうと群がる隊士たち。われわれの視線は前景の中心にいるさとへ、この場面で初めて確実に向けられ、隊士たちに襲われるさとがどうなるのか心配するわけだが、ここで後景にいた江波がそれを黙視することなく、さとを助けに前景まで歩み出る。江波の助けによってさとが無事隊士たちから逃れることができると、前景の中心では江波と一人の隊士が対峙する（図8-18）。二人は今にも斬り合わんばかりの様相を呈している。三度の首斬りを実行して、初めの気弱な青年ではなくなった江波がどのような行動をとるのか、画面に緊張が走るのだが、ここで忘れてならないのは、そのように変わってしまった江波の非道ぶりを遠くから見てきた「さとの視線」である。江波が二度目、三度目の首斬りをおこなった場面では、さとは空間の深部に小さく捉えられていた。ならば江波が隊士と今にも斬り合いを始めんとするこの場面では、さとは一体どこにいて江波に視線を送っているのだろうか。もし江波がこのまま斬り合いを始めれば、二人の関係が確実に終わりを迎えるであろうこの瞬間に、しかしさとの姿はすぐに見当たらない。ついに「さとの視線」が欠けてしまうのか。

　だが、さとはフレームの中にきっちりといる。フレームの中にいて、断罪場面と同様に江波に視線を送っている。そのさとの視線を確認できるのは、前景で江波と対峙していた新撰組隊士が江波との闘いを回避する瞬間である。

隊士はくるりと身を返して斬り合いを避けると、後景が明らかになり、そこに江波に視線を送るさとが姿を現す（図8－19）。われわれが江波に注目している間、隊士から逃げることができたさとは、いったんフレーム・アウトしてから前景の隊士の後ろに廻り込むようにフレーム・インしていたのである。どうして加藤泰はこのように手の込んだ演出、つまり、わざわざさとを前景の隊士の背後に廻り込ませるような演出をおこなったのだろうか。たしかに前景が後景を覆ういわゆる「ブロッキング」と呼ばれる演出は珍しいものではない。むしろそれは昔から、「奥行き」を使って特定の心理的効果を観客に与える演出として恒常的に用いられてきた。ボードウェルは古くはチャップリンがその演出を利用して笑いを生み出していたことを述べているし、[15] 木下千花は稀代の芸術映画作家・溝口健二の演出術を解き明かす一つの観点として注目している。[16] あるいは、この作品と同時代の一九六〇年代の日本のスコープ映画においても、「ブロッキング」が観客の心理を刺激するように用いられていた。例えば『豚と軍艦』（今村昌平監督、一九六一年）の終わりで、主人公が街中で殺されて運ばれていく場面がある。主人公の死体を見て泣き叫ぶヒロインの姿をキャメラが大きく捉えると、キャメラは徐々にヒロインから遠ざかり後退を始める。すると何人かの人物が前景にフレーム・インしてきて、その中の一人が彼女の前に立ち彼女を完全に覆ってしまう。われわれは後景で泣き叫んでいる（であろう）ヒロインの存在が気になるが、その彼女の姿が確認できないために緊張を強いられる。

図8-19

同様にこの作品の、さとが前景の人物に覆われるこの場面でも、さとの視線をめぐって緊張が生まれる。ただ加藤泰は、特定の心理的効果を観客に与える目的だけで、さとに複雑な動きをさせているわけではない。加藤泰はさとを、前景の江波と対峙する隊士の後ろに隠すことで、経済的かつ奇跡的に二人の恋の行方を語ろうとしているのである。ここに、加藤泰の奥行きを利用した空間設計の極みが顕在する。

前景の隊士が江波との斬り合いを回避しその場から移動すると、後景にさとが現れる。そのさとの再登場の意味は、江波との関係が危機的状況を脱したということにほかならない。加藤泰は、江波と対峙する隊士の背後にさとを忍ばせることで、二人の恋愛が危機的状況から修復可能なものへと転換する様を、隊士の移動一つによって明示するというきわめて経済的な空間演出をおこなっていたのである。むろん、加藤泰がこの空間設計を実践した目的

図 8-20

図 8-21

図 8-22

は物語の経済性・合理性のためだけではない。隊士の移動は、二人が危機を乗り越え愛し合っていこうとする新たな舞台を創造するためにも不可欠な演出なのである。その舞台とは文字通りの舞台を意味する。約一分三〇秒にわたって展開されるこの宴会のシークエンスを、加藤泰は一貫して、フレームの地とセットの地を一致させたロング・ショットで撮影し、編集をせずキャメラも動かさず、演劇的・舞台的なフレーミングで演出した。そのような舞台的なフレーミングの中に、隊士の移動とともに新たにさとと江波のための舞台が創出される。江波と対峙していた隊士が左に移動し、それにより空間の左側に多くの隊士たちが、右側にさとと江波だけがいるように空間が二分される。さとと江波の間には一人として隊士がいなくなり、二人のためだけの舞台がわれわれの前に見事に姿を現すのである(図8-20)。そしてそのときわれわれは、このシークエンスの最初と同様に、クロースアップやキャメラの運動による二人の特権化がなされていないにもかかわらず、このシークエンスの最初とは違って、二人のもとへ確実に視線を送ることができるようになる。加藤泰は人物の配置と移動による空間演出を巧みにおこなうことで、さとと江波の関係が危機的状況から修復可能なものへと移る瞬間をごく自然に演出し、また二人が愛し合うことを予感させる舞台、二人の次なる恋愛のステージをいつの間にか創造していたのである。

事実、ワン・シーン=ワン・ショットのこの場面が終わって次の場面に移行すると、二人は出会った頃のようにクロースアップの切り返しで捉えられる(図8-21、図8-22)。江波の視線を感じることができたさとはわれわれの眼前で大きく提示され、二人の恋愛が次なるステージへと進んでいることを、われわれははっきりと認識するのである。

切断される視線

見てきたように、この映画の批判の的になっている新撰組の残酷さが、江波を変え、江波とさとの恋愛に影響を

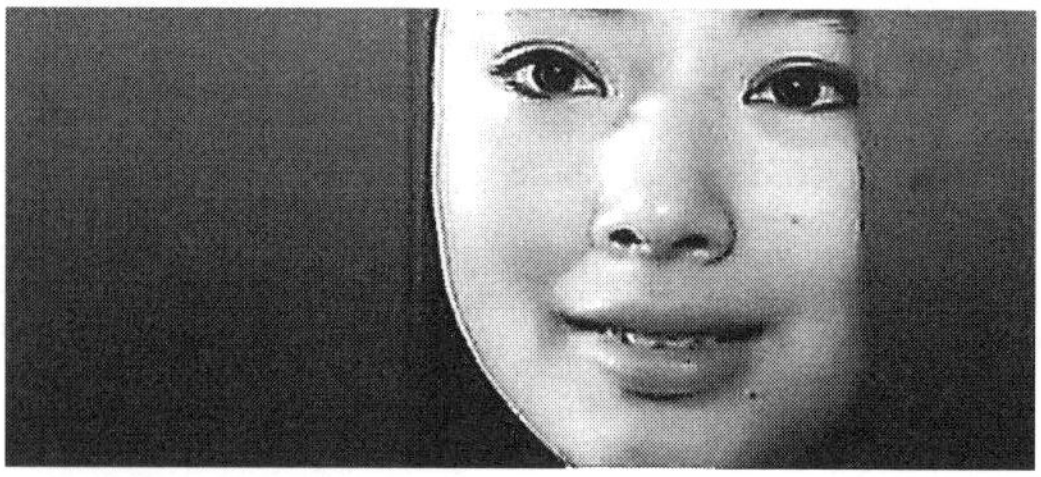

図 8-23

及ぼし、さとの心理的振幅に大きなうねりを生み出してきた。加藤泰はそうしたさとの江波に対する心の変化を、江波に視線を送るさとの空間上の位置どりによって表現してきたわけだが、いよいよ江波が出陣する日の朝に見せるさとの姿にも、危機を乗り越えた二人が接近していく様子が見て取れる。

さとは格子戸の隙間から大きく顔をのぞかせ、江波が通りかかると嬉しそうな表情を浮かべる（図 8-23）。そのイメージは今にもさとが格子を打ち破り、キャメラの前に迫ってくるかのような印象を観る者に与える。断罪場面のときとは違い、江波に近づきたいというさとの想いが、そのイメージから強く感じられる。そうしたさとに向けて江波は、帰ってきたら一緒になろう、夫婦になろうと告げて抱きしめる。二人の互いに対する想いが最高潮に達する感動的な場面である。だが、この映画の残酷性がこのまま大団円で終わることを許さない。

出陣直前、江波は近藤をはじめ数人の隊士たちがいる場所に呼ばれる。江波の後を追う、さと。このときわれわれは江波とさととの恋愛に一抹の不安を感じる。というのも、近藤たちのいる部屋に入っていく江波の姿を見つめるさとが、いなくてもいい場所に姿を見せるからである。今まで江波に対する想いの振幅と同調しながら、キャメラからの距離を測ってきたさとが、今までもっとも深い位置から江波に視線を送っている（図 8-24）。江波への想いが最高潮に達している今、さとが最深部で小さく提示されることなど、本当ならあってはならないはずなのに。あれほど組織的に体系づけられてきたさとの表象が、突然破綻したことに、われわれは二人に迫る危機を感じずにはいられない。そして次の瞬間、嫌な予感は確信へと変わる。隊士の一人が部屋の襖に手をかけると、さとの視点からの主観ショットに替わり、江波を見つめるさとの視線が、はっきりと襖によって切断されるのをわれわれは目撃する（図8－25）。二人の関係が危機にあったときですらかろうじて保持されてきた江波を見つめるさとの視線が、近藤たちの手によって断ち切られてしまうのだ。このことは、江波とさとが彼岸と此岸に文字通り引き裂かれてしまう永遠の別れを意味する。実は江波は芹沢鴨の甥であり、坂本龍馬が送り込んだ間者でもあった。すべては近藤たちに近づくために、非情な人斬りと化していたのだ。間者であることが近藤たちにばれてしまった江波は、ついには近藤の指示のもと殺されてしまう。この残酷な結末を加藤泰は、江波とさとをつないでいた「さとの視線」を切断することで導いたのであり、どんな状況でも維持されてきた「さとの視線」が近藤たちの手によって切断されることこそ、誰も語ることのできていない、本当の「残酷」だったのである。

図 8-24

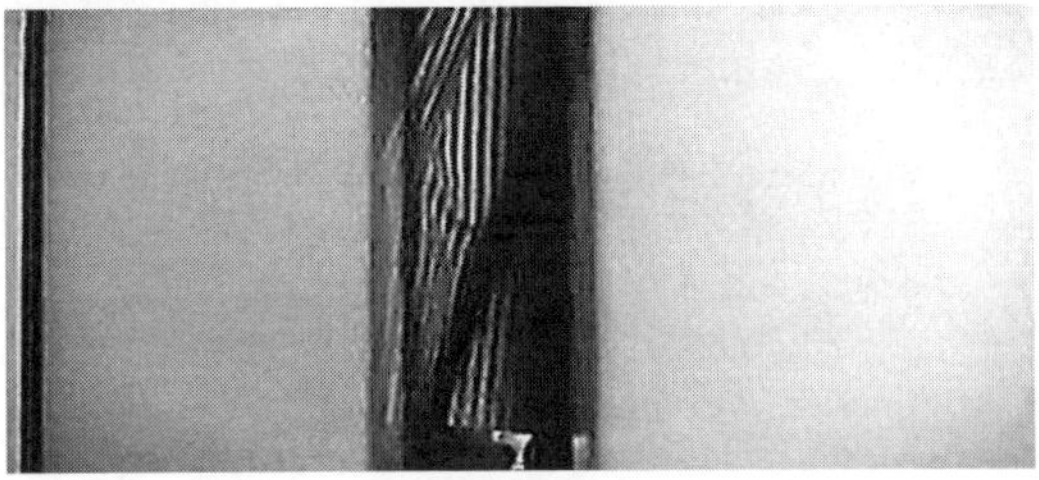

図 8-25

「縦の構図」の真価

スコープ映画の導入で生起したフォーカスの問題に対し、監督たちはどのように工夫して演出をおこなったのか。それを探るべく本章では「縦の構図」の監督・加藤泰の『幕末残酷物語』に着目し、奥行きを利用した演出がいかにして実践され、それがどのような力学を生み出し、類稀な映画的想像力として結実したのかを検証してきた。その結果、これまで残酷映画の範疇で表面的に語られてきたこの作品が、確かな「奥行き」をもった表情豊かな作品であることが立証された。

この作品で加藤泰は同時代の監督たちも実践した、遠近感、三次元的対角線、人物の重なりといった手法で奥行きを生成し演出をおこなっていた。とはいえ、加藤泰はただ単に同時代の支配的な演出法に従っていただけではない。彼は特定の人物の内面、人物間の心理的距離といった視覚的には測定しにくいものを、奥行きを利用して繊細に肌理細やかに描こうと決意していた。彼はさとの揺れ動く心を描くために、「縦の空間」の中で彼女をどこに配置し、どのように彼女に照明を当て、どのような身振りを彼女にさせるのかということを常に計算しながら演出をおこなった。そして、そうした緻密に計算されたショットの連辞の中でわれわれは、加藤泰が創造した真の「縦の構図」に出会うことになったのである。

スコープ映画の出現以来、頻繁に利用されるようになっていった大きなクロースアップは、加藤泰にとっては必ずしも人物の表情を仔細に見せるための演出ではなかった。彼はこの作品でクロースアップをショット間の比較のために利用した。眼前で大きく捉えられるさとがいる一方で、空間の深部で小さく捉えられるさともいる。われわれは、江波を見つめるさとの位置が江波との心理的距離に応じて空間を前後に移動することで、彼女の心理的振幅を視覚的に体験し、またそれが組織的に一貫して描かれることで、江波に対するさとの想いの持続を看取することができた。つまり加藤泰は、一つのショットの中で奥行きを計算するだけでなく、そのショットが集積して完成する一本のフィルムの中で、奥行きのあるものからないものまで、幅広いショットを組み合わせて人物の心理的推移を描くという、ダイナミックな「縦の構図」を実践したのである。そして、加藤泰がこの作品で見せた、こうした「縦の構図」のダイナミズムこそが、スコープ映画のフォーカスの問題をはね返し、「奥行き」を利用して演出を深化させた映画的想像力の発露であると言えるに違いない。

「シネスコ」と「ビスタ」

こうして加藤泰作品を取り上げて、スコープ映画の美学的達成を明らかにしてきたが、やがて、この製作フォーマットにも衰退が訪れる。前章でも述べたように、一九五七年に導入されたスコープ映画は、カラー映画と比べて製作費を抑えながら新興のテレビ・メディアに対抗しうる特長を備えていたことから、急速に普及し、わずか三年で一〇〇%に近い製作フォーマットになっていた。たしかに、製作の現場にはフォーカスや構図の問題を生み落としたものの、加藤泰のように、それに適応し映画的想像力を発揮する映画作家がいて、定着を見たはずであった。けれども、例えば、東映の最新の社史である『東映の軌跡』の資料を見ると、[17]東映が製作・配給・宣伝に関わった作品中の「画面サイズ」の項目で、一九七五年に多くの「シネスコ（シネマスコープ）」に混じって「ビスタ（ビスタビジョン）」が七作品について表記されているのがわかる。

そもそもビスタビジョンとは、従来キャメラ内部で縦方向に流れる三五ミリ・フィルムを、特殊なキャメラを使用して横方向に流し、なおかつスタンダード・サイズの二コマ分を一コマとして撮影することで画質を向上させる方式であり、ワイドスクリーンの一種として日本では大映が初期には使用していた。その後、スコープ映画の時代が続くわけだが、前述のように東映のフィルモグラフィーでは一九七五年に再登場を果たした「ビスタ」は、その後数を増やし、一九八〇年には「シネスコ」が八作品であるのに対し、二二作品とついに逆転し、ワイドの主流となるのである。ただ、その「ビスタ」は当初の方式とは異なり、フィルムの性質が向上したことで以前のような二コマ撮影ではなくなり、単に上下をマスクして横長の映像としてスクリーンに投影されたものだった。そうして映写されたビスタ・サイズの映像は、いわゆるヨーロピアン・ビスタの縦横比一：一・六六かアメリカン・ビスタの一：一・八五をもっぱら構成し、日本では後者が採用されて現在まで主流となっている。

それでは、東映のフィルモグラフィーから見る、一九八〇年前後に起こったスコープ映画からビスタ・サイズ映画への製作フォーマットの移行の背景には何があったのだろうか。ビスタは、スコープ映画特有の厄介な機材であるアナモフィック・レンズを必要としないことから製作者に喜ばれたが、それよりも、映画コンテンツを取り巻く市場の変化がフォーマットの移行を考察する上で、重要な視点であるに違いない。前述したように、東映社史のフィルモグラフィーでは、一九七五年に「ビスタ」が登場したが、その年は、ソニーがベータマックスを発表した年であり、「ビスタ」が増加する八〇年代にかけて、ビデオ市場も急成長していく。すなわち、これまでの章で述べてきたように、映画館を主戦場としていた「映画」というコンテンツは、特に一九六四年以降、テレビの番組にも積極的に組み込まれるようになったが、今度は新たにビデオというメディアに乗って普及する必要性が出てきたのである。

商務省の調査では、映画製作会社の収入に占める割合が、一九八四年にテレビ一三%に対してビデオ一六%と逆転し、その五年後の八九年には、テレビ一一%とあまり変化がないのに対して、ビデオは二九%と急成長していることが報告されている。(18) こうしてビデオ市場が拡大するにつれて、映画会社は映画の二次利用での売上げを重要視するようになる。その際、縦横比一：二・三五とあまりに横に長いスコープ映画の画面がトリミングの関係上、不都合になっていったのである。(19) 一九五〇年代にテレビ・メディアに対抗して普及し、映画の相貌を一変させたワイドスクリーン映画は、八〇年代に新たなメディアの登場によって改変を強いられる。まさにワイドスクリーンは、映画がメディア間交渉を通して歴史を刻んできたことを象徴するものとして、映画史に刻まれる必要があるのである。

IV

もはやテレビなくしては

第9章　変貌する時代劇ヒーロー

——身のふり方とこなし方

変わりゆく時代劇

時代劇は映画を草創期から支えてきた伝統的ジャンルである。一九〇〇年代の頃より、日本映画の父と呼ばれる牧野省三が、日本初の映画スターとして名高い尾上松之助とコンビを組み、トリック撮影を用いるなどして子どもたちを熱狂させたし、二〇年代半ばになると、監督たちはそれまでの講談を中心とした子ども向けの話から、大衆小説を原作にした大人も楽しめる話へと内容を変え、ファン層を拡大していった。こうして、日本映画の草創期から、その発展に貢献してきた時代劇だが、一方で、テレビにおいても、一九六〇年代の成長期に大きな役割を果たしてみせた。

第2章でも述べたように、テレビ時代劇は一九五〇年代に低迷していたが、六〇年代になりそれまで人気だった推理ドラマやホームドラマを凌ぐ視聴率を記録していく。例えば、一九六九年十一月号『放送文化』に掲載された一九六三年から六九年同時期までの時代劇の視聴データを参照してみたい(1)。関東地方での時代劇の夜間の放送時間量(一週間合計)の変化を辿ると、一九六三年に三一五分だったのが、五年後には一二〇五分と四倍近くにまで上昇しているのがわかる。その一九六八年の、同じく関東地方での時代劇の夜間の接触率(一番組でも見た人の率)

を見ると、平日平均は一七％で、「探偵・推理・冒険ドラマ」の一八％に次ぐ全番組中（ドラマだけでなく、クイズやスポーツ、歌番組を含む）二位であったが、土曜日・日曜日の週末になるとそれぞれ二六％・三〇％まで上昇し、全番組中でトップの数値を記録した。特に日曜日は一九六三年から六九年までの本データにおいて、一貫して上位の接触率を記録し、家族が揃うことが想定されるその時間帯に、時代劇が大衆ともっとも接触していたのである。

くしくも映画界では、盟主の東映が一九六三年の『人生劇場　飛車角』を契機に、行き詰まった時代劇から任侠映画へと路線転換するなど、時代劇そのものが減産・衰退に向かう時代にあった。邦画五社（東映・大映・松竹・東宝・日活）の時代劇は、一九五七年には一三五本製作され、全作品の三六％を占めていたのに対し、一〇年後の六七年になると二〇本にまで激減し、わずか八％ほどにまで落ち込んでしまう。[2]そうした状況の中で、テレビ時代劇は伸長し、一九六四年には『三匹の侍』『隠密剣士』『続・隠密剣士』といったテレビ作品の映画化がおこなわれ、新聞でも取り上げられるなど話題を呼んだ。[3]時代劇の状況を見ても、映像娯楽メディアの趨勢は映画からテレビに傾いていた。それでは、一九六〇年代以降のテレビ時代劇の成長に直面した時代劇映画は、どのような態度に出たのだろうか。

スターたちの立回りを歴史的に考察した永田哲朗は自著の中で、「テレビに時代劇ファンを吸収された焦りが、テレビにないショッキングな迫力を大画面いっぱいに叩きつける」として、テレビとの関係で「残酷」時代劇の流行を話題に上げている。[4]前章でもふれたように残酷時代劇とは、一般的にストーリーが残酷であるか、「身体の切断」や「血の噴出」など身体的な衝撃を視覚的に強調した作品だと言える。そうした描写は、黒澤明の『用心棒』（一九六一年）や『椿三十郎』（一九六二年）に端を発し、また同時期には洋画で『世界残酷物語』（グァルティエロ・ヤコペッティ監督、一九六二年）のヒットがあり、以後過激なものへと傾斜していった。そもそもの黒澤のそうした身体描写は「リアリズム」として多くの映画人に受け入れられ、[5]それまで圧倒的な人気を誇っていた東映時代劇を

「華麗なる白刃の舞い――即ちチャンバラ・レビューである、ということを暴露」して[6]、一気に時代遅れにしてしまったのである。というのも、一九五〇年代に隆盛した東映時代劇は、第6章で述べたように、「御家族揃って楽しめる東映映画」を体現する明朗快活な映画であり、片岡千恵蔵、市川右太衛門、中村錦之助など、錚々たるスターが各自、歌舞伎のように立派な衣装に身を包んでは、「流麗に、舞を舞っているかのように、大勢の敵の間をすり抜け、敵方をばったばったとなぎ倒して」いく立回りがおこなわれていた[7]。そこに「美しさ」や「華やかさ」はあっても、「流血」や「身体の切断」はあまり見られなかったのである[8]。だから、そうした華やかな世界を創造していた東映の監督たち、例えば加藤泰は、『椿三十郎』のリアリティを伴った殺陣を目の当たりにして、大きなショックを受けた。「ペチャンコにやられました。やはりラストの殺陣がすばらしい。［中略］殺陣は、スタイル、ポーズよりも合理性をねらっている。この合理性を煮つめ、一種の美しさに達しているのはなんといっても演出の力です」と彼は素直に敗北を認め[9]、そこから自身を立て直すことで、前章で見たような作品を生み出したのだった。さらに、ある中堅監督は「チャンチャン、バラバラの剣の舞いはテレビで見ればいいので、もはや舞踊的立回りの時代ではなくなったんですよ」と[10]、東映的な「舞踊的立回り」の衰退とテレビへの移行を指摘している[11]。なるほど、こうしたいくつかの評言が物語るように、時代劇においてもっとも魅力的で目がいくのは、登場人物たちが繰り広げる身体の攻防であり、そうした身体表象に注目していくと、一九五〇年代の東映時代劇から六〇年代初頭の黒澤時代劇、さらには残酷時代劇へと向かう、時代劇映画の大まかな流れを把握できるわけである。

だが、こうした身体表象の系譜については、至るところで言及されているものの、それ以上議論は深化することなく、また新たな展開も見られない。一九六〇年代から七〇年代、テレビ時代劇が著しい成長を遂げていく一方で、製作本数が激減し危機を迎えた時代劇映画。その中にあって、衆目を集める使命を帯びたヒーローたちは、観客をつなぎ止めんと、どのような身体能力を働かせ、必死の抵抗を図ったのか、先行する議論からはそれを詳しく知ることはできないのである。

そこで本章では、そうしたテレビ時代劇の成長期に、困難な状況でも人気を博し流行を見せた時代劇映画を取り上げ、そこで見られたヒーローたちの身体の動き、その運動の軌跡を、丁寧に辿ってみたい。また同時に、そうして彼らが展開していった身体の攻防が、一貫して成長を続けるテレビ時代劇との交渉の過程で、どのような反応を見せたのかも検討する。映画とテレビで対照的な立場に立たされた時代劇群を比較し、人の交流も含めてそこにどういった関連性が見られるのかも確認していきたい。

成長期のテレビ時代劇と映画人たちの進出

まず、時代劇映画の展開を見ていく前に、そもそも対峙する成長期のテレビ時代劇とはどういったものだったのかを、もう少し詳しく見ておこう。

時代劇が映画とテレビの両方において、その発展に大きく貢献したことは前述したが、ここでより突き詰めて見ていくと、広義の解釈ではあるものの、それぞれの「起源」にも関係していることがわかる。現存する最古の日本映画のフィルムは一八九九年に撮られた『紅葉狩』であることはよく知られている。それは、九代目・市川団十郎と五代目・尾上菊五郎が共演した舞台を記録した、時代物のフィルムであった。

一方でテレビ放送においても、時代物の舞台劇がこちらは紛れもなくその始まり、起源であったことが確認される。一九五三年二月一日、NHKの古垣鉄郎会長の挨拶などに続いてテレビ放送された開局番組が、その舞台劇、『道行初音旅』（尾上松緑・尾上梅幸出演）であった。生放送に限定されていた当時の放送技術からすれば、舞台中継は絶好の番組であった。さらにNHKは、開局当初から、舞台劇でなく、テレビ・ドラマの「時代劇」にも挑戦していて、七月には岡本綺堂原作『半七捕物帳』を初の連続時代劇ドラマとして放送する。こうして、テレビにおいても最初期の頃から、時代劇が作られていたのである。

ここで、テレビ時代劇の変遷を、統計的な面から確認してみたい。能村庸一『実録　テレビ時代劇史』に掲載されている表をもとに、[12]新番組としてスタートした連続テレビ時代劇（単発時代劇は除く）の数の推移を簡単に辿ってみよう。テレビ放送開始元年である一九五三年には前述の作品、一本のみが製作された。次いで翌一九五四年になると、日本テレビでも製作され二本に、五五年は三本と、ここまでは微増である。それが、一九五六年になると、一一本と一気に増え、以降は、五七年に一五本、五八年に二三本と順調な伸びを見せながら、五九年には三七本と、また急増するのである。もちろん、こうした統計はあくまで時代劇の新番組がスタートした数を表したものであり、それ以前から放送されていた番組と併せて、毎年全体でどれくらいの量の時代劇が放送されていたのかを示したものではない。それでも、年を追うごとに、時代劇の新番組が相次いでいることから、その人気の高まりが見て取れるだろう。

そうして迎えた一九六〇年代はと言うと、前述の通り、『隠密剣士』（宣弘社製作、一九六二～六五年）や『三匹の侍』（フジテレビ製作、一九六三～六九年）といった映画化も果たすヒット番組が生み出され、さらには時代劇の枠を超え国民的番組となったＮＨＫ大河ドラマが六三年よりスタートするなど、量だけでなく質の面でも大きな飛躍が確認される。そうした中、テレビ時代劇の人気に便乗するように、一九六〇年代以降、時代劇映画のスターたちが相次いでテレビ出演を果たすのである。

一九六四年、大河ドラマ第二作目『赤穂浪士』で主役を張ったのが、当時は大映の重役でもあった長谷川一夫である。ＮＨＫの担当者が大映のテレビ室を訪れて交渉すると、「うちの重役が電気紙芝居にでるわけねえじゃねェか」と追い払われるが、後日、長谷川の方から話を聴きたいという申し出があって、出演が決まったという。[13]この一件からも、テレビを見下す風潮が映画界にはまだ存在する一方、テレビへの関心も高まってきているのが窺える。

それは、時代劇王国であった東映のスターたちにとっても例外ではなかった。

一九六四年から六五年に一年四ヶ月にわたって、東映の提携先である日本教育テレビ（NET）が製作・放送した『徳川家康』は、大河ドラマを意識した大型時代劇であったが、若き家康を北大路欣也が演じ、壮年期を市川右太衛門が演じたことで注目を集めた。「御大」と呼ばれた東映の重鎮スターの右太衛門が、主人公を実子から引き継ぐ役回りでお茶の間に姿を見せたのである。しかも東映は、放送期間中の一九六五年の正月に、映画で『徳川家康』（伊藤大輔監督）を公開し、家康をここでも北大路に演じさせるという、テレビと連動した試みを実践する。連動という観点で付言すると、一九七三年に東映は五〇年代の東映時代劇の象徴と言える『旗本退屈男』のテレビ版を製作し、NETが放送したが、主役の「退屈男」はやはり映画と同様に、右太衛門によって演じられた。それは、黄金期の東映時代劇をそのままテレビで復活させようという試みであった。

他の東映のスターたちも、相次いでテレビに出演する。もう一方の「御大」である片岡千恵蔵が、一九六五年に『落城』で本格的にテレビ・ドラマに出演すると、翌年には、東映時代劇のエースであった中村錦之助と大川橋蔵が、ついにテレビ時代劇に登場する。錦之助はNETで「中村錦之助アワー」とサブ・タイトルが付いた四本の単発時代劇に出ると、同じ年に今度はTBSで製作され一年間放送された『真田幸村』に主演する。この作品は、中村勘三郎・浅丘ルリ子・森雅之・杉村春子ら豪華な共演陣を擁して、かなりの製作費を使った大型時代劇であった。だが、期待に反して視聴率がさほど伸びず、また錦之助は慣れないテレビの製作現場に苛立っていたとも言われている。[14] そうして苦闘する錦之助とは対照的に、素早くテレビに順応したのが、大川橋蔵であった。

東映時代劇が変化を強いられる中、橋蔵も自身の殻を破ろうと、一九六〇年代になって大島渚監督の『天草四郎時貞』（一九六二年）や加藤泰監督の『幕末残酷物語』（一九六四年）など彼にとって異色と言える暗い雰囲気の時代劇映画に挑戦した。だが、前章で述べたように作品の興行成績が悪く、くわえて、ファン雑誌における反応も、暗く汚い役柄を否定し、明るい大衆向けの人物への回帰を求める声が多数を占め[15]、彼は映画での居場所を失いつつあった。そうした中で、橋蔵が取り組んだのがテレビの『銭形平次』であった。この作品はフジテレビと東映の共同製作であったが、原作者・野村胡堂の意向により、①容易に犯人を作らない、②侍や遊び人を徹底的にやっつける、③こよなく庶民を愛する、④健康で明るい捕物帳をめざす、という製作方針が定められた。それは、かつての家族揃っての東映時代劇を彷彿とさせる明朗な勧善懲悪のドラマであり、大衆が望んだ橋蔵の輝ける場所であった[16]。最終的には同番組は全八八八回の放送を記録し、橋蔵の銭形平次は、銀幕スターという彼のイメージを塗り替えてしまうほど、すっかり茶の間に定着していったのである。

また、『銭形平次』と同様に、一九六〇年代に東映製作で、東映のスターが出演して大人気となったテレビ時代劇が、NET放送の『素浪人月影兵庫』(東映・NET製作、一九六五〜六八年)である(姉妹編に『素浪人花山大吉』[一九六九〜七〇年]、『素浪人天下太平』[一九七三年]もある)。この作品は一九六八年に放送された回で最高視聴率三五・八%を記録し、前年に引き続きNETの全番組中、年間視聴率でトップに輝いた[17]。その人気の要因は、主演の近衛十四郎と品川隆二の軽妙なやり取りにある。NET(テレビ朝日)の社史は、この時代のドラマの中でとりわけこの作品に言及し「十剣無銃流杖術の達人素浪人月影兵庫と、曲がったものは煙管の雁首も大嫌いという、一本気でおっちょこちょいの渡世人焼津の半次の二人の珍妙なコンビを創り出し、テレビ映画として空前の大ヒットを放った痛快娯楽時代劇」と評している[18]。「痛快娯楽時代劇」とはまさに東映らしい表現である。

以上に挙げただけでも、黄金期の東映時代劇を再現したような、東映スターたちが出演したテレビ時代劇が盛んに放送され、人気を博したことが伝わるだろう。東映以外の他社の重要なスターで、自らのプロダクションを立ち上げた三船敏郎や勝新太郎も、一九六〇年代後半にテレビ時代劇に出演し、以後テレビ出演を増やしていく。彼らそれぞれの立場で、映画界への不満やテレビへの期待があったに違いない。

もっとも、そうした思いでテレビに進出してくる人物は、役者だけではなかった。監督やスタッフも数多くいた。枚挙にいとまがないので、これまで言及した作品と関連する範囲で、いくつか示しておきたい。『隠密剣士』で初期に脚本を担当したのは加藤泰であったが、その彼とは旧知の仲で自らは映画の助監督や編集部で活動していた船床定男がメインで演出をおこなった。映画と違い、連続ドラマは複数の演出家が携わるのが一般的だが、彼がメインの演出家であることを証明するように、一九六四年に映画化された『隠密剣士』『続・隠密剣士』の二作で船床が監督に抜擢される。彼はもともと映画界では目立った活動歴がなく、初の国産連続テレビ映画として名高い『月光仮面』（宣弘社製作、一九六四～六五年）の演出からテレビで活動するようになった。船床と同様に、主演の大瀬康一も映画界でくすぶっていた時に『月光仮面』の主役に抜擢され、以後映画とテレビを横断した活動を展開する。[19]

船床や大瀬のように、テレビでの活躍が認められ、再び映画界で仕事をするようになった人物もいれば、完全に映画を離れテレビに活動を移す者も多くいた。そのうちの一人が、『銭形平次』や『素浪人月影兵庫』の演出を務めた佐々木康である。彼は東映スター総出演のオールスター映画を手がけるような主力の監督であったが、それでも誘いを受けて一九六四年から東映のテレビ・プロで活動するようになった。[20] 前述のように、東映時代劇の要素を大いに含んだテレビ時代劇を演出するには、佐々木は最適な人物であったと言える。

こうして、目立ったテレビ時代劇だけを取り上げても、そこに映画人たちが関わっていたことが確認できる。テレビ時代劇の成長の背景には、映画人たちの相次ぐテレビ進出があったことは間違いない。もっとも、「映画からテレビへ」一方的に人材が流れていたわけではない。「テレビから映画へ」と向かう者もいた。その代表的な人物が『三匹の侍』の演出家・五社英雄である。五社はもともと映画界を志望していたが叶わず、一九五四年にニッポン放送に入社し、フジテレビ開局前の五八年に同局に移籍する。その移籍が転機となり、一九六三年の『三匹の侍』の演出で評価された五社は、翌年の映画化で念願の映画監督デビューを果たした。テレビ『三匹の侍』での五社の演出について、当時フジテレビの新入社員だった能村庸一は次のように評価している。

子供向けが主流を占めていた当時のテレビ時代劇の中にあって、若き五社英雄監督の「三匹の侍」のリアルなタッチと優れたテクニックはまさに大人の鑑賞に耐え得る傑作であったからである。一瞬スチール写真をはさみこんだ顔のアップに血が流れる演出は侍の写真を血糊の袋ごと斬ったもので、「写真斬り」といわれていた。黒澤映画ばりに人が斬られる時のバサっという音響効果。あれは豚肉の塊に白菜を巻きつけて切った音だったという。二人の男が議論するシーンではナメを嫌って二台のカメラを並べて置いて、ならんだ二人の俳優がカメラをにらみながら対決するなど、切れ味のいい大胆な演出は、映画の上を行くとさえ思わせるものがあった。(21)

五社の「リアル」と評言される大胆な演出術は、黒澤映画の影響を感じさせるものであり、実際に五社が黒澤映画を意識していたことは指摘されている。(22) 前述のように、映画の時代劇の世界は、黒澤映画に影響を受けて変化の最中にあり、そこへ五社が飛び込んで行けたのは自然なことであったのだ。

変貌する忍者の身体

こうして映画とテレビの間では、互いの需要を満たすかたちで人材交流がおこなわれていった。テレビでは東映娯楽時代劇を再現するような明るく楽しい時代劇が以前と同様に人気であった一方で、映画では黒澤時代劇のようなリアリティを重んじる作品と、その派生と言える残酷時代劇が流行していった。本節では登場人物の身体性（身のこなし）に注目することで、もう少し細かく、一九六〇年代の時代劇映画に生じた流れに目を向け、さらに次節では、それと関連するテレビ時代劇を取り上げて、比較してみたい。

同時代の時代劇映画では残酷時代劇以外にも、大きな流れとして確認できる二つのサブ・ジャンルが存在した。

一つは、かつての時代劇王国・東映による最後の抵抗であった「集団（抗争）時代劇」。これは字義通り、一人の絶対的スターの活躍に頼るのではなく、複数の（準）主役級の役者たちが集団で抗争するところに魅力があり、それまでの東映的な「明朗なヒーロー劇」とは対照的に、「見た者に爽快感をもたらすどころか、陰惨な気分だけをひたすら与える」ような映画と考えられている。[23] 作品としては工藤栄一監督の『十三人の刺客』（一九六三年）や『大殺陣』（一九六四年）が有名だろう。「『大殺陣』にあるのは、せまりくる死に文字通り必死に抵抗する行為と形相だけである」と評される立回りは、[24] まさに死闘と呼ぶに相応しい、身体と身体のぶつかり合いで、黒澤時代劇に対抗したような「リアリティのある殺陣」を目指す、東映内部の製作意図が実現した恰好だ。[25]

とはいえ、そうした東映「集団時代劇」の中にも、リアリティを脅かす者がいた。「忍者」である。そして、その「忍者」こそが、時代劇における同時代のもう一つの流行サブ・ジャンルの主役であった。『忍びの者』（山本薩夫監督、一九六二年）を嚆矢とし、同シリーズ（市川雷蔵主演で一九六六年まで全八作）によって牽引された「忍者」ブームは、一九五〇年代後半からの大衆小説や漫画での人気を受け継ぐ形で、映画界でも展開された。もっとも、忍者ものは古くから、例えば牧野省三や尾上松之助が活躍した日本映画草創期にも人気を博し、なにも一九六〇年代になって初めて表舞台に登場したわけではない。ただしそれまでの忍者と言えば、突如、ガマや大蛇に変身したり、姿を消したりと、荒唐無稽な妖術使い同然であった。だが、一九六〇年代以降に登場した忍者の多くは、あくまで人間的であろうとする。

東映「集団時代劇」第一作目にして「忍者」映画である『十七人の忍者』（長谷川安人監督、一九六三年）を見てみよう。とりあえずの主人公である伊賀の忍者・柘植半四郎（里見浩太朗）は、外様大名の謀反連判状を奪取するという使命を帯び、駿府城に忍び入ることになる。ここで、もし彼が、荒唐無稽な妖術使いならばどうしただろうか。尾上松之助の忍者ならばどうしていたか。

忍術使いが固く閉ざされた城門の前で九字を切る。太鼓が入り地面からパッと白煙が上がると、忍術使いの姿は段々薄くなり、城門に吸い込まれるように消えるとその姿は城内ではっきりと姿を現す(26)。

こうした証言にもあるように、松之助の忍者なら、「固く閉ざされた城門」をいともたやすく突破できたであろう。だが、里見の忍者はそうした荒唐無稽な忍術を持ち合わせていない。彼は「固く閉ざされた城門」からの侵入を諦め、仲間の忍者と共に、堀の水面から高い城壁を登って、忍び入ることを選択する。そして、そこでは、主人公は積み重なった石垣の隙間を利用して必死に登ろうとするだけであって、一方では、体力の衰えから登れず引き返す羽目になる老齢の仲間の忍者がいることも、あくまで彼らが現実的な身体能力の中で闘いを挑んでいることを強調しているのである。

とはいえ、そうした状況は、主人公が大敵と対峙した瞬間に、一変する。半四郎は根来忍者・才賀孫九郎の攻撃に壁際まで追い詰められるのだが、そこで彼は孫九郎の槍突きをかわすため、これまでにない身体能力を発揮する。孫九郎の攻勢に対して行き場を失った半四郎は、咄嗟に左手を傍にあった置物の上に置く。すると次には、彼の身体はその手を支えにして飛び上がって、見事孫九郎の攻撃をかわし、形勢を逆転させるのである。ここで彼が見せた、飛び上がるという運動は、通常の人間がおこなうジャンプとは異なり、明らかに浮遊している。上方にスライドしながら滑らかにフレーム・アウトしていく彼の身体は、同時に、重力を無視した超人的な能力を示し、現実的な運動の埒外にもフレーム・アウトする（次のカットで地面に着地はしている）。東映が推進しようとしている「リアリティのある殺陣」の境界をその忍者は越えてしまうのである。荒唐無稽な存在ではない、人間的であろうとしていた忍者は、それでも、こうして内包していた超人的な身体能力を披露するのである。

こうした忍者映画の特徴については、永田哲朗が次のような見解を示している。

三十七年十二月に大映が市川雷蔵主演で作った『忍びの者』がヒットして以来、従来の〝忍者映画〟とは異なる〝忍者映画〟が続々と登場した。かつての呪文を唱えると煙とともにドロンドロンパッと消える荒唐無稽なものではなく、科学的な合理性を持つ兵法として、綿密な考証とリアルな表現で描き、忍者の非情な世界と人間性を鋭く追及した。(27)

忍者たちの運動が「リアルな表現」で貫かれているとは、先の筆者の分析からも、全面的にそうだとは言えないだろう。ただそれでも、彼らの運動が、荒唐無稽な忍術としては片づけられない、「合理性」のある「リアルな表現」を意識したものであったことは確かだ。であるからこそ、「超人的な身体能力」を示す瞬間も際立つのである。言うなれば忍者は、人間的な存在でありながらも、「超人性」を売りにできる貴重なヒーローだったのである。

テレビの忍者たち

それでは、テレビ時代劇では、忍者はどう描かれていたのか。一九六〇年代の映画の「忍者」ブームは、その源流である小説との関係で言及されることがあるが、(28)テレビ時代劇との関係からは考察されてこなかった。以下では一九六二年の映画『忍びの者』の公開と同時期に放送された前述の『隠密剣士』や、映画版の人気を受けて作られたテレビ版『忍びの者』(東映製作、一九六四〜六五年)など、忍者が登場する代表的なテレビ時代劇を取り上げ、それぞれの身体表象を見ていきたい。

一九六二年十月七日に放送開始の『隠密剣士』は、一一代将軍・家斉の異母兄である青年剣士が、老中の命を受けて、諸国を回りながら悪を退治するという、よくある貴種流離譚の話で始まった。だが、目新しさのないその話だけではやはり、思ったように視聴率が伸びない。主人公はいるが「スター」がいない。そこで、起死回生とばかりに、年明けの一月六日の第二部の放送から、活字・漫画の世界の「スター」である忍者が起用され、それが見事に的中して、人気が高まっていった。

もっとも、ここでの忍者は『忍びの者』や『十七人の忍者』とも違い、主人公ではない上に敵である（第三部からは味方にも忍者が加わるが）。にもかかわらず、子どもたちを中心に忍者への人気が集中したのは、「忍法むささび落し」や「忍法まんじ凧」など毎回ユニークな忍法が登場し、それが、各放送回のタイトルになるなど、明らかに主人公の活躍よりも、忍者の身体的妙技で魅せるドラマの構成がなされるようになったからだ。ただ、その妙技とはときに、壁に身体が吸い込まれて「消える」（第二部・第二話）といった、一見すると、前述の松之助時代の荒唐無稽な忍法が使われているかのように思われる。だが最後には、主人公の青年剣士から、忍者は壁に身体を当て、その反動で瞬時に逆方向へ飛んでいたという、超人的な身体能力を踏まえての「合理的」な解説が、共に旅する少年になされ、忍者の妙技が荒唐無稽な妖術ではなく「合理性」をもった技術であることが強調されるのである。忍者は超人的ではあるが、もはや、荒唐無稽な妖術使いではない。そのことを、子ども向けのテレビ時代劇といえども、同時期の忍者映画と同様に、声高に叫んでいたのである。

また、この『隠密剣士』の忍者たちだが、彼らは別の意味でも「合理的」であったと指摘しておかなければならない。前述の通り、この作品でも忍者たちは飛んだり跳ねたりすることに、きわめて超人的な身体能力を示すのだが、こうした垂直運動こそが、同時代のテレビ時代劇に適していた「合理的」な運動だったのである。

すなわち、それには、テレビ時代劇のセットの狭さが関係している。一九六二年一月に初めてテレビ時代劇に出演した東千代之介はその後のインタビューで、「スタジオが、非常に狭くて、立回り等の動きが大きく出来ない」と苦労を口にし、[29]さらに、黒澤時代劇などを手がけた殺陣師の大御所・久世竜も「八畳くらいのところに五人も六人も入って、二尺以上ある刀を抜いて暴れるんですから、どうしようもないようなもんですね」とセットの狭さによる立回りの困難さを告白している[30]。たしかに立回りの場面では、演出家の努力で趣向を凝らした撮影がおこなわれてはいた。だが、時代劇の本質的な魅力である人物の運動を表現するには、難しい環境であったことは間違いない。さらに言うなら、基本となっている水平運動が、大きく損なわれてしまったのである。時代劇における水平運動は、例えば次のように描出される。主人公たちが「室内でひとしきり何人かの敵を倒すと、次に新たな空間を求めてキャメラが外に出て、主人公たちもまた新たな剣劇の場をもとめて空間を拡張するかのように外に出る」[31]。これに対し、テレビ時代劇『隠密剣士』のセットでの撮影では、その狭さから水平運動は影をひそめ、代わりに垂直運動が印象的に展開されるのである[32]。

例えば、主人公の青年剣士が敵の忍者と狭い室内で対決する場面がある（第三部・第一三話より）。ここで二人は、「新たな剣劇の場をもとめて」隣の部屋に移動していくのだが（図9-1）、しかしこの後、従来通りに「空間の拡張」を意識した移動撮影、もしくは編集がおこなわれることはない。次には、おそらく図9-1と同じ部屋のセットで、ただ、そのことを視聴者に悟られないように、一八〇度切り返して撮られた主人公のショットがつながれるのである（図9-2）。この図9-1から図9-2への編集は、明らかに空間の拡張を寸断し、水平運動の高まりを急激に停止させる文字通りのカットになっている。それから次に、襖を駆け上がって天井へとへばりつく忍者のショットへとつながり（図9-3）、闘いは水平的なものから一転して、垂直的な攻防へとシフトしていくのである。こうして、狭い空間で、劇的な闘いを演出しようとすれば、垂直的な攻防が不可欠であり、それを可能にする合理性を備えた人物こそが超人的な身体能力をもった忍者だったというわけだ。いわば合理性の中での超人的特性である。結局、忍者たちは『隠密剣士』第二部開始の一九六三年一月からシリーズ終了の六五年三月まで、毎週お茶の間を賑わし、さらに、続編の『新隠密剣士』（一九六五年）や『隠密剣士突っ走れ！』（一九七三〜七四年）でも、重要な敵役として欠かせない存在であった。

図 9-1 『隠密剣士』の一場面

図 9-2

図 9-3

それでは、東映京都テレビ・プロの第一回作品として作られた『忍びの者』では、忍者の運動はどのように描かれていたのだろうか。この作品でも冒頭から忍者の、合理性の中での超人的特性が強調されている。東映太秦映画村東映京都スタジオ映画資料室に保管されている台本を確認したところ、冒頭のクレジット・タイトル部分について次のような映像描写が求められていた。多少長いが引用してみたい。

石垣を、真逆様に、滑り落ちてくる一人の忍者。一瞬、やもりの様にぴたッと石垣に静止すると、飛鳥の様に身を躍らせて、近くの松の梢に飛び移る。

銃声一発、轟く、

確かに、忍者は射たれた筈である。血がしたゝり落ちる。が、忍者は、更に身を躍らせて、別の石垣に飛び移ると、徐々に、その石垣を移動し始める。

その情景に流れるタイトルと、同文のナレーション

『忍びの者とは　人間の能力の限界の技術と　意志をもって　巨大な歴史の流れを　かげで動かそうとした一群の者たちである。彼らはしばしば　超人的な任務を強制されて　それに黙々として挑んだ。生身の人間であり乍ら……』

この後の、タイトル・バックで忍者同士の壮絶な殺陣が展開されるまでが、毎回のオープニングとなった。作品の特徴を端的に示す冒頭部分で、ナレーションにあるように、忍者は生身の人間でありながら、人間の能力の限界に挑戦して技術を習得した者として紹介された。くわえて、それを証明するようなアクションが描出されている。合理性の中での超人的特性をもった忍者の存在がこうして繰り返しオープニングで印象づけられていたのである。

また、映画版との比較で注目すべきが、残酷描写である。前述のように『忍びの者』は、『銭形平次』や『素浪人月影兵庫』を製作した東映京都テレビ・プロの作品である。かつての東映時代劇を再現したような、明朗快活なそれら二作と違い、『忍びの者』では、同時代の時代劇映画の傾向と同調する残酷な描写が初回から見られた。すなわち、忍者が自らの顔を小刀で切り刻むアップのショットが実に二分一五秒にわたって展開し、新聞でも話題になるほど衝撃を与えたのである。(33) なるほど、先行する映画『忍びの者』でも、アップで耳をそぎ落とされる残酷描写が存在した。テレビでも、そうした作品世界を引き継ごうとしたことは頷けるものの、それを「御家族揃」う可能性が高いお茶の間で試みることは、以前の東映では想像できない。『銭形平次』や『素浪人月影兵庫』のような、かつての東映を思わせる明朗な時代劇がテレビでも多く人気だったかもしれないが、それだけではなく、それらと

は作風として合致しない、シリアスで時に残酷な東映のテレビ時代劇もこの時期、視聴者に衝撃を与えていたのである。

ただそうは言っても、やはりこの会社は、子どもの存在にも十分気を遣って作品を生み出していた。東映が製作した子ども向け時代劇として、映画では『隠密剣士』の船床定男によって一九六六年に『大忍術映画ワタリ』が公開され、テレビでは一九六七〜六八年に『仮面の忍者　赤影』が放送されたが、分身の術（『ワタリ』）や巨大なガマ（『赤影』）の出現など、特撮によって以前のような荒唐無稽な忍術合戦が描かれていた。「新諸国物語」シリーズなど子ども向けの時代劇映画をヒットさせて成長した東映は、一九六〇年代になって残酷時代劇や第6章で見たようなエロ・グロ映画に傾倒していったが、それでもテレビを中心に子どもが十分楽しめる時代劇も作っていたことは留意しておかなければならない。

このように依然として妖術使いのような忍者も存在したが、大勢としては、人間的でありながら重大な局面になると、超人的な身体能力を披露するのがこの時代の忍者であった。そうした忍者たちが主役級で活躍した忍者ブームは、映画でもテレビでも一九六〇年代後半で弱まるが、水面下では途絶えることなく続いていく。例えば、テレビ時代劇の代名詞『水戸黄門』（C．A．L製作、一九六九年放送開始）では、忍者・風車の弥七がオリジナル・キャラクターとして第一部から登場していたし、映画においては、主人公に襲いかかる敵役として、しばしば立ちはだかった。一九七〇年代に入っての『子連れ狼　親の心子の心』（斎藤武市監督、一九七二年）では、古寺の本堂で、天井に張りついた忍者集団が、下方にいる主人公・拝一刀めがけて攻撃を仕掛ける。あるいは、『影狩り』（舛田利雄監督、一九七二年）でも、主人公の仲間の一人に向かって、（木か何かに端を括りつけた）縄にぶら下がった忍者たちが、次々に上空から襲撃を加えるのである。

超人的なヒーローたち

このように忍者たちが、以前の荒唐無稽な術を捨て（合理性）、空間を自由に跳ね回る機動力を発揮し始めた（超人性）ことで、時代劇の立回りにはバリエーションが増えた。[34] その結果、忍者ブームを経験したヒーローたちは、文字通り四方八方から迫り来る敵と闘わなければならなくなったのである。

ただしこの時代に、（一定の合理性の中での）超人的な身体能力を披露したのは忍者だけではなかった。同時代の代表的な時代劇映画のヒーローたちにも、そういった特徴は顕著に見られる。例えば、座頭市。盲目でありながら、聴覚や嗅覚を働かせ敵の動きを察知し、得意の居合斬りであっという間に敵をなぎ倒していくその「強さ」は、まさに超人的と言うほかない（以下、注記しないが、この場合にも、聴覚や嗅覚の敏感さというかたちで合理性は確保されている。それゆえ、敵は聴覚を惑わす作戦で座頭市に迫ることもあった）。たしかに、敵を倒す「強さ」なら、一九五〇年代の東映時代劇の主人公たちにも見られただろう。勧善懲悪が絶対であり、どれだけ悪党が卑怯な手を使おうとも、ヒーローは最後には悪を打ち滅ぼすのである。

ただ、いくら東映時代劇のヒーローたちが強かったとはいえ、超人的な身体能力を前面に押し出すことはなかった。彼らの身体に求められたのは、「超人的な強さ」ではなく「華やかさ」や「美しさ」といった、演者である映画スター自身が元来備えている特性であった。というのも、映画評論家の山根貞男が指摘するように、『遠山の金さん』や『水戸黄門』など「貴種たる主人公がいわば身をやつして活躍する」ところにこそ東映時代劇の魅力があったのであり、[35] そのためにはまず、主人公は華やかで憧れの対象でなければならなかったのである。主人公は高貴な身分でありながら市井に入り、庶民のために闘うことでヒーローたりうる。それはまさに観客にとって、雲の上の存在である映画スターが、自分たちの居る場所＝市井にまで降りてきてくれたという感覚にほかならない。こうした方程式を充足させるためにも、主人公には「超人的な強さ」よりも「華やかさ」が優先させられたのである。

だが、一九六〇年代に入ると、前述のように黒澤時代劇の影響もあって東映時代劇は崩壊へと向かい、華やかな身体も消滅する。そこで、代わりに台頭してきたのが、超人的な身体能力を誇るヒーローたちだったわけだ。座頭市や眠狂四郎といった、同時代に絶大な人気を誇り、長期シリーズ化された（「座頭市」［一九六二～八九年、全二六作］「眠狂四郎」［一九六三～六九年、全一二作］）時代劇映画のヒーローたちは、決して高貴な身分ではなく、博奕打ち、素浪人であり、『水戸黄門』や『旗本退屈男』などのように助けてくれるお供の者もいない。彼らの身体は「華やかさ」とは無縁で、しかも孤独である。ただ、そうした彼らが唯一手にすることができたもの、それが超人的な身体能力を備えた「強さ」だったわけだ。

それでは、どういったところに、彼らの超人的な強さを確認できるのか。座頭市の超人性は前述の通り、盲目でありながら、高速の居合斬りで、瞬時に多くの敵をやっつけるところにあり、それは、勝新太郎の超絶技巧による立回りに支えられていると言えよう。なにしろ、勝本人が、真っ暗闇の中で蚊を仕留めたことから、「座頭市剣法」を着想したと告白しており[36]、まさに、座頭市の超人的な運動は勝新太郎抜きには語れないのである。

一方の眠狂四郎はと言うと、「敵の闘魂を奪い、一瞬の眠りに陥らせて一刀で斬り下げる」催眠術もどきの剣法「円月殺法」によって[37]、どんな強敵をも打ち倒していくところに超人性を見出せる。なるほど、過去にも一九五六年から五八年にかけて鶴田浩二主演で映画化されているし、同時期の六七年には平幹二朗主演でテレビも作られている。だが、この市川雷蔵の眠狂四郎では、彼が「円月殺法」を使う際、高速度撮影で刀が何重にも見えるように撮られ、何か得体の知れない剣法の名手であることが強調されるのである。一方、他の二作では、そうした特殊撮影はなされず、「妖剣魔剣の殺気は出なかった」とされている[38]。もっとも、そうした撮影が鶴田や平に施されていたとしても、「雷蔵の狂四郎」と同じ効果が生み出せていたかは疑問だ。それほど、雷蔵の放つ雰囲気が絶妙であり、「雷蔵の狂四郎」は特殊な身体能力をもった恐ろしい剣の使い手だと、自然に納得させられてしまうのである。

忍者に座頭市に狂四郎。超人的な身体能力を有する彼らに共通して言えることは、決して以前のヒーローたちのように「華やかさ」を身にまとうことなく、しかも、「暗い過去」を抱えて生きている点だ。「忍びの者」シリーズでは、主人公である忍者・石川五右衛門は愛する妻子を殺されてしまうし、座頭市は盲目であることを周囲にからかわれながら生きてきた（シリーズを通してしばしばそう描かれる）。また、眠狂四郎は、転びバテレンと日本人の混血という出生を気にして悪夢さえ見る始末で（『眠狂四郎無頼控　魔性の肌』〔池広一夫監督、一九六七年〕）、彼らは一様に、「暗い過去」を背負って孤独に生きていかなくてはならなかったのである。

時代が一九七〇年代に差しかかっても、こうした傾向は変わらない。いやむしろ、一九七〇年代の代表的時代劇『子連れ狼』によって、それは深化させられている印象である。

ショーとしての「強さ」、あるいはリアリティからの（再）乖離

『子連れ狼』は、一九七〇年から『漫画アクション』に連載されていた漫画を、七二年に若山富三郎主演で映画化したのが始まりで、七四年までの間に全六作製作された。一九七三年には、テレビでも萬屋錦之介主演で放送され（ユニオン映画・スタジオシップ製作）、まさに七〇年代を代表する時代劇のヒーローとして記憶されている。そして、そうした「子連れ狼」・拝一刀が背負う「暗い過去」とは、幕府の要職・公儀介錯人を務めていた際、その座を狙う柳生一族により、妻を殺された上に、徳川に対する謀反の汚名を着せられて、職を追われたことにある。彼は柳生一族への復讐を胸に、残された息子と共に生きていくのである。

それでは、彼の「超人的な強さ」は、映画ではどのように表現されているのだろうか。シリーズ二作目『子連れ狼　三途の川の乳母車』（三隅研次監督、一九七二年）で、拝一刀が幕府の隠密たちと砂丘で闘う場面を見てみたい。一刀は、襲いかかる敵の武器を次々と真っ二つにしていく圧倒的な破壊力を見せながら（図9-4）、最後にはなん

図 9-4　『子連れ狼　三途の川の乳母車』の一場面

図 9-5

と、その敵の頭をも力強く両断してみせる。割れた頭部からは血飛沫が舞い上がり、割れ目からは、若山の鬼気迫る顔が浮かび上がってくるのである（図9-5）。ここでは、復讐に燃える男の恐ろしいまでの殺気と、すべての物を粉砕していく彼の驚愕のパワーが強調され、並大抵の時代劇主人公にはない「超人的な強さ」が過激な残酷描写によって表現されている。

シリーズを通して残酷描写は何度も登場し[39]、そのたびに印象づけられる主人公の「超人的な強さ」は、柳生一族への深い恨み、復讐に賭ける強い想いと結びつけて考えることができる。実際、シリーズ一作目『子連れ狼　子を貸し腕貸しつかまつる』（三隅研次監督、一九七二年）で、一刀は柳生一族に妻を殺され、自身も貶められた直後、人格が変異したような怒りに満ちた表情で殺気を醸し出すと、次には取り囲んだ柳生の手下たちを一気にやっつけ、柳生一族への復讐を固く誓うのである。こうして、彼の「超人的な強さ」は、憎悪や怒りといった激しい負の感情によって召喚されたものだという「合理的」な解釈を観客に促していた。これまで見てきた一九六〇年代以降の代表的な時代劇ヒーローたちと同様に、合理的に主人公の「超人的強さ」を語ろうとする力学がここでも働いていたのである。

ただやはり、脳天が刀で両断されるという「身体の切断」や、その割れ目からの「血の噴出」という描写は、一九六〇年代初頭の黒澤映画を極端にデフォルメして過激にしたものであり、五社英雄なども影響を受けた黒澤のリアリズム的表現から大きく乖離してしまっている。黒澤が、東映の舞踊的立回りを否定するようにリアルな立回りへと傾倒したにもかかわらず、ここでは再び見世物的な要素が強くなり、リアリティは後景に追いやられている。もちろん、見世物の性格は以前と異なる。何度も言うように、かつての東映時代劇に見られたショーは明朗な雰囲気の中で活躍するヒーローの「華やかさ」を売りにしたものであった。けれども、一九六〇年代映画やテレビで人気だった忍者、あるいは座頭市や眠狂四郎といった一九六〇年代を代表する時代劇のヒーローたちはどこかに影を感じさせる存在であり、一定の合理性の中で描かれる超人的身体能力が魅力であった。そして、その身体運動による見世物的なショーの行き着くところが、過激な残酷描写を含む「子連れ狼」シリーズだったのである。

図 9-6 『斬る』の一場面

もっとも、『三途の川の乳母車』におけるような、脳天が刀で両断されるショッキングな残酷描写は、この作品で初めて試みられたわけではない。一九六二年の『斬る』（三隅研次監督）ですでにおこなわれて話題になっていた。だがそれは、図 9-6のような縮小画像なら判別がつかないほどのロング・ショットで撮られ、中景あたりの河原でごく控えめに映し出されていたにすぎなかった。表現の新規性で話題作りにはなったが、そこには超人性は感じられない。素朴に言うなら、『子連れ狼』と比べて迫力が断然乏しく、その結果、見世物的効果という点で劣っているのである。こうして「見世物」を「見せる」キャメラが、『斬る』ではロング・ショットであった一方、一〇年後の『子連れ狼』では極端なクロースアップで撮られていて、残酷性と同時に、超人性が文字通り拡大して伝えられた。『斬る』以後、残酷描写は過激になっていき、『子連れ狼』に至っては、主人公の刀が脳天を両断する経緯を仔細に見せてしまうほど、主人公の超人性が誇張されたのである。

思えば、残酷映画とはキャメラが特定の身体の部位に近寄ることで成立したサブ・ジャンルではなかったか。もちろん、それまでの殺陣に「寄り」がなかったかと言えば、決してそうではない。ただ、残酷時代劇以前の殺陣、特に東映の「舞踊的立回り」においては、「寄り」よりも「引き」のキャメラの方が、価値をもっていた。市川右太衛門や中村錦之助、大川橋蔵など、歌舞伎出身のスターたちの華麗な身のこなしは、キャメラが「引き」によって全体を収めることで、その魅力が十分に伝わるのであり、身体の一部分に注目する「寄り」のキャメラでは、動きの美しさを捉えそこねてしまう。

それに対し一九六〇年代以降の残酷時代劇では、「全体」よりも「部分」が重要になってくる。そこでは、いくら東映時代劇のスター・大川橋蔵が、身体「全体」を使った躍動感溢れる立回りを「引き」で見せてみても、「寄り」の画面に映る、槍で敵の顔面を貫いた「部分」(『この首一万石』〔伊藤大輔監督、一九六三年〕の一場面)や、逆に、自らの首を刀で貫かれる「部分」(『幕末残酷物語』の一場面)に、多くの人は関心を寄せてしまう。立回りにおいては、登場人物たちの身体「全体」の動きよりも、彼らがそこで相手の身体を斬り裂いたり、相手に斬られたりする「部分」が肝心であり、それを「寄り」のキャメラで収めることこそ、残酷時代劇に求められたことだったのである。

テレビ時代劇でも残酷描写はいくらか見られた。前述のように『忍びの者』で、忍者が自分の顔をアップで切り刻む場面があったし、それ以外でも、例えば『子連れ狼』と同時期の『荒野の素浪人』(三船プロ・NET製作、一九七二～七三年)第八話で、『三途の川の乳母車』同様の脳天から身体が真っ二つになるショットが見られた(ただし、『斬る』のようにロング・ショットで控えめに提示されていた)。それでもやはり、映画と比べればテレビの残酷描写の割合は少なく、それだけに立回りにおいて、従来通り身体全体が重視される傾向にあったと考えられる。事実、過激な残酷描写が衝撃を与えた『三途の川の乳母車』と、それに相当するテレビ版の第一話を比べると、テレビの方では多少の血は流れるものの残酷と言うほどではなく、それゆえキャメラも映画に比べて「引き」で撮られている。キャメラは、基本的にはテレビ版の主演・萬屋錦之介の全身を映し、彼が刀で敵を斬る瞬間には膝から上のショットで捉えるものの、足の捌きや、上半身の動きが一貫してわかるように提示している。錦之介版『子連れ狼』全作を通しても、立回り時に残酷描写がいくらか見られたが、やはり身体の一部分よりも全体の方が印象深く撮られている。ちなみに原作の漫画においても、基本は全身を収めながらの激しいアクションが描かれ、時折、切断された腕など身体の一部分だけが強調されることはある。ただ、映画で脳天が両断された瞬間を文字通り拡大して表現するような、過激な残酷描写はなく、映画「子連れ狼」シリーズがその点では、テレビ版や原作漫画を引き離している。(40)

時代劇の身のふり方とこなし方

それでは最後に、これまで見てきたヒーローたちの身体運動の諸相を整理しながら、テレビ時代劇と時代劇映画の「身のふり方」と「身のこなし方」をめぐる関係についてまとめておきたい。

一九五〇年代の代表的な時代劇ヒーローを演じていた東映のスターや監督・スタッフは、六〇年代以降、相次いでテレビなどに活動の場を移し、明朗な東映時代劇を思わせる作品とヒーローを数多く生み出していった。他方で、テレビから映画に向かう人物もいて、例えば『三匹の侍』の演出などで話題を呼んだ五社英雄は、その映画化以後、印象的な時代劇映画をいくつも監督していった。ちょうど、彼が影響を受けた黒澤時代劇のリアリズムに映画界自体も揺れ動いていた時代で、「華やか」で「舞踊的な立回り」の剣戟ショーを含んだ東映時代劇が衰退し、リアリズムに傾倒した集団（抗争）時代劇のようなサブ・ジャンルも生まれた。

だが、その潮流の中で、次第にリアリティを逸脱するヒーローたちが台頭する。その代表が忍者であり、映画だけでなくテレビの時代劇でも人気となった。彼らは、子ども向けの特撮時代劇のようないくつかの例外的作品を除いて、従来の荒唐無稽な妖術使いではなく人間的であろうと変化したが、それでも特に、飛んだり跳ねたりする垂直運動に超人的な能力を示し、リアリティを脅かした。ただ、そうした運動を合理的に説明する描写も見られ、忍者の身体能力は人間的な能力の延長線上で描かれていったのである。

こうして、忍者たちが披露してみせた「超人的な身体能力」だが、それこそがまさに、同時代のヒーローたちに求められた共通の性質だったと言える。座頭市に眠狂四郎といった、一九六〇年代以降長期シリーズ化されテレビ時代劇でも人気だった彼らも、常人には真似できない特別な身体能力によって圧巻の剣技を披露し、観客を魅了した。さらに一九七〇年代になると、子連れ狼・拝一刀が、黒澤時代劇以後の定番であった「残酷」描写のもとで、あらゆる物（者）を両断していく「部分」を「寄り」で見せて強調し、驚愕的な破壊力を印象づけた。こうした一連の作品を通して、ヒーローの超人的な身体能力が繰り返し描かれ、それらを合理的に説明しようとする力学が働いていたものの、やはり時代劇映画は前述のように黒澤的リアリズムから乖離する方向に向かったのである。そして、一九五〇年代とは異なる見世物的なショーが展開された。一九六〇年代以降のショーは、超人的な身体能力を備えながらも、暗い過去をもった影のあるヒーローたちによって演じられ、強さよりも華やかさが優先の、かつての東映時代劇のショーとは異なる様相をしていた。また、残酷映画の伸長とともに「寄り」のキャメラが重視され、「引き」の映像で異彩を放っていた東映のスターたちの動きは目立たなくなっていった。

なるほど、東映のスター俳優たちは、一九六〇年代以降の東映時代劇の沈没と同時に、テレビなどに活動の場を移し、映画から遠ざかっていった。時代劇映画がなくなったわけではなかったが、時代劇映画自体の進む方向に、彼らが輝く場所が、存在しなくなったのである。超人的なヒーローたちの活躍や、「寄り」のキャメラで強調される残酷描写を主体にした見世物的なショーは、東映のスターたちが活躍する舞台としては、どうしてもそぐわない。それほど、彼らが東映時代劇で積み重ねてきた役柄と、それで染みついたイメージ、また元来の彼らの特性が、同時代の映画で支配的になっていったヒーロー像や立回りの描写からは、あまりに懸け離れていたのである。

それに対して——いや、それと連動してと言うべきだろう——、テレビ時代劇においては、『素浪人月影兵庫』『銭形平次』といった東映時代劇を彷彿とさせる明朗な時代劇が人気をとり、さらに『水戸黄門』や『旗本退屈男』などまさに定番の時代劇映画が復活することもあった。他方、映画の潮流と同調する、忍者や座頭市など暗さを抱えたスーパーマンも躍動し、残酷表現も(映画と比べれば控えめではあるが)進行していた。一言で言えば、成長期のテレビ時代劇は、(垂直運動の活用など)独自の演出を追求しつつも(例えば残酷表現において)映画ほど演出の先鋭さをもっていなかったものの、逆に、東映風時代劇から残酷表現まで表現の幅は広く、そのためさまざまなヒーローが飛び交い躍動しうる活気溢れる世界となっていたのである。そのことが、おそらくテレビ時代劇の成長を可能とし、また、東映はじめ各社の時代劇スターやスタッフのテレビ進出を容易なものにしたと考えられる。映画と違い、何かに特化することはせず、特定の色に染まることのなかった、テレビの時代劇には、居場所を失った時代劇の映画人たちが再び輝ける舞台すら用意されていたのだった。

第10章　メロドラマと女性観客
——よろめく女たち

女性の映画離れ

一九五〇年代の代表的なヒット映画と言えば、五三年から五四年にかけて松竹がリリースした岸恵子・佐田啓二共演のすれ違いメロドラマ『君の名は』（大庭秀雄監督）三部作が挙げられる。年間配収で五三年に第二部、五四年に第三部がそれぞれトップとなり、第一部も二部に次ぐ年間二位の成績だった。三作すべてが大ヒットし、合計で九億六千万円の配収、約三千万人の動員を記録したと言われている。(1)また、浴衣やオルゴール、ネクタイやストールなど関連のグッズが販売され、ロケ先では臨時の列車やバスが運行するほど観光客が集中した。(2)現代の、『君の名は。』（新海誠監督、二〇一六年）で「聖地巡礼」が騒がれたが、昔も今もファンの行動パターンに大差なく、人気の加熱ぶりが見て取れる。その人気の元になったラジオ・ドラマ『君の名は』（一九五二〜五四年）は、放送時間帯になると銭湯の女湯がカラになったと伝説的に語られるほど、女性の支持を集めた。映画化の三部作も女性を惹きつける内容であり、宣伝の惹句に関しても第一部で「百万女性が涙の涸れる迄泣いたこの名作!」(3)、第二部で「全國五千萬女性が待ちに待った全二時間半の熱狂豪華大作遂に登場」(4)と、女性に人気であることを訴えながら、その人数の規模を拡大して伝えている。

こうした女性向けのメロドラマ映画は、もっぱら女優が主演（級）を務める「女性映画」として認知され[5]、一九五〇年代に目立って作られていた。例えば、『君の名は』をはじめメロドラマに定評のある松竹からは、同社を代表する監督・女優の木下恵介・高峰秀子のコンビで『二十四の瞳』（一九五四年）や『喜びも悲しみも幾歳月』（一九五七年）といった名作が生み出されたが、それらの作品では併映作品との兼ね合いを考慮しても女性の動員が男性を上回る傾向にあった[6]。また同時代、文芸作品の映画化が進み、井上靖や丹羽文雄、舟橋聖一らの「姦通」を扱った小説の映画化作品や、家庭的なトピックを女性視点で描いた「妻もの」映画が、雑誌で特集記事が組まれるなど話題になった[7]。それらの作品は『君の名は』と同様に、宣伝の惹句に「女性」というキーワードが決まって用いられ、強いメッセージを発信していった[8]。

だが、一九六〇年代になると、女性たちの映画に対する態度は変化を見せる。映画評論家の佐藤忠男は、日本映画の通史的な記述の中で、同時代に「テレビをもっとも熱心に見たのは、子どもと主婦と老人」であり、「主婦層も映画館へ通う習慣を失った」と語っているが[9]、確かにそれを裏づけるような数字が、当時の資料から確認できる。「邦画五社製作資料調査会」が実施した、日曜日の観客の男女比率についての調査によれば、全体的な観客数が最多の一九五八年と、それから三分の一近く減少した六四年を比較すると、女性の比率が三六・三％から三〇・五％に減っていて、男性よりも女性の減少率が大きかったことが示されている[10]。あるいは、一九六六年に東宝「映画市場調査委員会」が、都内在住の男女約六〇〇人（一五歳から四〇歳まで、有効サンプルは四八〇人）を対象に実施した映画鑑賞に関する調査では[11]、映画を一年以上観なかった人の割合は、男性一〇人に一人（一〇・七％）だったのに対して、女性は五人に一人（二〇・四％）に及んでいた。さらに、一年間映画を観ていないと回答した女性の中で、二六〜三三歳の割合が三八％、三一〜四〇歳が実に五〇％となり、これらの年代の女性たちは、より若い世代と比較して、結婚して家庭を持つ主婦たちが多いと判断される。

ここでは、女性があまり映画を観ない理由についても回答が寄せられていて、多い順番に並べると、①忙しくて観る時間がない、②テレビの方が面白い、③映画自体に魅力がなくなった、④映画以外のレジャーがある、⑤入場料金が高い、となり、やはりテレビの影響が感じられる。くわえて、女性の嫌いな映画についての回答では、「お色気もの」と「やくざもの」が上位に挙がり、第6章で詳述したエロ・やくざ映画ブームに否定的であることが伝わってくる。「③映画自体に魅力がなくなった」という回答はそうした思いも含んでいるのだろう。

女性たちにとって、映画で観たい作品が少なくなり、「テレビの方が面白い」と思える番組が増えていった結果、とりわけ主婦層が映画から遠ざかっていった。そして、彼女たちがテレビで夢中になった番組には、以前は映画で好んで観ていたはずのメロドラマが多く含まれていた。一九六二年の『放送朝日』では「放送は女性のもの」と題し、女優の新珠三千代や劇作家などによる座談会の内容が掲載され、後述の姦通を題材とした「よろめきドラマ」に主婦が夢中であることが話題に上った。[12] あるいは、一九六四年の『映画ジャーナル』誌上では、映画監督やテレビ演出家などが女性の映画離れについて議論し、『君の名は』を生み出した松竹大船の女性映画の人気が、テレビに移行したと見なされている。[13]

こうして、一九五〇年代に映画『君の名は』に代表された女性向けのメロドラマ/女性映画が、六〇年代にはテレビで人気だったことが伝わってくる。それでは、具体的に女性はテレビのどのようなメロドラマに惹かれたのか。また、その状況を映画会社はどう見ていたのか。本章では、一九六〇年代に特に女性に人気だったテレビ・メロドラマの動向を追いながら、映画会社の反応を取り上げ、テレビと映画のメロドラマをめぐる交渉を探っていきたい。

よろめきドラマ

映画人口の減少、なかでも主婦層を中心とした女性観客が減少する一九六〇年代になって早々、テレビでは彼女たちを対象とした昼間の番組で地殻変動が起こった。一九六〇年七月よりフジテレビが月曜日の午後一時から三〇分間のメロドラマの放送を開始したのである。それまで昼間の午後一時以降の時間帯は、料理番組やニュース番組、暮らしに役立つ情報番組などで占められていた。そこに前年に開局した新興のフジテレビが、娯楽的なドラマを投入し、固まった番組形態に風穴を開けたのだった。その第一弾として同局で製作・放送されたのが、『日日の背信』（一九六〇年七〜九月、図10-1）であった。

図 10-1　『日日の背信』の一場面（『読売新聞』1971 年 4 月 24 日朝刊）

原作は、丹羽文雄が『毎日新聞』で一九五六年五月〜五七年三月にかけて連載した小説で、戦後の生活苦で金持ちの妾になった女性と病身の妻を懸命に看病してきた男性との「背信」＝「不倫」劇を描いている。三〇歳前後を中心として、多くの女性から投書が寄せられ、[14]連載が終了するや、早速ラジオ・ドラマが始まり、一九五八年には松竹が映画化を果たした。前述のように同時代、丹羽文雄の他、井上靖や舟橋聖一らの不倫・姦通もの小説の映画化が流行しており、この作品もその潮流の中で映画になった。

視角を広げれば、三島由紀夫の『美徳のよろめき』に由来する「よろめき」という言葉が、原田康子の『挽歌』、井上靖の『氷壁』などの人気もあって流行していた時代で、[15]菅聡子が指摘するように「〈姦通〉をライト化した」表現として共有されていた。[16]これらの小説は映画化されており、ブームに乗っかる映画産業の体質が見て取れる。実際、映画『美徳のよろめき』（中平康監督、一九五七年）のプレスシート「宣伝ポイント」欄では、「いまや『挽歌』をしのぎ、〃よろめき夫人〃などという新語までが生まれるほど大きな話題をまき起こしているベストセラー小説の映画化ですから、〝『美徳のよろめき』が日活で映画になる〟ということを大衆の脳裏に刻み込ませることが肝要です」と、「よろめき」を売りにした宣伝が指示されていた。

こうしたよろめきブームが、小説、ラジオ・ドラマ、映画を横断しながら、女性たちに受容されていたのである。そしてその流れが、一九六〇年七月から放送された『日日の背信』で、ついにテレビ・ドラマにまで到達する。冒頭で述べた「よろめきドラマ」の始まりが、このドラマであった。放送開始前の六月二八日の『朝日新聞』朝刊には、次のような記事が掲載されている。

フジテレビでは来月四日から毎週月曜午後一時に、三〇分の連続ドラマ「日日の背信」を放送する。昼のドラマ番組といえば、午後零時台にサラリーマンの昼休みをねらったコメディーやホームドラマが各局で並んでいる。しかし再び仕事の始まる午後一時台にドラマが登場するのは初めてで、内容も従来のテレビ昼番組の常識を破ったメロドラマにするという。これは家庭の主婦だけをがっちりにぎろうというねらいだ。

フジテレビでは午後一時台に婦人向けの娯楽番組を帯で組み、この時間のテレビ視聴者の大半を占める家庭の主婦を完全にさらおうという計画を立てている。他局では婦人向けの教養番組を並べている時間だ。こんどのドラマは、そうした構想を進めるためのテストケースとしてとり上げられるもの。

この主婦向けのドラマを企画したのは演出を担当した岡田太郎であり、彼は編成担当者から企画の相談を持ちかけられた際、フジ開局前に在籍していた文化放送時代にラジオでよろめきドラマが人気だったことを思い出し、半ば反射的に提案したという(17)。先の『朝日新聞』の記事にもあるように、「教養」番組が支配していた昼下がりの時間帯に、一転して家庭生活から逸脱した女と男を描いたドラマ番組を放送することは、「テストケース」とはいえ、テレビ局にとって大きな冒険であったに違いない。それでも、『日日の背信』の企画が実現した背景には、「開局一周年というタイミングと、先発局に負けるなというスタッフの熱意」があったと、岡田は語っている。[18]

くわえて、このドラマの登場が画期的だったのは、真っ昼間としては内容もさることながら、描写も過激に展開したことによる。演出の岡田は、「ラブシーンをある程度やります」と幹部に事前に公言し、[19]それを実践してくれる女優として新東宝の池内淳子を抜擢した。直後の一九六一年に倒産する新東宝は当時すっかり傾いており、専属の役者たちは、映画界で「乾燥室」に入れられた（＝干された）と揶揄されていた。池内も、裸にでもならない限り仕事が来ないと会社から言われ、それを断ったことで休業状態にあった。[20]そこへ、岡田から打診があり、状況を打開し、自分の殻を破る意味でも、彼女は『日日の背信』を引き受けることにしたのである。

池内の相手役には、ＮＨＫの人気ドラマ『事件記者』（一九五八年四月〜六六年三月）で有名になった原保美が起用され、二人は何度も抱擁やキスを交わし、その姿態を美しく撮ることに岡田は専心した。こうして、濃厚なラブ・シーンが昼間のお茶の間を一変させた。岡田のもとには、視聴者から批判的な声はなく、むしろ「もっと濃厚にやってほしいとの注文」が来ることもあったという。[21]その反響ぶりは、最高視聴率二六・二％と昼間の番組では驚異的な数字に結実するのである。

この成功を受け、続いて十月からは、またも丹羽文雄原作で『飢える魂』（一九六〇年十〜十二月）が放送され、これまた新東宝でくすぶっていた宇津井健が起用される。さらに従来の月曜日の他に金曜日にも、別のメロドラマ『愛は遠く』（一九六〇年十月〜六一年一月）が提供され、大女優の木暮実千代が主演を張った。しかも、お堅い銀行協会がスポンサーになるなど、昼メロの明らかな伸長が見て取れる。[22]フジテレビの調査では「〝昼メロ族〟は、三五歳以上の主婦が五〇％前後、ついで二〇歳から三四歳までの女が三〇％前後、そして三五歳以上の男性が一五％前後」と、やはり三〇歳代半ば以降の主婦層が主要な視聴者として番組を支持していたことが報告されている。[23]

こうした女性たちの視聴行動の原動力となったのが、当時からしばしば指摘されてきた消費革命である。テレビ・洗濯機・冷蔵庫の「三種の神器」にくわえ、多くの電化製品の家庭への急速な普及によって、女性の家事が軽減され、彼女たちは余暇のテレビ娯楽を楽しめるようになっていたというのだ。[24] 実際に主な電化製品の普及台数の変化を、経済白書に「もはや戦後ではない」と明記された一九五六年と、この一九六〇年で比較しておくと、洗濯機は二倍以上（七一万九千台→一五〇万台）、ミシンは四倍以上（二四万二千台→九九万九千台）、冷蔵庫にいたっては一二倍近く（七万四千台→八三万八千台）もの増加を見せていた。[25] 家庭の電化製品が充実するにしたがい、女性の昼間のテレビ視聴も充実したものになっていったのである。

一九六一年になると『波の塔』（一〜四月）や『美徳のよろめき』（七〜九月）、『挽歌』（十〜十二月）など、『日日の背信』と同様にすでに映画になっていたお馴染みの作品が、立て続けにフジテレビ製作・放送の昼メロとしてテレビ・ドラマ化されていった。こうして、テレビと映画は、「よろめき」の市場価値を互いに認識したのである。

その年の大衆映画雑誌『キネマ旬報』も、フジテレビをはじめとするテレビのメロドラマ番組に注目している。三月下旬号の記事によれば、「最近のテレビ番組の特徴は、いわゆる〝メロドラマ〟の氾濫である」というテレビ番組の現状が報告されている。[26] 続いて、「おひる時の奥様族をねらったフジテレビ『日日の背信』の大ヒット以来、フジからは、『飢える魂』『通夜の客』『愛は遠く』など」が放送され、さらには「この風潮に刺激されてか、『白い南風』『禁猟区』などの類似番組が、NTV、NETからも出現し、かつてドラマの牙城を誇ったTBSの三洋テレビ劇場」など、メロドラマ番組が各局に伝播していったことが紹介されている。

こうしてフジテレビの昼メロ以降、テレビでメロドラマ人気が拡大していったわけだが、その状況を牽引した人物のことを、次に詳しく見ておきたい。そう、『日日の背信』の主演女優・池内淳子である。上記の『キネマ旬報』で、池内はメロドラマを中心とした複数のテレビ・ドラマに出演する「かけ持ちのもっとも多いタレントの一人」として注目されている。

「日日の背信」がヒットし、斜めに交錯した原保美と池内淳子のアップの構図はほとんど視聴者の眼底に「愛のイメージ」として定着してしまった感がある。内部に情熱を秘めているのか知らぬが、彼女の無機的に澄んだ眼ざしと、相手の男性に抱かれるときに見せる、うなじのあたりのエロっぽさの持つ一種独特のアトラクティヴな迫力が多くのお昼の視聴者層を魅了してしまった。［中略］「日日の背信」が関西の芦屋夫人たちに圧倒的に受け、「白い南風」や「波の塔」がホワイトカラーの奥様族の投書で埋もれるのも偶然ではない。しかも、ここ数年来の経済好況の下で急速に進行しつつある新しい中産階級の登場は、彼女に下町的中産階級のイメージをも要求しはじめるであろう。いや、現在既にこの地点に立たされていると言えよう。[27]

たしかに、池内のよろめく姿が視聴者を魅了したには相違ないが、作品を重ねる中で、彼女には下町的な親しみやすさも求められるようになったと指摘されている。いずれにしても、こうして注目を集める池内の存在を、映画会社も放ってはおかなかった。前章の時代劇の領野でも、船床定男や大瀬康一のように映画界で活躍の機会を失った者たちが、テレビで仕事をするようになり、そこで評価されて再び映画界に戻ってくることがあった。そうしたテレビ・映画人の中でも、池内はテレビ出演を経て映画界で重宝されることになった代表的な人物だと言える。

彼女は所属の新東宝が業績悪化で新作配給を停止した後、一九六一年八月公開の松竹映画『白い南風』（生駒千里監督）で、早速主役でスクリーンに登場する。この作品は池内が主演し好評を博したテレビ・メロドラマの映画化である。映画会社はテレビ・メロドラマの人気に便乗して相次いで映画化をおこなっていくが、とりわけメロドラマが主力商品の松竹はその傾向が強かった。後で詳しく述べるが、この会社は日本教育テレビ（ＮＥＴ）の連続メロドラマ『あの波の果てまで』（ＮＥＴ製作、一九五九年四月～六〇年十二月）を、「大ヒット名作『君の名は』をしのぐ素晴らしい超大作」と銘打って、[28]一九六一年四月より『君の名は』と同様に三部作（八木美津雄が全作を監督）で劇場公開するなど、積極的にテレビ作品の映画化に取り組んだ。その流れの中で、松竹がテレビで活躍中の池内を起用するのは予想されたことであり、『白い南風』のプレスシートにも、「テレビと同じヒロイン池内淳子を主演に映画化したものでございます」と彼女を前面に押し出した宣伝がなさされた。

ただ、池内が専属契約を結んだのは、松竹ではなく東宝系列の東京映画であった。この会社も一九六一年十二月公開の『花影』（川島雄三監督）で、五人の男の間でよろめく女性を彼女に演じさせている。[29] 東宝は池内の人気により、男たちのキャストを当初の企画より充実させた（佐野周二、池部良、高島忠夫、有島一郎、三橋達也）というから、[30] 彼女への期待はよほど大きかったのだろう。この作品のプレスシートに、「TV番組〝よろめきドラマ〟のヒロインとしての圧倒的な人気をフルに利用することが得策」と明記されているのが証左である。『読売新聞』の評は「川島演出も、池内を大きく入れ込んだ構図を多用し、会社的に池内売り出しの態勢というところだ」と実際の映画から池内がいかに重宝されているかを読み解いているが、その後、池内はメロドラマに限らない多様な作品で起用されていく。例えば、東宝の看板シリーズである「駅前」シリーズや「社長」シリーズなど、喜劇作品にも盛んに起用されるようになった。並行してテレビ・ドラマにも出演を続けた彼女は、一九六四年には当初のよろめき女性の役柄を離れ、「お寿司屋さんだの幼稚園の先生だの」を演じるようになったことを自覚的に語っている。[31] 前掲の『キネマ旬報』の論考は、「下町的中産階級のイメージ」を池内に見出そうとしたが、実際にそのようなイメージを備えた池内は、映画とテレビの敷居を越境しながら、幅広いジャンルの作品で活躍するようになっていったのである。

昼メロにおける映画とテレビの交流

「よろめき」を含むフジテレビのメロドラマ番組は、女性、特に主婦層を惹きつけたことで定着し、さらに池内淳子のようなテレビ・スターの活躍もあって、影響力を拡大していった。こうして、すっかり商品価値が高まった昼メロをめぐって、以後、テレビ局間の競争は激化する。しかもそれは、外部の力を巻き込んで展開していったのである。

第2章・第3章で見たように、昼メロが勃興する一九六〇年代初頭は、テレビ番組の全日放送が始まり、またドラマ自体も単発ものから連続ものへの移行が進むなどして、製作体制に変革が求められた時期である。その結果、局側は内部の人員や設備を補強するよりも、合理化のため外部発注を増やして対応する。そこにまず積極的に関与していったのが、一九六一年に倒産した新東宝の後身・NAC(後の国際放映)であった。NACは旧・新東宝のスタジオの賃貸しと、テレビ映画の製作を主要業務として、テレビ・ドラマのフィルム化と、それに伴う量産化に大きく貢献した。すなわち、フィルム化は、物理的な制約が多いテレビ局のスタジオ製作からの解放を意味し、より自由な製作環境のもとで、生産力を向上させることを可能にしたのである。

図 10-2 『すずらんの誓い』の一場面(『読売新聞』1971年4月29日朝刊)

NACのテレビ映画への進出は、一九六二年二月放送のTBSドラマ『影の地帯』に始まり、以降、出資を受けていたTBSに多くのドラマ番組を供給する。その年の四~七月には、早速TBSの昼間一三時一五分~三〇分にNAC製作のメロドラマ『すずらんの誓い』が放送される(図10-2)。しかも、それは月~金曜日の平日を通して放送される帯番組であり、TBSの昼間のドラマでは初めて設けられた番組形態であった。もっとも昼の帯ドラマ自体は、すでに日本テレビが同年二~三月に丹羽文雄のよろめきドラマ『鎮花祭』で先行していたが、帯ドラマ七作目の『夜は新しく』(一九六三年九月~六四年三月) までをスタジオ・ドラマとして自局で製作したのに対し、TBSは一作目からNACに発注をおこないテレビ映画として放送した。

そしてそのTBSの狙いは成功する。一作目の『すずらんの誓い』は視聴率八%でスタートしたが、終了時の七月には一四%になり、人気の上昇が見て取れる。以後、NAC製作のテレビ映画は続き、いずれも人気を博す。八~十一月放送の『花の真実』は最高視聴率二四%を記録し、十二月放送開始(~一九六三年六月)の『いのちふたたび』は最高二五%で、TBSはすっかり昼下がりの時間帯で優位を築くのである。[32] くわえて十月から(~一九六三年五月)は、従来の時間帯の前である一三時からの一五分間に、これまたNAC製作のホームドラマ『パパの育児手帖』が提供されていた。NACという外部プロの助力もあり、「ドラマのTBS」と称されていたこのテレビ局が、昼下がりの時間帯で、その称号に見合った活躍を見せたのである。

実際のドラマ製作で大きな力となったNACは、その後も多くのテレビ映画を生み出していった。一九六七年の『シナリオ』誌上の論考「テレビ映画王国・国際放映」には、当時国際放映という会社になっていた旧NACが国産テレビ映画の半分近くの製作を手がけていたことが記されている。[33] 第3章で述べたように、一時間のテレビ映画を中心に、大手映画会社の製作本数も伸びていくが、それでも映画会社と違ってテレビ映画の製作を専門にするNAC/国際放映は、かつて大手の一角であった新東宝のスタジオを保持して他社には真似できない量産を実現した。全盛期の一九六四年には、延べ四八八時間三〇分のテレビ映画が供給され、二時間映画として換算すると、年間二四〇本以上の製作本数に相当した。「いい作品を作ろうと思うな、いい商品を作れ」が同社では標語のように用いられていたというから、第2章で見たテレビ芸術を追求する草創期のテレビ・ドラマ製作とは一線を画す、大衆的な番組作りが最優先であったことがわかる。

上記『シナリオ』の論考が掲載された一九六七年には、国際放映はディズニー製作のファンタジー映画『メリー・ポピンズ』（ロバート・スティーヴンソン監督、一九六四年）の影響を受け、日本での実写（ただし、一部アニメを合成）の魔法少女ものの原点と言える連続テレビ映画『コメットさん』（ＴＢＳ）を製作した。[34] 主人公コメットさんが空を飛ぶ場面では、演者の九重佑三子が照明の下で数時間吊るされて撮影されるなど、[35]「いい商品を作」るための努力が重ねられた。その結果、ユニークな作品が出来上がり、子ども視聴者を大いに喜ばせた。かつての大手映画会社は、こうしてテレビ映画の製作に邁進するプロダクションに転身し、今度はテレビ産業の成長に寄与していったのである。

ＮＡＣの参入によって、特に提携先のＴＢＳではフィルムでのドラマ（テレビ映画）製作が推進され、作品の量産化が進んだ。日本テレビも前述のように昼メロ番組に力を入れていたが、ＴＢＳは一九六三年五月には一三時半からも一五分間のテレビ映画の帯番組を開始し、従来の連続帯ドラマと併せて一三時から一五分間のドラマ番組を三本並べる攻勢に出た。そうして量産体制を敷くＴＢＳに対し、日本テレビも従来のスタジオ・ドラマから外部発注のテレビ映画へと製作方式を転換したが、それでも敵わず、一九六八年九月に昼メロから撤退する。

それでは、昼メロの本家であるフジテレビは、こうして激化する昼下がりの視聴率競争にどう絡んでいったのか。ＴＢＳが攻勢に出た当初、フジテレビは帯ドラマとして連日放送するような番組を作っておらず、すっかり後塵を拝していた。そこでフジテレビは、一九六四年八月に三〇分の帯番組の提供を始め、起死回生に打って出る。ＴＢＳは通常一三時からの最初の一五分番組をホームドラマに充てていたが（その後の時間帯はメロドラマ）、フジテレビはそれに対抗するため、一三時から三〇分のメロドラマで勝負に出たのである。つまり、ＴＢＳがホームドラマを放送している時間帯に、フジテレビはメロドラマを提供して女性視聴者を惹きつけ、そのまま後の一五分も押し切ろうと考えたわけだ。[36]

このフジテレビの狙いは、番組枠のタイトルにも表れている。三〇分間のメロドラマの番組枠は「奥様劇場」と

図10‐3 『愛染かつら』の一場面（『読売新聞』1971年5月8日朝刊）

して提供され、まさに主婦に向けたメロドラマであることをアピールしていた。ただやはり、三〇分ドラマを連日放送するには、製作面での強化が必要だった。そこでフジテレビは、大手映画会社の中で、自社に出資している松竹・大映・東宝（傍系の宝塚映画を含む）の三社と、独立プロを加えた複数のプロダクションに発注して、ドラマを安定的に供給してもらうことを目指したのである。

もっとも、会社の期待を背負った新番組「奥様劇場」は、一九六四年八月に第一作目『この河の流れに』（松竹製作）でスタートしてからしばらくは、十分な成果を上げられずにいた。この時間帯の視聴率については、依然としてTBSが優位にあり、フジの「奥様劇場」は、九作目の『芸者っ子』（NMC製作、一九六五年四～五月）でようやく視聴率二桁台に到達したにすぎず、TBSを超えるにはもう一押しが必要であった。そのような状況で、松竹より企画されたのが、『君の名は』と並ぶ同社の代表的メロドラマ映画『愛染かつら』のテレビ・ドラマ化だった（図10‐3）。当時のフジテレビのチーフ・プロデューサーは企画の背景を次のように語る。

〝愛染かつら〟の企画が持ち出されたとき、いまさら〝愛染かつら〟でもないだろうという声がフジ内部に強かった。松竹では、〝もうこれしかありません。これならスタッフが手なれているからいいものがつくれます〟という、なかばやけくその返事。私としては腹を切るつもりでこの企画を取り上げた。(37)

『愛染かつら』のテレビ・ドラマ化には不満の声も上がったようだが、蓋を開けてみれば最高視聴率三八・五％、平均二六・七％という大ヒットとなった。一三時からの三〇分間で、他局も併せた総視聴率は、従来三〇％だったのが、一九六五年七月の『愛染かつら』放送開始後は、四〇〜五〇％に跳ね上がった。『愛染かつら』は身分違いの男女の一途な恋愛を描いた作品だが、『読売新聞』には、八月までの放送期間中が夏休みで、よろめきではなく、そうした純愛物語が従来の主婦層の他に二〇歳以下の女性視聴者も惹きつけたという指摘があった。[38] 純愛と言えば、同時代の映画界では、日活が吉永小百合と浜田光夫のコンビを軸にした純愛路線を敷き、それまでの石原裕次郎や小林旭などの男性スターによるアクション映画一辺倒からの脱却をおこなっていた。[39] フジテレビもこのドラマで、かつてのよろめきドラマのイメージを振り払い、幅広い視聴者を取り込むことができたのである。

くわえて、この作品のテレビ・ドラマ化には映画界との別の接点があった。じつは、松竹は戦前に田中絹代・上原謙コンビで撮った『愛染かつら』（野村浩将監督）を、すでに一九六二年に映画で岡田茉莉子・吉田輝雄コンビ（中村登監督）によって、続編も含めてリメイクしていた。おまけに、同じ年には、映像は当時のものそのままに『君の名は』が再上映されるなど、松竹の名作がスクリーンに帰って来ていたのである。なかでも『愛染かつら』はヒットし、その背景として松竹は、「リバイバル・ムードが歓迎された」と判断した。[40]

たしかに当時、『愛染かつら』のように名作のリメイク、もしくは『君の名は』のように再上映されるケースが、「リバイバル・ブーム」として頻繁に起こった。映画学者の河野真理江によれば、そもそもは一九六一年から『風と共に去りぬ』や『駅馬車』などの洋画名作のリバイバル上映が連続したことで始まり、次いでその波が邦画界にも『君の名は』などの再上映となって広まっていった。以後、一九六〇年代後半まで続いたとされる「リバイバル・ブーム」をめぐる彼女の解説で興味深いのは、それが映画界だけでなく、テレビやラジオなど放送業界においても見られたという点である。[41]

なるほど、『君の名は』がリバイバル上映された一九六二年に、この作品はラジオとテレビでドラマ番組化され放送されていた。それぞれニッポン放送、フジテレビという同系列局から放送されたが、どちらも松竹の俳優を起用してのドラマ番組化であり、やはりここでもフジテレビに出資している松竹との緊密な関係がうかがえる。それゆえ、一九六五年の『愛染かつら』のテレビ・ドラマ化の背景には、たしかに前述の「スタッフが手なれている」という利点があっただろうが、フジ―松竹の関係で製作された名作リバイバル・ドラマの流れが昼メロにも到達したという要素も大きいと考えられる。結果的にフジテレビはその潮流に乗ったことで、同時間帯での劣勢をひっくり返す高視聴率を上げ、成功を収めたのである。

これで味を占めたフジテレビは、毎年夏になると決まって、懐かしのメロドラマ映画を「奥様劇場」で放ち、「昼メロ」は「懐メロ」または「夏メロ」とも呼ばれるようになった(42)。具体的な「懐＝夏メロ」としては、『月よりの使者』(一九六六年)、『暖流』(六七年)、『続・愛染かつら』(六八年)が放送され、最高視聴率も順番に三七・八％、二六・一％、二九・五％を記録して相変わらずの人気を証明した。これらの製作はいずれも松竹が手がけ、メロドラマ映画では女性観客の獲得に苦戦する一方で、テレビでは女性視聴者に受ける番組を定期的に提供していたのである。

こうして、フジテレビの昼メロの復活は、リバイバル・ドラマを連発した松竹など映画会社の製作に負うところが大きかった。ＴＢＳの方も新東宝の後身のＮＡＣの助力を得たことで昼メロを軌道に乗せたわけで、両テレビ局は映画界やその周縁との交流を深化させながら、昼の視聴率競争を戦ったのである。

松竹によるテレビ・メロドラマの映画化

前節では、昼メロの展開を辿りながら、(元)大手映画会社の関与の実態を見てきた。なかでも、フジテレビの昼メロを復活させた松竹の活躍が目につくが、同社のテレビとの交渉で注目すべきは、テレビ・メロドラマの製作だけではない。この会社は、人気のテレビ・ドラマを映画に移行して製作する、つまりテレビ・メロドラマの映画化を積極的におこなったのである。本節では、その松竹の活動を通して、テレビから映画へと展開するメロドラマの動向を探りたい。

女性が夢中になったテレビ・ドラマは、なにも昼メロに限ったことではなく、他の時間帯、とりわけ夜の八時から一〇時台の家族が集まるような時間帯で高視聴率を記録したり評判を呼んだりする番組にも見られた。例えば、一九五九年四月放送開始のNET連続ドラマ『あの波の果てまで』については、当時の『朝日新聞』に「日本教育テレビ［NET］で毎週金曜日の夜八時から放送している連続ドラマ『あの波の果てまで』は、映画『君の名は』のテレビ版として注目されているが、特に家庭の中年婦人には人気があるようだ」と記され、映画『君の名は』を思わせる内容で主婦に人気であることが伝えられている。(43) 松竹はこの人気に便乗するように、ドラマ終了後の一九六一年に、『君の名は』を超える大作と銘打って、当時新人の岩下志麻を主演に初起用し三部作の映画を公開する。一作目のプレスシート「宣伝文案例」を見ると、「女性映画の松竹が全力をしぼって放つ一〇年に一度の恋愛超大作！　素晴らしい新星・岩下志麻の魅力のすべて!!」と女性観客を意識しながら、女性映画には欠かせないヒロインとして、岩下志麻の売り出しに力を注いでいる。

松竹は、この映画公開の前年の配給収入で、倒産間近の新東宝を除き、邦画五社でまさかの最下位に転落していた。(44) 映画史家の田中純一郎は、松竹の低迷を「裕次郎ブームの日活や、東宝の三船映画のような、男性路線の興隆に阻まれて、松竹伝統の女性路線が伸び悩んだためである」と分析し、「現代性の欠如」を問題点として挙げている。(45) その状況で、「松竹ヌーベル・バーグ」の旗手となる大島渚が一九六〇年に製作した『青春残酷物語』で若者の過激な言動を通して「現代性」を再考するが、「従来の松竹調ホームドラマを見慣れた婦人客などはびっくりしてしまった」と『松竹百年史』で伝えられるなど、(46) 女性観客との距離は広がるばかりだった。それゆえ、テレビで女性に人気のメロドラマを映画化してアピールすることは、有力な企画と判断されたに違いない。

東映も主力の時代劇をテレビに取られた形になり、前章で見たように『隠密剣士』(船床定男監督、一九六四年)など人気のテレビ時代劇の映画化をおこなった。その一方で、この時代の覇者である東映は、第6章で見たようにエロ・やくざ映画の製作路線を確立し、「御家族揃って」を標語に時代劇を量産していた一九五〇年代から、主に成人男性層を相手にする映画会社へと時宜に応じて転身を遂げた。

松竹の場合、自社の路線が固まらず伸長していかない状況であった。前述の「リバイバル・ブーム」に便乗したり、エロ・やくざ映画の流行に一応は乗っかって、外部プロ製作の作品を配給したりと、苦境を脱するためのさまざまな方策を試みた。その中でもこの会社は、テレビの人気メロドラマの映画化に必死に取り組んでいたように見える。当然ながら、人気テレビ・ドラマの映画化を謳い文句とすることは、プレスシートにも指示されていた。それは『あの波の果てまで』に続く大作でも確認されることだった。

松竹は一九六二年から六三年にかけて、TBSドラマ『あの橋の畔で』を、桑野みゆき主演で四部作(野村芳太郎が全作を監督)として映画化し、順次公開していった。第一作目プレスシートの場内アナウンス用「放送原稿」欄には「全国に熱狂的な人気を呼びましたテレビドラマの映画化で、菊田一夫原作、総天然色『あの橋の畔で』『あのはしのたもとで』をお送りいたします」と記されており、『君の名は』の原作者である菊田一夫の名前も強調されている。

実際、『君の名は』という説明不要の映画タイトルが、プレスシート上にも散見される。そもそものタイトルの「あの橋」とは『君の名は』で主人公の男女が出会った数寄屋橋のことであり、この作品でもドラマの展開上、重要な舞台となっているところに、『君の名は』との連続性が感じられる。『あの波の果てまで』や『あの橋の畔で』の映画化については、テレビ・ドラマの人気が前提であるが、やはり松竹の名作との関係が映画化へと向かわせたとも解釈できる。もっとも、そのことを批判的に捉えれば、松竹は過去の栄光にどうしても引きずられる部分があり、ここでもやはり「現代性の欠如」と批判されうる姿勢が横たわっていたとも言えよう。

ともあれ、一九六二年七月公開の『あの橋の畔で』の一作目は、三越デパートとのタイアップによる宣伝効果（映画興行とデパートの提携については第5章を参照）や、併映作品である坂本九の同名ヒット曲に基づく映画『九ちゃん音頭』（市村泰一監督）の影響もあり、大ヒットした。[47] そして、その成功が続編の期待へとつながる。一九六二年九月公開の第二部に続き、六三年の（各社が一年でもっとも力を入れる）正月番組に、松竹は『あの橋の畔で　第三部』を送り出した。また、その大役に見合う大作感を醸成するために、東南アジアでのロケが敢行されたのである。

くわえて、松竹は後続の一月のプログラムでも、『咲子さんちょっと』（酒井欣也監督）、『七人の刑事』（大槻義一監督）と、テレビ・ドラマの映画化作品を公開した。それらは男女の恋愛を主題にしたメロドラマではないが、注目を集める正月興行以降のプログラムにテレビ・ドラマの映画版を、全部で三作連ねたことが、低迷を続ける松竹の姿勢を如実に反映していたと言える。しかも、松竹はこれらの番組を、それぞれの連続ドラマがまだテレビ放送中にもかかわらず映画化したのである。

一九六〇年代にはそれまでの単発ドラマから連続ドラマへとテレビ・ドラマの主軸が移るが、その中で数年にわたって放送されるようなドラマがしばしば生み出されていった。実際、本節で挙げたテレビ・ドラマはどれも、一年以上放送されたものである。一回分の放送時間は違うとしても、現代のワン・クール三ヶ月を基本とする連続ドラマ（大河ドラマなどの例外を除く）を見慣れた視聴者からすれば、同一のドラマが数年間放送されるというのは想像しにくい。一方当時では、年単位で放送される連続ドラマがいくつもあり、放送期間中に映画化することはそれほど無茶なことだとは思われなかった。ただ、それでも松竹が一九六三年一月の興行で、まだ放送中のドラマ三本の映画版を立て続けに公開するというのは、当時の一般感覚にもない異例の出来事だっただろう。

ある種異常な状況に、映画業界誌では、「安易にTVのヒット番組を映画化する風潮には賛成出来ない」といった批判の声が上がった。(48) なるほど、映画会社は昔からテレビ以外にも、小説はもちろんのこと、歌謡曲やラジオ・ドラマに基づいた映画をオリジナル作品の知名度を生かして、当然のように製作してきた。前出の『九ちゃん音頭』のように、そうした潮流が途絶えたわけではないが、ただ前述の松竹の正月興行に象徴的な、テレビの恩恵を受けようとする映画の企画が、どうしても目につくようになってきたことは事実である。

ただ、そのような批判はあっても、松竹に限らず他の映画会社も、テレビ・ドラマの映画化に取り組み続けた。各社はブロック・ブッキングによる配給制度を維持していく上でも、常時新作配給のための企画を求めており、すでにファンが付いているテレビ・ドラマの映画化が有力であったわけだ。

一九六〇年代はじめの各社の代表的なテレビ・ドラマ映画化作品を挙げておくと、東宝は以後親密な関係を築く渡辺プロダクションの協力で、都会派青春コメディ『若い季節』の正編（一九六二年）・続編（六四年）などを製作し（両作とも監督は古澤憲吾）(49)、日活は前述の純愛メロドラマ路線を貫く形で『愛と死をみつめて』（斎藤武市監督、一九六四年）を大ヒットさせ(50)、東映も前述の『隠密剣士』の正・続二本（両作とも船床定男監督、一九六四年）の他、大人気時代劇コメディの映画化『てなもんや三度笠』正編・続編（両作とも監督は内出好吉、一九六四年。なお、六六年からの同映画シリーズは東宝が製作）を公開し話題を呼んだ。こうして、邦画各社とも自社のカラーに沿ったテレビ・ドラマを映画化していたことがわかる。残りの大映は、メロドラマで『御身』（島耕二監督、一九六二年）などを製作していたが、この映画会社の場合、重要なメロドラマ作品はもう少し後にやって来る。それは、一九六〇年代を代表するテレビ・ドラマ『氷点』である。

『氷点』という接点

テレビと映画のメロドラマをめぐる交渉の諸相を探ってきたが、本章の締めくくりとして言及する『氷点』は、もとは『朝日新聞』の連載小説で、何よりもテレビで大ブームを巻き起こし、映画化もされたほか、ラジオに舞台に、さまざまなメディアを横断していった。

まずは、この作品のストーリーを簡単に確認しておこう。原作は『朝日新聞』の一千万円懸賞公募小説の当選作品で、旭川市在住の主婦・三浦綾子によって書かれた。作中の舞台も旭川で、病院長を務める辻口啓造と、その妻・夏枝、息子・徹、娘・ルリ子の四人家族に起きたドラマが焦点となり「氷点」へと向かう。すなわち、夏枝が啓造の同僚・村井と自宅で密会している間に、ルリ子が通り魔に殺される。事情を知った啓造は、事件の責任を夏枝に求め、彼女に復讐するため、犯人の娘で遺児となった陽子を、素性を伏せたまま養女として引き取る。夏枝は何も知らず陽子を可愛がっていたが、実は犯人の娘だと知ったことで態度が一変。以後、啓造と徹を含む家族四人を中心とした愛憎劇が繰り広げられ、ついには、追い詰められた陽子の心が凍え、「氷点」に達するという話だ。

NETの製作・放送、東宝テレビ部も製作で参加したテレビ・ドラマは、北代博が全一三話の演出を手がけ、以上の原作の内容を丁寧におさえている印象である。物語の中心には陽子（内藤洋子）をめぐる問題が据えられつつも、夏枝（新珠三千代）と啓造（芦田伸介）の夫婦間の確執、夏枝と村井（田村高廣）の揺れ動く感情など（図10-4）、それまでの昼メロでしばしば見られた〈よろめき〉ドラマの要素も大いに取り込まれている。

それに対して映画の方は、テレビ版を手がけた東宝ではなく、大映が山本薩夫監督を起用して製作をおこなった。映画は時間の制約上、テレビほどじっくりと原作をなぞれないので、ほぼ夏枝（若尾文子）が陽子（安田道代）に対して抱く葛藤に焦点化している。代わりに、スタジオ・ドラマであるテレビでは難しい、実際にロケがおこなわれた旭川の北国としての質感が投錨され（図10-5）、夏枝が陽子におこなう冷たい仕打ちや陽子の心が凍えるさま

図 10-4　テレビ版『氷点』の一場面

を上手に代弁している。

『氷点』のテレビ版と映画版を大雑把に比較すれば、以上のように区別できる。なかでも、先行して登場したテレビ版が大きな話題となり、『氷点』というタイトルに反して、その人気は過熱していった。それは、『君の名は』の一九六〇年代版と言える現象であった。松竹が映画化したそれまでのメロドラマは、『君の名は』と比較されながらもついに人気の面で迫ることができなかった一方で、『氷点』については、内容はまったく異なるものの人気は『君の名は』に比肩しうるものだった。特に女性からの支持が圧倒的で、「そのテレビドラマが放送される日曜日の二二時になると、公衆浴場の女湯ががら空きになる」と、『君の名は』と同様の逸話が残されている。[51] ラジオかテレビか「女湯をがら空き」にしたメディアは違っていても、この作品が『君の名は』に匹敵する女性の支持を得ていたことがわかるだろう。

テレビ版『氷点』は、一九六六年一月二三日から四月一七日まで二二時からの一時間番組で一三回にわたって放送された。原作を連載していた朝日新聞社は、単行本の出版にくわえ、放送をおこなったNET株の一部を一九六四年十二月に東映から譲渡されていたこともあり、[52] 放送前から、ドラマのプロモーションに大きな力を入れていた。[53] そうした宣伝効果もあってか、視聴率はうなぎ上りに上昇し、最終回では四二・七%という驚異的な数字を記録した。それはNETの全番組の中で、この年の最高視聴率だったのみならず、一九六〇年代を通しても、六一年の『ララミー牧場』『ローハイド』に次ぐ高視聴率であった。[54] ドラマの放送が最終回を迎える前にすでに、今度は主婦の時間帯である昼間に再放送がスタートするなど、人気を象徴する事項は数多くあり、それゆえこの作品はテレ

図 10-5　映画版『氷点』の一場面

ビ・ドラマ史上、看過できないものになっている。

それに対して映画は、テレビほど目覚ましい成功を収めたわけではないが、それでも大映の一九六六年の配給収入ではトップの好成績を上げ[55]、映画業界誌でもその成功に注目した記事がたびたび掲載された。『映画芸術』一九六六年六月号では一四頁にわたる特集が組まれ[56]、『キネマ旬報』一九六六年九月上旬号では「より強靭な〝女性映画〟をつくろう」というタイトルで、この作品の成功を踏まえて女性映画の再興が叫ばれた[57]。その『キネマ旬報』誌上では、次の二点が『氷点』のヒットした理由として挙げられている。

①視聴率がグングン上ってドラマも終局に近づいたという最も充実感にあふれた時に、映画がタイミングよく封切られた。

②テレビの二回分にも満たない一時間三六分〔実際には一時間三七分〕というダイジェスト版であったにもかかわらず、要領のいい省略を駆使する一方、ドラマの急所はちゃんとつかんで見ごたえのあるように描き込んだ練達さで良質の映画になっていた。

以上の分析は、当時としては特別なものではなかったであろうが、今あらためて『氷点』の映画化を振り返ると、注目すべき事項を含んでいることがわかる。つまりこの映画は、前節で見た一年以上にわたるテレビ・ドラマと違い、一三回という今と同じワンクールの連続ドラマであったにもかかわらず、ドラマが終盤のタイミングで公開された。実際の映画公開は一九六六年三月二六日であり、一月からテレビ・ドラマが先行して放送されていたが、四月の放送終了前にすでに、大衆は映像になったこの話の完結を映画で体験できたことになる。いかに大映が、『氷点』の映画化を積極的に推し進めたかが理解できるだろう。

どうやら大映は、連載の早い段階からこの作品の版権を持っている朝日新聞社に話をしていたようで、実際の映画化決定は連載終了直後の一九六五年十一月末であったと言われている。(58) なるほど、それはまだドラマが放送開始していない段階での決定であり、一連の素早い対応が、テレビ版を担当した東宝ではなく、NETと深いつながりをもつ東映でもなく、さらにテレビ・ドラマの映画化を推進していた松竹でもない、大映に映画化権が渡った理由だと考えられる。

映画『氷点』はこうした過程を考慮に入れると、厳密にはテレビ・ドラマの映画化と言うよりも、小説からの直接的な映画化だと言った方が正確かもしれない。にもかかわらず、前掲の『キネマ旬報』の記事をはじめ、「テレビ・ドラマの映画化」と受け取られる傾向にあり、そこにはテレビ・ドラマの爆発的人気にくわえ、それに依りかかった映画公開のタイミングが関係していたと判断される。

三月末を絶対とする映画の公開は、実は製作に影響を及ぼしていた。というのも、当初、山本監督はこの作品を二時間前後のカラー映画として作ることを望んでいたが、封切のタイミングを重視する会社の強い意向が働き、結果的にドラマの重要な場面を割愛した一時間三七分の白黒映画として映画が公開されたからである。(59) そうすると、前掲の『キネマ旬報』の「一時間三六［三七］分というダイジェスト版であったにもかかわらず」という指摘の末尾は、「であったからこそ」と言い換える方が適切なのかもしれない。一時間三七分という、当初の予定から短縮された時間が、絶好のタイミングでの映画公開を確実にしたと言えるからである。

また映画の宣伝についても、「テレビドラマの『氷点』を〝予告編〟と解釈して宣伝をやった」という証言があるなど、(60) やはりテレビ・ドラマのブームにどう乗せるかに重点が置かれた。そして、前述のようなテレビ・ドラマの女性人気を受けて、「新聞社とのタイアップによる〝女性サークル〟招待試写会」「朝日ＴＶとのタイアップによる〝女性サロン〟招待試写会」などが各地で催された。そこでは監督や出演者の舞台挨拶を交えておこなわれるなど、女性動員を目指した宣伝活動が精力的に展開されたのである。[61] 映画『氷点』はこうして、テレビ放送を強く意識し、それに依存するような形で、映画の製作・宣伝・公開がおこなわれていき、その結果、興行的な成功を収めることができたのである。

メロドラマの役割

大映が『氷点』で成功した一九六六年に、松竹は司葉子・岩下志麻主演『紀ノ川』(中村登監督)、倍賞千恵子主演『横堀川』(大庭秀雄監督)、岩下志麻主演『おはなはん』(野村芳太郎監督)など、すでにテレビ・ドラマになっていた女性映画を立て続けに公開した。なかでも七月と十月に二部作で順番に公開された『おはなはん』は、元がＮＨＫの大人気「連続テレビ小説」で、しかも一九六六年四月から一年間の放送中であったため、映画化決定時からすでにマスコミで大きな注目を集めていた。なにしろ、『おはなはん』には日活以外の大手四社が映画化権獲得に乗り出しており、各社ともテレビとの連動で人気の番組を絶好のタイミングで公開することを目論んでいたのである。[62]

こうして一九六〇年代、成人男性層を対象にしたエロ・やくざ映画が日本映画で勢力を増す中でも、松竹を中心とした映画会社はテレビ・ドラマと連動した女性映画を公開し、女性たちへのアピールを止めることはなかった。また、エロ・やくざ映画に批判的な新聞・雑誌等のメディアも、その状況が打開されることを期待してか前掲の『キネマ旬報』の記事を含めメロドラマ／女性映画の再興を望む声をたびたび発した。[63] 映画会社としても、世間の批判をかわすための免罪符的役割を女性映画の製作に求めていたとする分析があり、[64] 映画界がエロ・やくざ一辺倒に陥ってしまわないよう、歯止めとなる意味でも、女性映画やメロドラマと呼ばれたジャンル映画には期待がかけられていたのである。

くわえて、エロ・やくざはテレビで敬遠される題材であり、映画とテレビがそれらで交渉をもつことは少なかったが、メロドラマをめぐっては、ここで見てきたように、両者は互いのメリットとなるような局面で接触を果たし、このジャンルの存続ないしは伸長となるような展開を招来した。前章の時代劇と同様、メロドラマもまたテレビの浸透で大きなダメージを受けた映画のジャンルであったが、一方で映画界がテレビ産業との交渉を促進するために重要な役割を果たしたのである。

終章　メディア間の交渉はつづく

松竹が一九六七年に配給した『ゴメスの名はゴメス・流砂』（高橋治監督）というスパイ映画がある。松竹が俳優座と共同で製作した作品で、ＤＶＤ等のソフトになっておらず、今ではその映画の存在を知る者は少ないかもしれない。

実はこの作品は、映画だけでなくテレビ用としても作られ、両方が同一の現場で撮影された。すなわち撮影現場に二台のキャメラが用意され、一方を映画用、他方をテレビ用として、文字通り同時に撮影がおこなわれたのである。この映画のプロデューサーで俳優座の佐藤正之は次のようにこの企画意図を説明する。

要するに、テレビでも映画でも、単独ではつくれないデラックスなものをつくろうという考えだ。イスラエルに七日、香港に一四日ロケを行って六千万円の製作費がかかったが、媒体が一つの場合は、これだけのぜいたくは、とても採算に合わない。テレビ映画の相場は、白黒一時間もので三〇〇万から三五〇万円だが、この場合は四五分で一回一二〇〇万円のものをつくったことになる。[1]

出来上がったそれぞれの作品は、テレビでは上記の「流砂」を省いた『ゴメスの名はゴメス』（演出は映画と同様に高橋治）というタイトルで一九六七年四月末から五回にわたってフジテレビで放送され、映画館ではテレビ放送の終了直後に松竹により公開された。テレビ・ドラマの映画化、さらにその映画をドラマ放送の絶好のタイミングで公開することは、松竹を含め映画会社が以前から何度もやってきたことだが、この作品はそうした映画とテレビの結びつきを、徹底的に突き詰めて、製作から放送／公開されたのである。新聞記事は、こうした試みを映画とテレビの「結婚」と表現して紹介した(2)。

ただ結果的には、この「結婚」は失敗に終わる。映画はヒットせず(3)、撮影現場でも相当な混乱があったという(4)。その混乱は、テレビが追い求めていた映像表現と、映画が蓄積してきた表現との根本的な違いに起因するものだった。それでも、映画とテレビがこのような製作形態で融合してみせることは、一〇年前には到底考えられなかった。

そう、一〇年前には、スコープ映画第二作目の『明治天皇と日露大戦争』（渡辺邦男監督）で同様に同時撮影がおこなわれていた。ただ、この場合の同時撮影というのは、テレビに向けられたものではなく、映画だけを見据えたものであり、この作品のスコープ版用とスタンダード版用の撮影が現場で一緒におこなわれたのだった。まだスコープ映画の上映設備が整っていない劇場のことを考慮してスタンダード版も併せて製作されたのだが、いずれにしても、一九五七年当時は映画産業の絶頂期であり、テレビ・ドラマ『マンモスタワー』でも揶揄されるような、プライドを前面に出した映画界のテレビ産業への対抗意識の強さが目立っていた。

だが、そこから事態は急変した。映画は当たらなくなり、盲目的に映画を量産してきた映画会社の体質が問題視されるようになった。会社は自社製作に消極的になり、撮影所の人間たちとの専属契約も解消していく。一方で、テレビとの交渉が進み、対抗意識の中にも協力関係が徐々に出来上がってくると、撮影所で溢れた者たちがテレビの世界に身を投じるようになった。こうして映画人たちの協力を得て作られていったドラマ番組は、間違いなくテレビの発展に欠かせないものだった。

二〇一三年に『月刊民放』の「テレビ六〇年」企画で、視聴者の心に一番刻まれた番組について四〇五三件の一般投稿が寄せられた[5]。そこでは、「バラエティ」番組に八四五人と最多のコメントが集まり、全体の三一・七％を占めていたが、次に七七八人と二九・二％のコメントを集めたのが「ドラマ」番組であった。「ドラマ」に対するコメントを時代で区分すると、一九七〇年代が二七二件、一九八〇年代が一五六件、一九六〇年代が一四九件、以下、一九九〇年代、二〇〇〇年代、一九五〇年代と続いた。序章で草創期のテレビ・ドラマの視聴率における人気を指摘したが、以後もドラマ番組が変わらずの人気を誇り、ある程度テレビ・メディアが成熟した一九七〇年代に多くの人の心に残るドラマが生み出されていたのがわかる。その中には、もとは映画のスタッフ・俳優であった者たちが関わった番組が多く存在した。

映画界においては、撮影所システムの弱体化に伴い、独立プロダクションの活動にも注目が集まるようになる。前述の『ゴメスの名はゴメス』では俳優座が製作に関与したが、この時代にもっとも目立った活動を見せたのは、アート・シアター・ギルド（ＡＴＧ）であった。テレビ時代にアメリカでは、ドライブ・イン・シアターやアート・シアターが成長していた。日本でもテレビ対策が急がれる中、そうした海外の映画館事情に影響を受けた東宝や東和社長の川喜多長政・かしこ夫妻が動き[6]、三和興行の井関種雄が社長となり、一九六二年より同社は活動を開始する。

当初ＡＴＧは、大手の配給網に乗らない国内外の芸術映画を大都市の一〇館程度の自社チェーンで興行する会社だった。だが、一九六六年に三島由紀夫原作・監督・主演の『憂国』をヒットさせたことで、日本人の手による芸術映画製作の重要性が意識される[7]。今村昌平監督より『人間蒸発』（一九六七年）の企画を持ち込まれたこともあり、ＡＴＧは製作費一〇〇〇万円を今村プロと折半して製作に参与する。以後、同様に大島渚、岡本喜八、篠田正浩といった気鋭の監督たちがＡＴＧの協力で、停滞する映画界に意欲的な作品をリリースしていった。そこには、もとはTBSのテレビ・ディレクターだった実相寺昭雄も含まれていた。

彼はTBS時代に、誰もおこなわないような映像表現で周囲をたびたび驚かせた。その顕著な例として、歌番組で美空ひばりを彼女の喉の奥に迫るアップで映したり、誰だか判別できないほどのロングで捉えたりと、常識外れの撮影がおこなわれた。[8] 残念ながら、フジテレビで大胆な演出を見せていた五社英雄のようには彼は評価されず、苦渋を味わうことが多かった。

ただ、そうした実相寺の作家志向は、ATGにおいて自由に飛翔することが可能となる。彼は一般にはポルノ映画として消費されてしまう過激でエロティックな題材を扱いながら、それを芸術的に昇華させる試みを、『無常』(一九七〇年)や『曼陀羅』(一九七一年)などで実践し、評価を高めていった。

こうしたテレビ界の異端児をも取り込むATGをはじめとする独立プロダクションの勃興は、一九七六年の角川映画の登場へとつながる(第一作目『犬神家の一族』[市川崑監督])。もっとも、「独立プロダクションという存在の持つ意味が、一九七〇年代半ばに入ると完全に変化してしまっている」と言われるように、[9] 角川映画は一九六〇年代までのATGや、監督・俳優らの個人プロダクションとは一線を画するものであった。もはや、従来の映画会社から見て、「外部」や「独立」のプロダクションとして周縁に位置づけることが適切とは言えなくなったのだ。「ATGであれ、映画作家の個人のプロダクションであれ、前衛作家の牙城としての意味を与えられていた」これまでの独立プロダクションとは違って、[10] 角川映画は王道的な商業映画の世界で成功を収めた。この会社は、書籍と連動して映画をヒットさせ、書籍の売上げにも結びつける手法、巨額の宣伝費を投じ、これまでは避けられていたテレビCMで大々的にプロモーションをするやり方など、他のメディアを駆使することで商業映画の主役に躍り出たのである。

この頃にはすでに、従来のブロック・ブッキングは明らかに衰退していた。一九六〇年代後半から、都市の封切館以外の二番館以下の劇場ではフリー・ブッキングの傾向があったが、角川映画が台頭する頃には、邦画の大作映画群が洋画の劇場で長期興行されるなど、固定されたブロックの中に収まらない軌道を見せるようになっていた。[11] そこに角川も同調し、邦画のフリー・ブッキング化に拍車を掛けるのである。[12]

自社作品で勝負してきた東映でさえ、洋画配給を経由しヒットを連発する角川映画に頼り、『セーラー服と機関銃』（相米慎二監督、一九八一年）などの配給で成果を上げた。同作は、東映やくざ映画を上映してきた映画館主から、「こんな映画で客が入るのか」と懐疑の声が上がったようだが、[13] 配給と興行の関係がブロック・ブッキングの衰退で薄れていくと、各社の特色も薄れていったのである。各社の特色を決定づけていた撮影所では、自主製作がめっきり減り、人材養成の機能が低下を見せる。かつては監督になるには助監督修行を積まなければならなかったが、そうした常識も、ロマンポルノで延命していた日活を除いて通じなくなった。そうなると、撮影所の外から人材が流入し、例えば角川映画を代表する監督の大林宣彦は、CMディレクターの世界から映画界に足を踏み入れた人物だった。このように、角川映画の台頭はさまざまな側面からポスト撮影所時代を印象づける大きな出来事であったのだ。

その角川も、宣伝媒体として活用したテレビ・メディアの本格的な映画業界への参入により、存在感を失っていく。一九八三年にフジサンケイグループが製作した『南極物語』（蔵原惟繕監督）が、当時の日本映画最高の配収五六億円を記録し、以後テレビ局の相次ぐ進出を見る。テレビ局は、豊富な資金力で巨額の製作費を投じた映画を作り、自らの放送電波を存分に利用した宣伝で角川映画の上を行った。ちなみにバブル期には、映画と無関係で潤沢な資金を持つ異業種企業が映画製作に相次いで乗り出してきたが、その潮流はバブル崩壊を経て後退する。結局、映画を製作し、それを宣伝する能力を保持するテレビ局が、以後の商業映画で大きな役割を担い続けるのである。

現在の商業映画で主流の製作委員会方式でもテレビ局は中核をなす。相変わらずの宣伝力が生かされるほか、二次利用としての映画のテレビ放映、またテレビ・ドラマ／アニメの映画化が安定した企画として喜ばれるというように、テレビと映画の間で往還的な作用が期待できることから、テレビ局は映画会社にとって不可欠なビジネス・パートナーとなっている。一方、東宝・松竹・東映といった現在の大手映画会社は、配給・興行で力を発揮する。なかでも、一九七一年に製作部門を分社化し、配給にいち早く重点を置くようになった東宝は、現在も傘下のTOHOシネマズを中心とした強力な興行網を武器に、業績を上げている。二〇一六年に東宝が配給した『シン・ゴジラ』（庵野秀明総監督）、『君の名は。』（新海誠監督）の大ヒットも、こうした販売能力なしには達成できなかっただろう。

テレビが発展していく一九五〇年代から七〇年代に、映画産業は大きな変革を強いられた。映画産業は内部の歪みを立て直しながら、テレビ業界と交渉をもつ中で生じた問題の解決に当たらなければならなかった。両者には多くの摩擦があったが、それは映画界にとって必要なことだったのではないか。その衝突から削り落ちないで残ったものが、娯楽もメディアも多様化した現代の映画を支える土台になっている。

二〇一六年の大ヒットドラマ『逃げるは恥だが役に立つ』の最終回冒頭で、その二日前に最終回を迎えたNHK大河ドラマ『真田丸』のパロディが描かれて話題になった。「アクチュアリティ」を売りにしていた初期テレビ・ドラマの性格が、弱まりつつも現代まで継承されていることがわかる。しかし他方、『シン・ゴジラ』の中で、ゴジラの出現をいち早く察知して「同時的」に伝えるメディアは、かつてのようなテレビではなく、インターネットを介した動画であった。

これからも、メディア間の交渉が摩擦を生みながらも絶え間なく続いていくだろう。映画だけでなく、もはや旧来のメディアとなったテレビにおいても、その過程で削り取られる部分が出てくるはずだ。かつては特長だったものが特徴にすぎなくなってしまうこともある。それでも、映画がテレビとの交渉からさまざまに変化を強いられて今に至ることを思い返せば、そうした摩擦も必要だと言える。そこで研磨された部分が、メディアをどう次世代まで持続させるのか、その光を示すはずである。

注

序章　メディアの相互交渉の視角から

（1）一九五四年の『ゴジラ』から六四年の『三大怪獣　地球最大の決戦』まで、東宝が毎年のように製作した一二本の怪獣映画が、海外で公開された。こうした怪獣映画ブームや海外での公開については、谷川建司「日本映画輸出振興協会と輸出向けコンテンツ――政府資金活用による怪獣映画製作とその顛末」、谷川建司編『戦後映画の産業空間――資本・娯楽・興行』（森話社、二〇一六年）、五四-五六頁、志村三代子「『羅生門』から『ゴジラ』へ――輸出産業のホープをめざして」、岩本憲児編『日本映画の海外進出――文化戦略の歴史』（森話社、二〇一五年）、二一四-二二〇頁などを参照。

（2）詳しくは本書第4章ほか参照。

（3）Gomery, Douglas. *The Hollywood Studio System* (New York : St. Martin's Press, 1986), pp. 8-13. また、このビッグ・ファイブに加えて、リトル・スリーと呼ばれる、ユナイテッド・アーチスツ、ユニバーサル、コロンビアの三社もメジャー会社に含まれることもあるが、ビッグ・ファイブと違って劇場を所有してはいなかった。

（4）加藤厚子「映画会社の市場認識と観客――一九三〇-一九六〇年代を中心に」、藤木秀朗編『観客へのアプローチ』（森話社、二〇一一年）、一〇二頁。

（5）通商産業省企業局商務課編『映画産業白書　一九六二年版――わが国映画産業の現状と諸問題』尚文堂、一四六頁。

（6）志賀信夫『昭和テレビ放送史　上』（早川書房、一九九〇年）、二一八-二一九頁。

（7）同上、二二〇頁。

（8）Gomery, Douglas & Clara Pafort-Overduin. *Movie History : A Survey : Second Edition* (New York : Routledge, 2011), pp. 162.

（9）Gomery, Douglas. *Shared Pleasures : A History of Movie Presentation in the United States* (Madison : The University of Wisconsin Press, 1992), pp. 83-84.

（10）古田尚輝『「鉄腕アトム」の時代――映像産業の攻防』（世界思想社、二〇〇九年）、一〇一-一〇二頁。

（11）同上、九八-一〇二頁。

（12）同上、一〇九頁。

（13）佐藤忠男『日本映画史　第三巻』（岩波書店、一九九五年）、一八頁。

（14）田中純一郎『日本映画発達史Ⅳ』（中央公論社、一九七六年）、二六九-二七〇頁と四方田犬彦『日本映画史一〇〇年』（集英社、二〇〇〇年）、一六〇頁を参照。

（15）日本放送出版協会編『放送の二〇世紀――ラジオからテレビ、そして多メディアへ』（日本放送出版協会、二〇〇二年）、一一六頁。

（16）飯田豊『テレビが見世物だったころ――初期テレビジョンの考古学』（青弓社、二〇一六年）、三四四頁。

（17）吉見俊哉「映画館という戦後」、黒沢清・四方田犬彦・吉見俊哉・李鳳宇編『日本映画は生きている　第三巻　観る人、作る人、掛ける人』（岩波書店、二〇一〇年）、一一四頁。

（18）同上、一一六頁。

（19）日本放送協会放送文化研究所放送学研究室編『放送学研究9』（日本放送出版協会、一九六四年）、二一九頁。

（20）日本放送協会放送文化研究所放送学研究室編『放送学研究8』（日本放送出版協会、一九六四年）、四二頁。

（21）日本放送協会放送文化研究所放送学研究室編『放送学研究10』（日本放送出版協会、一九六五年）、七八頁。

（22）『放送学研究9』、二一九頁。

（23）経済企画庁編『国民生活白書　昭和三五年版』大蔵省印刷局、四二頁。

（24）『放送学研究9』、二四二頁。

（25）『放送学研究8』、四九頁。

（26）マクルーハンの「公認の文化は懸命に、新しいメディアに古いメディアの仕事を強いている」という指摘が（マーシャル・マクルーハン、クエンティン・フィオーレ著／門林岳史訳『メディアはマッサージである――影響の目録』［河出書房新社、二〇一五年］、九六頁）、しばしばこのような解釈を読者に促してきた。

（27）一九五三年のテレビ産業の出現は、映画以外のメディア、なかでもテレビと同様の放送事業であるラジオにも強い影響を与えた。テレビ時代のラジオの在り方が問われだしたのは、一九六〇年頃である（『放送学研究8』、九二頁）。全国の約三分の一の世帯がテレビを持つようになった時代であり、この頃より、ラジオ聴取時間の減少がはっきりと確認されるようになった。そもそもテレビが登場し普及する一九五〇年代は、ラジオ放送にとっても飛躍が期待されていた。一九五〇年に施行された放送法により、公共放送であるNHKだけでなく、民間企業によるラジオ放送の運営が認められるようになったのである。それにより、民間ラジオ放送局の開局が相次ぎ、ラジオは国民に深く浸透していく。NHKの調査によれば、平日のラジオ聴取時間は、一九五二年には平均で三時間二七分を記録していた。そこから一九五五年頃まではラジオ全盛の時代と言われていた（『放送学研究10』、一三〇頁）。だが、その後勢いが失速し、一九六〇年には聴取時間が一時間三四分と半分になり、さらに六五年には二七分にまで急減する（『放送学研究28』、六八頁）。テレビが急伸した一九五九年に実施された「新聞総合調査」では、テレビ購入後も、新聞や雑誌にふれる時間は以前と変わらないと答えた人が多かった一方で、ラジオ聴取については、減った（四七・九％）、聞かなくなった（三八・一％）という回答が目立ち、テレビの購入でラジオ離れが起こったことが伝えられている（『放送学研究8』、九一頁）。

テレビの家庭への進出にしたがい、ラジオ放送は番組の形態を模索する。一般的傾向としては、音楽番組とスポーツ番組の改編が目立った。音楽番組には、一人のディスク・ジョッキーがさまざまな話題を提供しながら音楽をかける形式が増え、製作費・人件費の節約を試みた。夜のゴールデン・アワーには、プロ野球のナイター中継が増加した。ナイター中継は一九五六年に日本短波放送、五七年にNHK第二放送がそれぞれ実施して高聴取率を上げる。さらに一九五八年にはラジオ東京、文化放送、ラジオ関東がナイター中継を開始し、なかでもラジオ関東は、ゲーム開始から終了まで完全中継を方針として実施した（『放送学研究28』、一二八頁）。

(28) 古田、前掲、二一頁。

(29) 同上、二三頁。

(30) 『放送学研究10』、二三八頁。

(31) 『放送学研究9』、一三七頁。

(32) 日本放送協会編『日本放送史　上』（日本放送出版協会、一九六五年）、九四頁。

(33) 藤木秀朗『増殖するペルソナ――映画スターダムの成立と日本近代』（名古屋大学出版会、二〇〇七年）、八一頁。

第1章　テレビ登場

(1) 監督の山崎は「三部作としてキレイに納まるのではなく『男はつらいよ』のようなシリーズになっていく感じもしているんです」と答え、続編の可能性をにおわせている。「インタビュー　山崎貴監督」、『キネマ旬報』二〇一二年二月上旬特別号、四六頁。

(2) 「日本映画産業統計」(http://www.eiren.org/toukei/index.html) の各年代の興行収入を参照。

(3) 「特集ALWAYS三丁目の夕日」、『キネマ旬報』二〇〇五年十一月下旬号、五八頁。

(4) 「対談　宮崎吾朗×山崎貴」、『キネマ旬報』二〇一一年八月上旬号、三三頁。

(5) 『ALWAYS　続・三丁目の夕日』においても、他二作よりは目立たないが、それでもテレビをめぐる描写はある。自動車修理工場の家に親類の娘がやって来るが、その娘が「うちの家のテレビは、これよりも三倍大きい」と不満を述べる場面がある。

(6) 二〇一二年のNHK連続テレビ小説『梅ちゃん先生』も、「ALWAYS」と同時代を描いた作品であるが、そこでも、テレビを買った食堂に近所の人が集まって、騒いで観ているといった光景がノスタルジックに描かれている。

(7) 村田昭治「マーケティングの発展とテレビ」、川上宏編『大衆文化としてのテレビ――軌跡と展望』（ダイヤモンド社、一九七九年）、一一四頁。

（8）『映画年鑑　一九五七年版』時事通信社、三七五頁。

（9）古田尚輝『「鉄腕アトム」の時代――映像産業の攻防』（世界思想社、二〇〇九年）、一一二～一二一頁。また同書一二三頁では、①一九六四年七月から外国映画の輸入自由化によって大量のテレビ映画と劇映画の輸入が予想され、映画会社に危機感が芽生えたこと、②東映・松竹・東宝・大映の四社が民間テレビ局に出資し、かつテレビ映画の製作も始めるようになったことが、敵視策を撤回する要因になったと述べられている。

（10）Lafferty, William. "Feature Films on Prime-Time Television." Ed. Tino Balio. *Hollywood in the Age of Television* (Boston : Unwin Hyman, 1990), p. 238.

（11）Ibid., 237.

（12）「テレビと映画・一九五七年」、『キネマ旬報』一九五七年三月上旬号、三六-四一頁。

（13）『映画年鑑　一九五八年版』時事通信社、四四一頁。

（14）四方田犬彦『日本映画史一〇〇年』（集英社、二〇〇〇年）、四四頁。

（15）永田哲朗『殺陣――チャンバラ映画史』（社会思想社、一九九三年）、二九頁。

（16）『読売新聞』一九五七年七月二四日朝刊。

（17）『読売新聞』一九五八年三月一〇日朝刊。

（18）「テレビと映画監督・脚本家（アンケート）」『キネマ旬報』一九五八年臨時増刊テレビ大鑑、七四-七五頁。

（19）『読売新聞』一九五八年十一月一八日夕刊。

（20）同上。

（21）『読売新聞』一九六〇年一月一六日夕刊。

（22）『読売新聞』一九六二年五月二九日夕刊。

（23）村田、前掲、一一四頁。

（24）吉見俊哉「映画館という戦後」、黒沢清・四方田犬彦・吉見俊哉・李鳳宇編『日本映画は生きている　第三巻　観る人、作る人、掛ける人』（岩波書店、二〇一〇年）、一一三頁。

（25）同上、一一四頁。

（26）内藤昭『映画美術の情念』（リトル・モア、一九九二年）、七二頁。

（27）「テレビと生活」、『キネマ旬報』一九五八年臨時増刊テレビ大鑑、三五頁。

（28）古田、前掲、六四-六五頁。

（29）渡辺武信『日活アクションの華麗な世界　上』（未来社、一九八一年）、四七頁。

(30) 日活と日本テレビの契約、ならびに放送作品については、古田、前掲、一一八頁を参照されたい。
(31) 「テレビと芸術」、『キネマ旬報』一九五八年臨時増刊テレビ大鑑、七三頁に、「テレビジョンの魅力の一つにはその同時性にあるといわれている。今、現に起っていることを見たり聴いたりしている魅力である」と述べられている。
(32) 水野肇「ニュース映画とテレビと」、『映画評論』一九五八年九月号、四八頁。
(33) 「新分野を開くTVニュース」、『合同通信映画特信版』一九五七年五月五日、一頁。
(34) 『映画年鑑　一九六五年版』時事通信社、二四七頁。
(35) 例えば、「朝日ニュース」「毎日ニュース」「読売国際ニュース」「大毎ニュース」「東映ニュース」といった主要五種のニュース映画の配給収入の合計が、一九六〇年（一〜六月）では二億五千万円だったのに対して（『映画年鑑　一九六一年版』時事通信社、五五頁）、五年後の一九六五年（一〜六月）では一億九千万円に大きく減少している（『映画年鑑　一九六六年版』時事通信社、七八頁）。その上、物価の高騰もあり製作費が年々増加し、朝日ニュースや東映ニュースのように月額五〇〇万円までを配給会社から保障されているもの以外は（前者は東宝配給）、製作維持がきわめて困難になっていった（『映画年鑑　一九六五年版』、二四七頁）。ついには、「各社とも劇場用ニュース映画に期待するところは少ないようで、テレビ用ニュース、短編の製作がその主業務となって」いき、劇場用ニュース映画製作が看板であったはずの製作会社が、皮肉にもライバルのテレビ・ニュースへと乗り換えて経営の安定を目指した。
(36) 本作については、映画批評家の樋口尚文も『「月光仮面」を創った男たち』（平凡社、二〇〇八年）、一二五-一二八頁で考察している。
(37) 「興行者におたずねします質問・10」、『合同通信映画特信版』一九六三年一月六日、三〇頁。
(38) 「映画になったマスコミ」、『キネマ旬報』一九五八年七月上旬号、九二頁。
(39) 古田、前掲、八二頁。

第2章　テレビとは何か、テレビ・ドラマとは何か

(1) 「テレヴィ」、『キネマ旬報』一九五二年十一月上旬号、八〇頁。
(2) 「テレビと映画・一九五七年」、『キネマ旬報』一九五七年三月上旬号、四〇頁。
(3) 池田義信「ラジオ・テレビ・映画」、『放送文化』一九五三年四月号、二九頁。
(4) テッド・アレグレッティ「演出について」、『放送文化』一九五三年六月号、九七頁。
(5) Lafferty, William. "Feature Films on Prime-Time Television." Ed. Tino Balio. *Hollywood in the Age of Television* (Boston : Unwin Hyman, 1990), p. 236.
(6) 松山秀明「ドラマ論――〝お茶の間〟をめぐる葛藤」、『放送研究と調査』二〇一三年十二月号、五四頁。

(7) 東京ニュース通信社編『テレビドラマ全史　一九五三〜一九九四』(東京ニュース通信社、一九九四年)、六頁。
(8) 橋本潔氏宅でのインタビュー。二〇一六年六月一九日。
(9) 和田矩衛「テレビドラマ発達史(二)――ＮＨＫ放送時代(二)」、『月刊民放』一九七六年六月号、三三頁。
(10) 同上、三二頁。
(11) 橋本、前掲。
(12) 大山勝美「技術がひらいたドラマの世界」、日本放送協会総合放送文化研究所編『放送学研究27』(日本放送出版協会、一九七五年)、九七頁。
(13) 同上、九八頁。
(14) 和田矩衛「テレビドラマ発達史(一)――ＮＨＫ放送時代(一)」、『月刊民放』一九七六年五月号、三三頁。
(15) 和田「テレビドラマ発達史(二)」、三二頁。
(16) 加納守「テレビドラマ演出の生成と発展1」、『放送文化』一九六五年八月号、二一頁。
(17) ＫＲＴ独自の調査では、視聴率の平均が三五〜四〇%、最高七一%を記録したと言われている(原田信男『テレビドラマ三十年』[読売新聞社、一九八三年]、三七頁)。
(18) 岩崎修「テレビ・ドラマ私見」、『キネマ旬報』一九五八年臨時増刊テレビ大鑑、七四頁。
(19) 江上照彦「テレビ映画論」、『放送文化』一九六三年十月号、二五頁。
(20) 内村直也『テレビ・ドラマ入門』(宝文館、一九五七年)、一六三頁。
(21) 並河亮「動的画面とフイルム」、『テレビドラマ』一九六〇年九月号、四七頁。
(22) 映画監督でテレビ・ドラマも手がけた若杉光夫は、ドラマでフィルムを使う際、「フィルムにするからには、ロケーションを多くして」と言われたことを明かしている(若杉光夫「テレビ劇映画の演出をめぐって」、『放送文化』一九六二年二月号、一八頁)。
(23) 高松二郎「テレビ芸術を創る人々」、『キネマ旬報』一九五八年臨時増刊テレビ大鑑、七九頁。
(24) 「テレビのリズム・映画のリズム」、『キネマ旬報』一九五八年四月上旬号、一六四頁。
(25) 原田、前掲、三八頁。
(26) 松山、前掲、六一頁。
(27) 日本放送協会編『日本放送史　下』(日本放送出版協会、一九六五年)、五三四頁。
(28) 佐々木基一『テレビ芸術』(パトリア書店、一九五九年)、一一五-一一六頁。
(29) 「〝私は貝になりたい〟その批評集」、『調査情報』一九五八年十一月号、三四-三五頁。
(30) 大木豊「審査会始末記」、『キネマ旬報』一九五九年一月下旬号、一二三頁。

(31) 松山、前掲、五八頁。
(32) 「テレビの威力とその責任」、『キネマ旬報』一九五八年一月新年特別号、一七一–一八〇頁。
(33) 佐怒賀三夫『テレビドラマ史——人と映像』(日本放送出版協会、一九七八年)、一四頁。
(34) 今野勉『テレビの青春』(NHK出版、二〇〇九年)、三二頁。
(35) 「放送文化史第二部　ブラウン管の内側の状況・上」、『調査情報』一九六五年五月号、一九頁。
(36) 脚本の橋本忍は「捨てカット」のような無意味なショットが入るのを嫌い、演出の岡本愛彦に相談したところ、ビデオ・テープで解決できると言われ、それを使用することになったと経緯を明かしている(「スタジオ・ドラマとしてのテレビ」、『キネマ旬報』一九五九年一月新年特別号、一八六頁)。
(37) 橋本忍は「ビデオテープの出現によって、映画とテレビがほとんど変わらなくなったかというとそうではない。テレビはスタジオ[セット]だけで、オープンとロケーションがない」と語っている(志賀信夫『テレビ番組事始——創生期のテレビ番組二五年史』[日本放送出版協会、二〇〇八年]、四四頁)。
(38) 佐怒賀、前掲、一四–一五頁。
(39) 同上、一六頁。
(40) 岡本愛彦『テレビドラマのすべて——テレビ・テレビ局・テレビドラマ』(宝文館出版、一九六四年)、四九頁。
(41) 同上、五二頁。
(42) 岡田晋「映画とテレビの分岐点・交流点」、『キネマ旬報』一九五九年五月下旬号、五二頁。
(43) 岩崎、前掲、七四頁。
(44) 前田達郎「私の演出論」、『テレビドラマ』一九六二年一月号、三〇–三一頁。
(45) 「テレビのリズム・映画のリズム」、一六五頁。
(46) 詳しくは、西田桐子「ドキュメンタリー/記録芸術の『アクチュアリティ』——一九五〇年代前衛芸術運動における文学と映画の位相」、『比較文学・文化論集』第三三号(九–二六頁)を参照。また、Furuhata, Yuriko. *Cinema of Actuality: Japanese Avant-Garde Filmmaking in the Season of Image Politics* (Durham: Duke University Press, 2013) では、一九六〇年代の大島渚や松本俊夫ら芸術映画作家の作品に見られる「アクチュアリティ」についての分析が精緻におこなわれている。
(47) 佐々木基一「テレビ劇映画の芸術」、『放送文化』一九六二年二月号、二二頁。
(48) 佐怒賀、前掲、八二頁。
(49) 日本放送協会総合放送文化研究所編『放送学研究10』(日本放送出版協会、一九六五年)、二四五–二四六頁。
(50) 佐怒賀、前掲、八二頁。

（51）原田、前掲、四六-四七頁。
（52）「テレビのリズム・映画のリズム」、一六五-一六六頁。
（53）藤原功達「テレビ時代劇の視聴状況を分析する」、『放送文化』一九六九年十一月号、二〇頁。
（54）能村庸一『実録　テレビ時代劇史』（東京新聞出版局、一九九九年）、一〇五頁。
（55）同上。
（56）同上。
（57）柳原良平「ストリップ小屋になりますゾ」、『シナリオ』一九六六年九月号、一九頁。
（58）日本放送協会、前掲、八五七頁。
（59）大山、前掲、一二〇頁。
（60）『キネマ旬報』の一九六四年八月上旬号～六五年十二月下旬号にかけて「民間放送の内幕」と題して二八回の特集が組まれた。そこでは、たびたび、テレビ局がスポンサーや広告代理店に製作費等の問題から依存している状況が語られている。
（61）大山、前掲、一二四頁。
（62）佐藤精「連ドラの発展史」、『放送文化』一九六八年六月号、一二頁。
（63）大山、前掲、一二四頁。
（64）松山、前掲、六三-六四頁。
（65）大山、前掲、一二五頁。

第3章　テレビ映画をつくってやろう

（1）「日本映画製作者連盟」ホームページ（http://www.eiren.org/toukei/index.html）の「二〇一五年度興収一〇億円以上番組」表より。
（2）『映画年鑑　一九六一年版』時事通信社、二八七頁。
（3）古田尚輝『「鉄腕アトム」の時代——映像産業の攻防』（世界思想社、二〇〇九年）、一〇九頁。
（4）White, Timothy R. "Hollywood's Attempt at Appropriating Television : The Case of Paramount Pictures." Ed. Tino Balio. *Hollywood in the Age of Television* (Boston : Unwin Hyman, 1990), pp. 145–162.
（5）シアター・テレビジョンにもっとも積極的だった東映の大川社長は、アイドホールという名称でその装置の実用化を目指したが、一九六五年には「アイドホールの実用化は採算がたたず、あきらめた」と発言している（『合同通信映画特信版』一九六五年一月二四日、五頁）。
（6）同上、八三-八四頁。

（7）同上、八五頁。
（8）『映画年鑑　一九五四年版』時事通信社、二〇六頁。
（9）『映画年鑑　一九五五年版』時事通信社、二八五頁。
（10）古田、前掲、一一三頁。ただし、『白鳥の騎士』の成績は良くなく、浅草の新東宝で週間動員数七六七一名、興行収入五五万円であった（瓜生忠夫「『新諸国物語』の前後　放送と映画の交流と疎外4」、『調査情報』［TBS調査部、一九六六年十二月号］、三四頁）。
（11）『映画年鑑　一九五四年版』、二〇八-二〇九頁。
（12）「テレビの発展性は計り知れない大きさだ」、『キネマ旬報増刊　日本欧米テレビ大鑑』一九五三年四月一〇日、四三頁。
（13）大川博「テレビ・二本立・直営館」、『合同通信映画特信版』一九五六年七月八日、二-三頁。
（14）『映画年鑑　一九五七年版』時事通信社、三七五頁。
（15）大川、前掲、三頁。
（16）「六社のTV申請について」、『合同通信映画特信版』一九五七年三月一七日、一頁。
（17）「二本立競争と日本映画の信用」、『キネマ旬報』一九五八年十一月上旬号、六五頁。
（18）全国朝日放送株式会社総務局社史編纂部編『テレビ朝日社史――ファミリー視聴の二五年』（全国朝日放送、一九八四年）、一一頁。
（19）「映画会社のテレビ進出」、『合同通信映画特信版』一九五七年七月七日、二-三頁。
（20）瓜生忠夫「テレビ映画と映画産業　上」、『調査情報』（TBS調査部、一九六四年七月号）、八頁。
（21）東映十年史編纂委員会編『東映十年史――一九五一年-一九六一年』（東映株式会社、一九六二年）、二五七頁。
（22）野坂和馬「テレビ映画／プロダクションとして」、『テレビドラマ』（ソノブックス社、一九六二年六月号）、二二頁。
（23）瓜生「テレビ映画と映画産業　上」、八頁。
（24）瓜生忠夫「NETの開局と東映映画　放送と映画の交流と疎外13」、『調査情報』（TBS調査部、一九六七年九月号）、四二頁。
（25）瓜生忠夫「続・NETの開局と東映映画　放送と映画の交流と疎外14」、『調査情報』（TBS調査部、一九六七年十月号）、三三頁。
（26）同上。
（27）全国朝日放送株式会社総務局社史編纂部、前掲、五五-五六頁。
（28）同上、三六六頁。
（29）実際に社史にも、そうした作品の貢献が指摘されている（同上、五四-五七頁）。

(30) 東映十年史編纂委員会、前掲、二五九頁。
(31) 「発足する第二東映系統」、『合同通信映画特信版』一九五九年三月二九日、三頁。
(32) 東映十年史編纂委員会、前掲、一六三頁。
(33) 『映画年鑑　一九六〇年版』時事通信社、一三五頁。
(34) 東映十年史編纂委員会、前掲、一七三頁。
(35) 瓜生忠夫「ＮＡＣの設立と大映の自主制作　放送と映画の交流と疎外15」、『調査情報』（ＴＢＳ調査部、一九六七年十一月号）、三一頁。
(36) 『映画年鑑　一九六二年版』時事通信社、二二六頁。
(37) 東映十年史編纂委員会、前掲、二四一頁。
(38) 『映画年鑑　一九六〇年版』、一四二頁。
(39) 東映十年史編纂委員会、前掲、二四七頁。
(40) こうした東映のテレビ・アニメの劇場公開については、木村智哉「東映動画株式会社における映画製作事業とその縮小」、谷川建司編『戦後映画の産業空間——資本・娯楽・興行』（森話社、二〇一六年）を参照。
(41) 五〇周年実行委員会／五〇周年事務局五〇年史編纂チーム編『東映アニメーション五〇年史　一九五六-二〇〇六——走りだす夢の先に』（東映アニメーション株式会社、二〇〇六年）、三二頁。
(42) 塩沢茂「テレビ映画論」、『キネマ旬報』一九五八年五月下旬号、一二二頁。
(43) 例えば「私は貝になりたい」を放送したＴＢＳ（当時はＫＲＴ）の広報誌では、脚本家の内村直也が、「これだけのドラマ化を可能ならしめたのは、ビデオ・テープの威力です」と結んで、ＶＴＲの効果を称賛している。詳しくは、内村直也「反響を呼んだ秀作」、『調査情報』（ラジオ東京調査部、一九五八年十一月号）、三二-三三頁を参照。
(44) 今野勉『テレビの青春』（エヌティティ出版、二〇〇九年）、二〇六頁。
(45) 「ブラウン管の主導権を握るもの《座談会・現場からの発言》」、『シナリオ』一九六七年五月号、四四頁。
(46) 『映画年鑑　一九六五年版』時事通信社、七八頁。
(47) 同上、二七三頁。
(48) 瓜生忠夫「テレビ映画と映画産業　下」、『調査情報』一九六四年九月号、八頁。
(49) 『映画年鑑　一九六一年版』、二八八-二八九頁。
(50) 瓜生「テレビ映画と映画産業　下」、八頁。
(51) 岡本愛彦『テレビドラマのすべて——テレビ・テレビ局・テレビドラマ』（宝文館出版、一九六四年）、二一〇頁。

(52)「テレビ映画の現況と未来」、『テレビドラマ』一九六二年六月号、一六頁。
(53)「一本立てになるテレビ映画」、『合同通信映画特信版』一九六四年八月九日、二頁。
(54) 瓜生「テレビ映画と映画産業　下」、九頁。
(55) 同上。
(56) 同上、六頁。
(57) NET以外の最初の東映テレビ映画は、一九六二年十月に日本テレビより放映された『ヘッドライト』(『映画年鑑　一九六四年版』時事通信社、三二〇頁)。また、京都のテレビ・プロ設立後、大川社長が「NET以外にも営業する」という意志は見せていた(大川博「努力すればよくなる年」、『合同通信映画特信版』一九六五年一月二四日、五頁)。
(58) 田口直也「制作が先行する立場」、『合同通信映画特信版』一九六五年八月一五日、四頁。
(59)「東映大川社長の談話から」、『合同通信映画特信版』一九六九年一月一九日、一頁。
(60)『映画年鑑　一九六〇年版』、三五七頁。
(61) 瓜生「テレビ映画と映画産業　上」、六頁。
(62)「自己防衛への積極策を」、『合同通信映画特信版』一九六三年十月二〇日、一頁。
(63)『読売新聞』一九六二年十二月二一日夕刊。
(64) 武田昌夫「テレビ映画の実態と役割」、『シナリオ』一九六七年七月号、七七頁。
(65) 川野泰彦「映画の脇役・大手五社のテレビ室」、『シナリオ』一九六七年五月号、二六頁。
(66) 同上、二六-二七頁。
(67)『映画年鑑　一九七〇年版』時事通信社、二〇三頁。
(68)『映画年鑑　一九七五年版』時事通信社、八四頁。
(69) 東映のテレビ部門の売上げが正確に出ているのは、一九七二年度の上期であるが、そのときには二七億七五〇〇万の売上げを記録し、全体の営業収入の中で二五・六一%を占めていた。
(70)『映画年鑑　一九七五年版』、八六頁。
(71) 東宝五十年史編纂委員会編『東宝五十年史』(東宝株式会社、一九八二年)、二五一頁。
(72) 岩切保人「フィルムからビデオへ」、『放送文化』一九七七年五月号、三八-四三頁。
(73)『松竹百年史　映像資料・各種資料・年表』(松竹株式会社、一九九六年)、三一八-三三九頁。

第4章　映画館の乱立と奮闘

（1）日本映画製作者連盟ホームページの「過去データ一覧表」(http://www.eiren.org/toukei/data.html) より。
（2）Gomery, Douglas. *Shared Pleasures : A History of Movie Presentation in the United States* (Madison : The University of Wisconsin Press, 1992), pp. 85-88.
（3）イギリスでは映画が衰退しだす一九五〇年代初期には、興収の約三五％が娯楽税（entertainment tax）として徴収された。詳しくは Jaconvich, Mark et al., *The Place of the Audience : Cultural Geographies of Film Consumption* (London : British Film Institute, 2003), pp. 134-141 を参照。
（4）『映画年鑑　一九七三年版』時事通信社、二二頁。
（5）「自由化と云う名の晴天乱流」、『映画ジャーナル』一九六六年四月号、一三頁。
（6）通商産業省企業局商務課編『映画産業白書　一九五八年版』大蔵省印刷局、九六頁。
（7）通商産業省企業局商務課編『映画産業白書　一九六二年版』尚文堂、六頁。
（8）「ブッカーは嘆かず」、『合同通信映画特信版』一九五三年九月一〇日、五頁。
（9）「館主対談」、『映画ジャーナル』一九六一年七月号、六八頁。
（10）山崎盛男「地方都市の興行」、『合同通信映画特信版』一九五七年一月二〇日、五頁。
（11）通商産業省企業局商務課編『映画産業白書　一九五八年版』、五頁。
（12）通商産業省企業局商務課編『映画産業白書　一九六二年版』、一二六頁。
（13）『映画年鑑　一九六六年版』時事通信社、二四〇頁。
（14）『映画年鑑　一九七三年版』、二二頁。
（15）「興行トピックス」、『映画ジャーナル』一九六七年七月号、四二頁。
（16）同上、四二-四四頁。
（17）『映画年鑑　一九七三年版』、二三頁。
（18）「過去データ一覧表」、前掲。
（19）時実象平「全国映画興行者に訴えるI」、『キネマ旬報』一九五八年四月上旬号、六二頁。
（20）同上。
（21）通商産業省企業局商務課編『映画産業白書　一九五八年版』、三四頁。
（22）「映画企業は斜陽産業か」、『映画時報』一九五九年四月号、一八頁。
（23）古田尚輝『「鉄腕アトム」の時代——映像産業の攻防』（世界思想社、二〇〇九年）、一〇二-一〇三頁。

(24)「今年の景気はどうなる」、『映画時報』一九五七年四月号、一九頁。
(25)東映の専門館の数は、一九五三年末には数十館しかなかったが、五四年二月には九五館、八月には一四九館、五五年二月には一二九館に達した。詳しくは、東映十年史編纂委員会編『東映十年史』(東映株式会社、一九六二年)、五二頁を参照。
(26)『中国新聞』一九五五年七月五日。
(27)『中国新聞』一九五六年二月二日。
(28)『映画年鑑　一九五七年版』時事通信社、一六七頁。
(29)同上、一六八頁。
(30)広島市編『広島新史　市民生活編』(広島市、一九八三年)、二〇二頁。
(31)『中国新聞』一九五六年二月一五日。
(32)「今日の話題」、『映画時報』一九五七年六月号、三二頁。
(33)「『環境衛生関係営業の運営の適正化に関する法律』関係資料」、『商工金融』一九五七年十一月号、一七頁。
(34)松延昇「映画興行環衛組合の新規事業者の増加防止事件」、『公正取引』一九六〇年五月号、二八-二九頁。
(35)同上、二九-三〇頁。
(36)『映画年鑑　一九五八年版』時事通信社、一六四頁。
(37)通商産業省企業局商務課編『映画産業白書　一九六二年版』、三一頁。
(38)『映画年鑑　一九五九年版』時事通信社、二七六頁。
(39)通商産業省企業局商務課編『映画産業白書　一九五八年版』、三四-三五頁。
(40)「今年の景気はどうなる」、一八頁。
(41)「東映の全貌と将来　創立十周年を迎える」、『映画時報』一九六〇年十一月号、四三頁。
(42)「東映未来経営への成果」、『映画時報』一九六二年五月号、二八頁。
(43)この表は、「過去データ一覧表」、前掲をもとに、一九五八年・六二年版の『映画産業白書』や、一九七三年までの当該年版の『映画年鑑』を参考に作成した。
(44)永田雅一「入場料金の適正化」、『映画時報』一九六一年三月号、三〇頁。
(45)通商産業省企業局商務課編『映画産業白書　一九六二年版』、三一頁。
(46)通商産業省企業局商務課編『映画産業白書　一九六二年版』、三五頁。
(47)「入場税撤廃を、永田・菊田氏が力説」、『映画時報』一九六一年五月号、三三頁。
(48)「一六〇億円を賭ける撤廃運動」、『映画ジャーナル』一九六一年四月創刊号、四五頁。

(49) 当時の雑誌で観客の反応が載っているが、「減税額の半分くらいは値下げしてもいいのでは」といった具体的な提言や、「映画会社は苦しい苦しいと言いながら、スタアなどは、商売柄とは言え大変優遇されている」といった厳しい意見が出ている(「一六〇億円を賭ける撤廃運動」、四七‐四八頁)。
(50) 『映画年鑑』の一九六一年版から七〇年版に載っている都道府県別の映画館数をもとに減少率を計算した。
(51) 「日本一の興行界・丸の内有楽街を東宝はこうして育てた」、『映画ジャーナル』一九六二年一月号、二八頁。
(52) 一九五八年の一館当たりの興行収入が一〇二三万で、六一年のそれが一〇〇九万であることからあまり変化がない(通商産業省企業局商務課編『映画産業白書 一九六二年版』、三六頁)。
(53) 「日本一の興行界・丸の内有楽街を東宝はこうして育てた」、二六‐三〇頁。
(54) 「悪条件の中を粘り強く前進する秋田市」、『映画ジャーナル』一九六二年十月号、四五頁。
(55) 加瀬和俊『集団就職の時代――高度成長のにない手たち』(青木書店、一九九七年)、七六頁。
(56) 「悪条件の中を粘り強く前進する秋田市」、四四頁。
(57) 国民生活研究所編『国民生活統計年報 一九六六年版』至誠堂、一二〇‐一二一頁。
(58) 「悪条件の中を粘り強く前進する秋田市」、四四頁。
(59) 加藤幹郎『映画館と観客の文化史』(中公新書、二〇〇六年)、二五六頁。
(60) 「上昇ムードに拍車をかけて復配へ 松竹映画の復興に打ちこむ城戸構想」、『映画ジャーナル』一九六四年十月号、一〇頁。
(61) 同上。
(62) 「酒田の世界一デラックス映画館」、『週刊朝日』一九六三年十月四日号、三八頁。
(63) 「モデル・シアター」、『映画ジャーナル』一九六一年七月号にグリーン・ハウスの詳細が載っている。また同館については、岡田芳郎『世界一の映画館と日本一のフランス料理店を山形県酒田につくった男はなぜ忘れ去られたのか』(講談社、二〇〇八年)も詳しい。
(64) 「モデル・シアター」、二五頁。
(65) 「アウトサイダーはかく語る」、『映画ジャーナル』一九六二年一月号、二三‐二四頁。
(66) 通商産業大臣官房調査統計部編『特定サービス業実態調査報告書映画館編 一九七六年版』通産統計協会、五一頁。
(67) 『朝日新聞』一九六二年八月二六日夕刊。
(68) 「終夜興行は儲かるか」、『映画ジャーナル』一九六三年七月号、五四頁。
(69) 「深夜興行でアベックを狙う」、『映画時報』一九六二年八月号、二五頁。
(70) 「業界一致で観客倍加運動促進」、『映画時報』一九六三年十一月号、三三頁。

(71) こうした美須興行がおこなっていた深夜興行の全体の流れと観客の反応については、「終夜興行は儲かるか」、五二-五五頁に詳しい。
(72) 同上、五五頁。
(73) 西尾示郎「深夜興行の実態を見る」、『青少年問題』一九六七年一月号、五二頁。
(74)「悪条件の中を粘り強く前進する秋田市」、四七頁。
(75) 同上、四五頁。
(76) 同上、四七頁。
(77)「おっとり構えた金沢市」、『映画ジャーナル』一九六一年十一月号、五九頁。
(78) 同上。
(79)「興行パトロール」、『映画ジャーナル』一九六五年六月号、五八頁。
(80)「興行コンサルタント」、『映画ジャーナル』一九六四年三月号、四九頁。
(81)「終夜興行は儲かるか」、五五頁。
(82) 鈴木信治郎「下克上下の日本映画」、『シナリオ』一九六六年一月号、一二頁。
(83)「ニュース・コーナー」、『映画時報』一九六六年新年号、二四頁。
(84)「日本映画界の防衛と前進態勢成る」、『映画時報』一九六七年十二月号、一五頁。
(85)「東映グループの勝利の実態」、『映画時報』一九六八年十一月号、一九頁。
(86) 鈴木、前掲、一三頁。
(87)「大都市重点に劇場を整備」、『映画ジャーナル』一九六六年九月号、一三頁。
(88) 通商産業大臣官房調査統計部編『特定サービス業実態調査報告書映画館編　一九八〇年版』通産統計協会、三三頁。
(89) 通商産業大臣官房調査統計部編『特定サービス業実態調査報告書映画館編　一九九一年版』通産統計協会、七二頁。
(90) 立川市教育委員会編『映画の街とその時代』(立川市教育委員会、二〇〇〇年)、一〇六頁。

第5章　配給・興行に力を入れろ

(1) 日本映画製作者連盟ホームページの「過去データ一覧表」(http://www.eiren.org/toukei/data.html) に掲載されている入場者数を当時の総人口九〇〇〇万人で割ると、一九五七年から五九年まで国民一人当たりの年間映画観覧が一二回以上という値になる。
(2) 上田学『日本映画草創期の興行と観客――東京と京都を中心に』(早稲田大学出版部、二〇一二年)、五-六頁。
(3) 鈴木晰也『ラッパと呼ばれた男――映画プロデューサー永田雅一』(キネマ旬報社、一九九〇年)、一八〇頁。

（4）板倉史明「大映『母もの』のジャンル生成とスタジオ・システム」、岩本憲児編『家族の肖像——ホームドラマとメロドラマ』（森話社、二〇〇七年）、一二一-一二二頁。
（5）東映十年史編纂委員会編『東映十年史——一九五一年-一九六一年』（東映株式会社、一九六二年）、一九五頁。
（6）東宝三十年史編纂委員会編『東宝三十年史』（東宝株式会社、一九六三年）、二〇七頁。この発言は、直営館を百館にするというもの。
（7）東映十年史編纂委員会、前掲、七四頁。
（8）「二本立競争と日本映画の信用」、『キネマ旬報』一九五八年十一月上旬号、六五頁。
（9）『映画年鑑　一九五八年版』時事通信社、二六五頁。
（10）同上、二五二頁。
（11）「二本立競争と日本映画の信用」、六六頁。
（12）『映画年鑑　一九五九年版』時事通信社、一二四頁。
（13）大川博「東映娯楽映画論」、『キネマ旬報』一九五七年十一月下旬号、六一頁。
（14）「二本立競争と日本映画の信用」、六七頁。
（15）「五社協定」については、井上雅雄「日活の映画製作再開と『五社協定』」、谷川建司編『戦後映画の産業空間——資本・娯楽・興行』（森話社、二〇一六年）を参照。
（16）「スターと六社協定」、『合同通信映画特信版』一九六〇年一月三日、一四-二一頁。
（17）ミツヨ・ワダ・マルシアーノ『ニッポン・モダン——日本映画　一九二〇・三〇年代』（名古屋大学出版会、二〇〇九年）、七三頁。
（18）親会社の東急は大映から総額四千万円の融資を受けるなどして、事態の解決を図ろうとしたが、それでも製作費を賄うだけの配収を得ることができず、自主配給に打って出ることを決断した。詳しくは、東映十年史編纂委員会、前掲、三五頁を参照。
（19）「過去データ一覧表」。
（20）大川博「多角経営でますます発展」、『映画時報』一九六二年五月号、二九頁。
（21）「映画企業は斜陽産業か」、『映画時報』一九五九年四月号、一八頁。
（22）「配給という名の市場戦争」、『映画時報』一九六二年八月号、二一頁。
（23）『日本の人口——昭和四〇年国勢調査　全国都道府県市区町村人口総覧　全国の部　その一』（総理府統計局、一九七〇年）、六四四-七四一頁にある各都道府県の「市部」と「郡部」に関する増減データをもとに筆者が算出。
（24）『映画年鑑　一九六七年版』時事通信社、二三九頁より、減館率を算出。都市の劇場が三六五八館から三四五三館に、郡部の劇場が九九一館から八五七館に減少していた。
(25)「東映の多角経営の計画成る」、『映画時報』一九六五年五月号、二九頁。
(26)「専門館網のほころびを繕ろう」、『映画ジャーナル』一九六五年六月号、五三頁。
(27)『映画年鑑　一九六〇年版』時事通信社、三二八-三三二頁。
(28)『映画年鑑　一九六四年版』時事通信社、二八三-二八四頁。
(29)『映画年鑑　一九六六年版』時事通信社、二一九頁。
(30)「期待はずれのゴールデン・ウィーク」、『映画時報』一九五九年六月号、三九頁。
(31)「メーターにものいい」、『映画時報』一九五五年六月号、二八-二九頁。
(32)「浅草・その今日と未来について」、『キネマ旬報』一九五七年二月下旬号、一〇三頁。
(33)『映画年鑑　一九五八年版』、四四頁。
(34)吉見俊哉「映画館という戦後」、黒沢清・四方田犬彦・吉見俊哉・李鳳宇編『日本映画は生きている　第三巻　観る人、作る人、掛ける人』(岩波書店、二〇一〇年)、一〇一頁。
(35)「期待はずれのゴールデン・ウィーク」、三九頁。
(36)「一三翁の意志をつぐ楽天地の那波社長」、『映画時報』一九六四年二月号、四一頁。
(37)例えば、東映十年史編纂委員会、前掲、八七-九二頁にかけて一九五一年から六一年までの邦画各社の年間配給収入が年度ごとに掲載されており、五五年までは松竹がトップを維持していたが、五六年に東映に首位を奪われて以降、下位に低迷したことがわかる。
(38)磯村英一『都市論集Ⅱ』(有斐閣、一九八九年)、一九三-二二六頁。
(39)「興行街ルポ」、『映画時報』一九六一年八月号、三六-三八頁。
(40)戦前、白木屋の中に映画館が入り、動員成績が良かったと言われている(「新しい劇場百貨店の出現」、『キネマ旬報』一九五七年十一月上旬号、九七頁)。
(41)日本映画輸出振興協会について、詳しくは谷川建司「日本映画輸出振興協会と輸出向けコンテンツ――政府資金活用による怪獣映画製作とその顛末」、谷川建司編『戦後映画の産業空間――資本・娯楽・興行』(森話社、二〇一六年)を参照。
(42)「これからの映画宣伝はどうあるべきか」、『映画時報』一九六一年八月号、一七頁。
(43)「興行コンサルタント」、『映画ジャーナル』一九六一年四月創刊号、二〇頁。
(44)「興行コーナー」、『映画ジャーナル』一九六二年八月号、五七頁。
(45)「忠臣蔵パレードなど　東宝三十周年記念で大宣伝」、『映画時報』一九六二年十一月号、三七頁。

(46)『映画年鑑　一九六四年版』、四一頁。
(47)「松竹大谷会長・城戸社長のコンビ復活」、『映画時報』一九六四年一月号、三五頁。
(48)『映画年鑑　一九六四年版』、二一三頁。
(49)同上、二一七頁。
(50)「日本の映画会社——近代経営のあり方と未来経営への戦略作戦」、『映画時報』一九六二年六月号、一三頁。
(51)「対談　宣伝キャンペーンを中心に」、『松竹』一九六三年九月号、二-六頁。
(52)「作品の価値を知り生かす興行者を」、『合同通信映画特信版』一九六四年六月二一日、一頁。
(53)『映画年鑑　一九六六年版』、四七頁。
(54)樺島覚「直営館獲得に努力を」、『合同通信映画特信版』一九六七年七月三〇日、二頁。
(55)「ブロック・ブッキングの崩壊」、『合同通信映画特信版』一九六八年十月一三日、一頁。
(56)例えば、『映画年鑑　一九七〇年版』時事通信社、二二二頁には、スター・プロの活況が、「五社協定」の緩和につながったと指摘されている。
(57)『映画年鑑　一九六六年版』、八二-八七頁。
(58)同上、八八-九三頁。
(59)『映画年鑑　一九六七年版』、一二七頁。
(60)白井昌夫「〝会社カラープラス異色作品〟の前進姿勢」、『合同通信映画特信版』一九六七年四月二三日、二頁。
(61)「大映の再建策と赤字問題」、『合同通信映画特信版』一九六七年八月二七日、一頁。
(62)「東宝の大作化にのったフジ劇映画構想」、『映画ジャーナル』一九六八年六月号、二三頁。
(63)東宝五十年史編纂委員会編『東宝五十年史』(東宝株式会社、一九八二年)、三二九頁。
(64)同上、四九六頁。
(65)田中純一郎『日本映画発達史V』(中央公論社、一九七六年)、二六八頁。

第6章　「不良性感度」で勝負

(1)高橋英一「日本映画の質的低下」、『キネマ旬報』一九六八年十月上旬号、一六二頁。
(2)「映倫五〇年の歩み」編纂委員会編『映倫五〇年の歩み』(映倫管理委員会、二〇〇六年)、六六-六七頁。
(3)同上、三八-三九頁。
(4)『読売新聞』一九六六年八月五日夕刊。

(5) 初山有恒「エロとヤクザと観客——『東映』独走のかげに」、『朝日ジャーナル』一九六九年三月三〇日号、二六頁。
(6)『映画年鑑　一九七〇年版』時事通信社、五一頁。
(7) 初山、前掲、二六頁。
(8) プレスシートは映画館に配布されるもので、一般の目にふれる機会はほとんどなかったが、それでも各所から寄贈を受けプレスシートを多数揃える神戸映画資料館や川喜多記念映画文化財団、さらには松竹の大谷図書館といった充実した施設・機関のおかげで本章の研究の遂行が可能になった。貴重な映画関連資料が散逸しないように収集・所蔵をおこなっているそうした施設は映画研究の進展に、今後も重要な役割を担うことは間違いない。
(9)「映倫五〇年の歩み」編纂委員会、前掲、八七-八八頁。
(10) 二階堂卓也『ピンク映画史』(彩流社、二〇一四年)、八頁。
(11) 同上、一五頁。なお、ピンク映画の製作システムについては、板倉史明「独立プロダクションの製作費に見る斜陽期の映画産業——ピンク映画はいかにして低予算で映画を製作したのか」、谷川建司編『戦後映画の産業空間——資本・娯楽・興行』(森話社、二〇一六年)に詳しい。
(12)「作品の価値を知り生かす興行者を」、『合同通信映画特信版』一九六四年六月二一日、一頁。
(13) 桑原稲敏『切られた猥褻——映倫カット史』(読売新聞社、一九九三年)、七六頁。
(14)『読売新聞』一九六三年十一月三〇日夕刊。
(15) 桑原、前掲、八四頁。
(16)『朝日新聞』一九六三年十二月一五日。
(17)「興行界パトロール」、『映画ジャーナル』一九六四年十一月号、三二頁。
(18) 橘喜代次「わたしの映画広告づくり」、『映画ジャーナル』一九六六年四月号、三七頁。
(19) 桑原、前掲、六四頁。
(20)「今週のニュース」、『合同通信映画特信版』一九六五年八月一五日、六頁。
(21) 渡辺武信「やくざ映画十年の系譜」、『キネマ旬報増刊　任侠藤純子おんなの詩』一九七一年八月一〇日号。
(22) 例えば、大川博社長は一九五九年の年頭の挨拶で「現代劇の強化にいよいよ本腰を入れる」ことを宣言している。詳しくは東映十年史編纂委員会編『東映十年史——一九五一年-一九六一年』(東映株式会社、一九六二年)、一五九頁を参照。
(23)「非情でクールで残酷な東映ギャング路線」、『映画ジャーナル』一九六二年十一月号、一五-一六頁。
(24) 岡田茂『悔いなきわが映画人生』(財界研究所、二〇〇一年)、一五三頁。
(25) 山平重樹『高倉健と任侠映画』(徳間書店、二〇一五年)、一六-一七頁。

（26）『読売新聞』一九六三年七月三日夕刊。
（27）同上。
（28）「女性は映画から遠ざかったというが彼女たちをとらえる方法はないか」、『映画ジャーナル』一九六四年八月号、四〇-四二頁。
（29）東映十年史編纂委員会、前掲、五一頁。
（30）渡邊達人『私の東映三〇年』（渡邊達人、一九九一年）、一四〇頁。
（31）同上、一五〇頁。
（32）「日曜評論」、『合同通信』一九六六年一月二日号、一頁。
（33）『読売新聞』一九六四年七月一八日夕刊。
（34）「映団連の深夜興行調査」、『合同通信映画特信版』一九六五年九月二六日、六頁。
（35）「問題になった終夜興行」、同上、四頁。
（36）東映株式会社『クロニクル東映　一九四七-一九九一［II］』（東映株式会社、一九九二年）、三六頁。
（37）「興行景況」、『合同通信映画特信版』一九六五年八月二九日、七頁。
（38）「東映企業の問題点を分析する」、『合同通信映画特信版』一九六六年七月一七日、四頁。
（39）「興行景況」、『合同通信映画特信版』一九六五年九月一二日、七頁。
（40）『乾いた花』プレスシート。
（41）「松竹路線確立のために」、『合同通信映画特信版』一九六六年四月一〇日、九頁。
（42）『読売新聞』一九七一年九月七日夕刊。
（43）「今週のニュース」、六頁。

第7章　ワイドスクリーンの挑戦

（1）通商産業省企業局商務課編『映画産業白書　一九五八年版』大蔵省印刷局、一〇頁。
（2）同上、一二頁。
（3）同上、一〇頁と、通商産業省企業局商務課編『映画産業白書　一九六二年版』尚文堂、一三頁の表をもとに作成。
（4）常石史子「シネマスコープの時代　上　草創期」、『NFCニューズレター』二〇〇一年八-九月号、八頁。
（5）通商産業省企業局商務課編『映画産業白書　一九五八年版』、九頁。
（6）『聖衣』は一九五三年九月、ニューヨークのロキシー劇場で公開されるや、最初の一二日間で三五〇万ドルを売り上げ、ニューヨークの劇場の記録を作った。結局、世界中で二五〇〇万ドルの興収を上げ、年間でもっとも稼いだ作品となった。詳しくは

Bordwell, David. *Poetics of Cinema* (New York : Routledge, 2007), pp. 287–288 を参照。

（7）『映画年鑑　一九五六年版』時事通信社、三八四頁。

（8）「ワイド・スクリーン時代」、『サンデー毎日』一九五七年一月六日号、三八頁。

（9）東映株式会社総務部社史編纂担当編『東映の軌跡――The History of Toei : April 1st 1951-March 31st 2012』（東映株式会社、二〇一六年）、七五頁。

（10）同上。

（11）Belton, John. *Widescreen Cinema* (Cambridge : Harvard University Press, 1992), p. 12.

（12）「大型映画製作の焦点」、『キネマ旬報』一九五七年六月下旬号、四三頁。

（13）小松聰一「国産撮影用アナモフィック・レンズの現状報告2」、『映画技術』一九五七年五月三〇日号、一九頁。

（14）「スタンダード映画から大型映画までの可能性」、『キネマ旬報』一九六二年十二月上旬号、四八頁。

（15）山口猛編『映画撮影とは何か――キャメラマン四〇人の証言』（平凡社、一九九七年）、一八二頁。

（16）Bordwell, David, Janet Staiger and Kristin Thompson. *The Classical Hollywood Cinema : Film Style and Mode of Production to 1960* (New York : Columbia University Press, 1985), p. 361.

（17）パン・フォーカスを実現するには通常の照明の八倍もしくは一六倍もの光量が必要だったと言われている。黒澤はそれほどの膨大な光量を使うことが許されていた（塩沢幸登『ＫＵＲＯＳＡＷＡ　撮影現場＋音楽編』[河出書房新社、二〇〇五年]、二三〇–二三二頁）。

（18）「大型映画製作の焦点」、四三頁。

（19）桑野茂「大型スクリーンと記録映画」、『キネマ旬報』一九五七年六月下旬号、六〇頁。

（20）香月稔「拡大映画の将来性」、『映画評論』一九五五年十一月号、三一頁。

（21）Salt, Barry. *Moving into Pictures : More on Film History, Style, and Analysis* (London : Starword, 2006), pp. 332–333.

（22）Bordwell, David. *The Way Hollywood Tells It : Story and Style in Modern Movies* (Berkeley : University of California Press, 2006), pp. 121–122.

（23）Bordwell (2007), p. 304.

（24）筆者が調査した範囲では、川島雄三は『シミ金のオオ！市民諸君』（一九四八年）や『とんかつ大将』（一九五二年）を、加藤泰は『剣難女難　第一部　女心伝心の巻』（一九五一年）をＡＳＬ一〇秒未満で撮っている。

（25）湯浅憲明「大映作品の川島監督」、『ユリイカ』一九八九年三月号、七二頁。

（26）例えば、『とんかつ大将』の盗み聞きの場面では話す者と聞く者が別々のショットで捉えられ、交互に見せられる。

（27）本作『しとやかな獣』の詳細分析については、加藤幹郎『日本映画論　一九三三-二〇〇七――テクストとコンテクスト』（岩波書店、二〇一一年）、一九二-二〇〇頁を参照。
（28）同様の構図が、『天国と地獄』（一九六三年）の盗み聞きの場面にも見られる。
（29）例外的に明治天皇（嵐寛寿郎）が一人で捉えられることがある。
（30）「大型映画製作の焦点」、四三頁。
（31）Bordwell (2007), pp. 295–300.
（32）Ibid., p. 307.
（33）「大型映画・その魅力はあとへ退けない」、『キネマ旬報』一九五七年六月下旬号、五〇頁。
（34）同上。
（35）中島貞夫『遊撃の美学――映画監督中島貞夫』（ワイズ出版、二〇〇四年）、七九頁。
（36）登川直樹「伝統の重みとスタンダードの魅力」、『キネマ旬報』一九六二年十二月上旬号、四〇頁。
（37）工藤栄一・ダーティ工藤『光と影――映画監督工藤栄一』（ワイズ出版、二〇〇二年）、一〇〇頁。
（38）「大型映画製作の焦点」、四五頁。
（39）Bordwell, David. *On The History of Film Style* (Cambridge : Harvard University Press, 1998), p. 178.
（40）中島、前掲、七九頁。
（41）「大型映画・その魅力はあとへ退けない」、五一頁。
（42）常石史子「シネマスコープの時代　下――作り手の眼　キャメラマン・高村倉太郎氏インタビュー」、『ＮＦＣニューズレター』二〇〇一年十-十一月号、六頁。
（43）Bordwell (2006), p. 133.
（44）Ibid.
（45）常石、前掲、六頁。
（46）他にも、主レンズの前に付けていたアナモフィック・レンズを後ろに付けることが効果的だったことが紹介されている（同上）。

第8章　ワイドスクリーンの達成

（1）こうした問題が引き起こされる理由として、真っ先に挙がるのが加藤泰のローアングルである。彼のローアングルは穴を掘ってその中にキャメラを据えるため、時間がかかり、またコンクリートの地面ではなく土の地面を必要としたため、スタジオの回転率の悪さから予算をオーバーする結果となった。詳しくは、筒井武文「加藤泰の撮影術あるいはローアングルの戦い」、『加藤泰　女と男、情感の美学』（ビターズ・エンド、一九九四年）、二五頁を参照。

（2）山根貞男編『遊侠一匹　加藤泰の世界』（幻燈社、一九七〇年）、一四二頁。

（3）「生誕八十周年記念　監督加藤泰」、『映画芸術』一九九六年夏号、一一二頁。

（4）同上。

（5）二〇一六年九月四日に京都府京都文化博物館で「映像学会関西支部第三八回夏期映画ゼミナール　二〇一六年　加藤泰特集　生誕一〇〇年」において、井川氏の他に映画評論家の山根貞男氏、美術監督の石原昭氏と共にシンポジウムをおこなった。十月八日に、大阪のシネ・ヌーヴォで、井川氏とトークセッションを開催した。

（6）「加藤泰作品紹介」、『加藤泰　女と男、情感の美学』、七頁。

（7）深沢哲也「『幕末残酷物語』論評」、『キネマ旬報』一九六五年一月下旬号、七六頁。

（8）新聞紙上でのこうした表面的批判があったことを、『幕末残酷物語』の脚本を担当した国弘威雄が取り上げて反論している（国弘威雄「私は新撰組をこう見た」、『映画芸術』一九六五年三月号、九頁）。

（9）山根、前掲、六二頁。

（10）Ebert, Roger, Gene Siskel. *The Future of the Movies : Interviews with Martin Scorsese, Steven Spielberg, and George Lucas* (Kansas City, Mo.: Andrews and McMeel, 1991), p. 73.

（11）「スタンダード映画から大型映画までの可能性」、『キネマ旬報』一九六二年十二月上旬号、四九頁。

（12）国弘威雄「幕末残酷物語オリジナル・シナリオ」、『シナリオ』一九六四年十一月号、一〇二頁。

（13）同上、一〇四-一〇五頁。

（14）Bordwell, David. *The Way Hollywood Tells It : Story and Style in Modern Movies* (Berkeley : University of California Press, 2006), pp. 134.

（15）Bordwell, David. *On The History of Film Style* (Cambridge : Harvard University Press, 1998), pp. 201-202.

（16）木下千花『溝口健二論——映画の美学と政治学』（法政大学出版局、二〇一六年）、八九-九〇頁。

（17）東映株式会社総務部社史編纂担当編『東映の軌跡——The History of Toei : April 1st 1951-March 31st 2012』（東映株式会社、二〇一六年）の付属のCD-Rを参照。

（18）日野康一「〝劇場版≠オリジナル〟という構図」、『キネマ旬報』一九九三年二月上旬号、二二頁。

（19）同上、二一-二二頁。

第9章　変貌する時代劇ヒーロー

（1）藤原功達「テレビ時代劇の視聴状況を分析する」、『放送文化』一九六九年十一月号、一八-二三頁。

（2）一九五七年の時代劇の製作本数とその割合については、一九五八年版と五九年版の『映画年鑑』の「製作界」の欄から、六七年については、六八年版と六九年版の「作品記録」から算出した。
（3）『毎日新聞』一九六四年八月二八日夕刊。
（4）永田哲朗『殺陣――チャンバラ映画史』（社会思想社、一九九三年）、二四七頁。
（5）当時の資料でも、黒澤時代劇がリアリズムと見なされている。例えば、双葉十三郎「時代劇の進む道」、『キネマ旬報』一九六二年十月下旬号、四二頁を参照。
（6）橋本治『完本チャンバラ時代劇講座』（徳間書店、一九八六年）、二〇四頁。
（7）小川順子『「殺陣」という文化――チャンバラ時代劇映画を探る』（世界思想社、二〇〇七年）、六四頁。
（8）東映時代劇の中にも、例えば『大菩薩峠　第二部』（内田吐夢監督、一九五八年）で腕が斬り落とされる場面、血が飛び散る場面があることが指摘されている（同上、七六頁）。
（9）永田、前掲、一九七頁。
（10）同上。
（11）興行的にも東映は黒澤時代劇に惨敗する。『椿三十郎』は一九六二年正月作品で、四億五千万円稼いだのに対し、その時の東映は正月作品全体で二億円だった（同上、一九八頁）。
（12）能村庸一『実録　テレビ時代劇史』（東京新聞出版局、一九九九年）、四五六-四五八頁。
（13）同上、九五頁。
（14）同上、一一八-一一九頁。
（15）小川順子「試論・映画スター大川橋蔵――東映スター中心主義とファンの狭間で」、谷川建司編『戦後映画の産業空間――資本・娯楽・興行』（森話社、二〇一六年）、三〇九-三一一頁。
（16）能村、前掲、一一九-一二〇頁。
（17）全国朝日放送株式会社総務局社史編纂部編『テレビ朝日社史――ファミリー視聴の二五年』（全国朝日放送、一九八四年）、三六七頁。
（18）同上、一一九頁。
（19）船床定男や大瀬康一については、樋口尚文『「月光仮面」を創った男たち』（平凡社、二〇〇八年）を参照。
（20）佐々木康『楽天楽観　映画監督佐々木康』（ワイズ出版、二〇〇三年）、一七四-一七六頁。
（21）能村、前掲、九〇頁。
（22）例えば、五社が黒澤映画を意識していたことは、春日太一『鬼才　五社英雄の生涯』（文藝春秋、二〇一六年）で指摘されている。

(23) 山根貞男『活劇の行方』(草思社、一九八四年)、一二八頁。

(24) 加藤幹郎「殺陣の構造と歴史」、京都映画祭実行委員会編『時代劇映画とは何か』(人文書院、一九九七年)、一七七頁。

(25) 春日太一『時代劇は死なず!――京都太秦の「職人」たち』(集英社新書、二〇〇八年)、二四頁。

(26) 三船清「活動写真の大スター尾上松之助」、今村昌平・佐藤忠男他編『講座日本映画1 日本映画の誕生』(岩波書店、一九八五年)、一三一頁。

(27) 永田、前掲、二四八頁。

(28) こうした例に、横山泰子「忍者映画の変容――松之助からNINJAへ」、岩本憲児編『時代劇伝説――チャンバラ映画の輝き』(森話社、二〇〇五年)や、木全公彦「『忍びの者』シリーズとその背景」、『DVD「忍びの者全集」(天之巻/地之巻)解説書』(パイオニアLDC、二〇〇二年)などがある。

(29) 東千代之介「テレビづいた私」、『時代映画』一九六二年十二月号、一一頁。

(30) 永田、前掲、三〇〇頁。

(31) 加藤、前掲、一七〇頁。

(32) 時代劇において垂直方向の立回りが過去にまったくなかったわけではない(例えば、小川、前掲、二四三頁などで指摘されている)。だが、一九六〇年代以降の忍者の再登場がこれまで以上に垂直的な立回りを増加させたと考える。

(33) 『毎日新聞』一九六四年七月二三日夕刊。

(34) また忍者ブーム全盛の時代に目を向けても、忍者映画ではない『眠狂四郎女妖剣』(池広一夫監督、一九六四年)で、主人公を狙う刺客として忍者は登場している。狂四郎が女と抱き合って床に寝て天井に背中を向けた瞬間、天井の梁から様子をうかがっていた忍者が飛びかかって狂四郎の命を狙うのだが、忍者のその運動によって、同シリーズの醍醐味であるエロスとタナトスが自然な形で融合を果たすのである。

(35) 山根、前掲、二二頁。

(36) 永田、前掲、二一〇頁。

(37) 同上、一八七頁。

(38) 同上。

(39) 拝一刀に身体を斬り裂かれていった敵は数知れず、それだけに一説には、同作はアメリカのスプラッター・ブームに大きな影響を与えたとも言われている(小川、前掲、七八頁)。

(40) とはいえ、テレビ時代劇にも、身体の「一部分」に注目して殺しを展開する者たちがいた。「必殺」シリーズの主人公たちだ。

シリーズ一作目の『必殺仕掛人』（松竹・朝日放送製作、一九七二〜七三年）では、針医者の藤枝梅安が針で首のツボを刺して敵を仕留めるし、二作目の『必殺仕置人』（松竹・朝日放送製作、一九七三年）では、骨接ぎ師である念仏の鉄が、身体内部の骨を指先で破壊し、敵を死に至らしめる。以降のシリーズ作品でも、身体の「一部分」目がけて、ユニークな殺しを実践する者たちがいて、そうした殺しのテクニックが、同作の魅力の一つになっていたことは間違いない。映画が「残酷」で勝負するなら、テレビは「殺しのテクニック」で身体の「部分」へと迫ったのである。

第10章　メロドラマと女性観客

（1）瓜生忠夫「メロドラマへの関心　放送と映画の交流と疎外3」、『調査情報』（ＴＢＳ調査部、一九六六年十一月号）、三〇頁。
（2）田中純一郎『日本映画発達史Ⅳ』（中央公論社、一九七六年）、三六頁。
（3）「宣伝あらべすく」、『合同通信映画特信版』一九五三年十月八日、三頁。
（4）「宣伝あらべすく」、『合同通信映画特信版』一九五三年十一月二六日、三頁。
（5）高橋英一「女性映画はギャンブルである！」、『キネマ旬報』一九六七年三月下旬号、三七頁。
（6）『二十四の瞳』は記録映画『力道山大いに怒る』や『君に誓いし』との併映で上映された。前者のように明らかに男性への求心力が強い記録映画との併映では女性の動員は劣ったが、後者との併映の場合には、女性の動員が六割近い比率に上った。『喜びも悲しみも幾歳月』は『うなぎとり』や『逃げだした縁談』と併映になり、どちらの場合も五割以上の女性比率を構成した。
（7）詳しくは、河野真理江「文芸メロドラマの映画史的位置——『よろめき』の系譜、商品化、批評的受容」、『立教映像身体学研究』第一巻、二八頁を参照。
（8）同上、二九頁。
（9）佐藤忠男『日本映画史　第三巻』（岩波書店、一九九五年）、一八頁。
（10）瓜生忠夫「昼下りのメロドラマ」、『調査情報』（ＴＢＳ調査部、一九六七年十二月号）、三七頁。
（11）調査の詳しい内容と結果については、高橋、前掲、三八頁を参照。
（12）「放送は女性のもの」、『週刊朝日』一九六二年六月号、五二‐五五頁。
（13）「女性は映画から遠ざかったというが彼女たちをとらえる方法はないか」、『映画ジャーナル』一九六四年八月号、四二頁。
（14）『毎日新聞』一九五七年三月一七日。
（15）『読売新聞』一九六〇年七月三一日で、「よろめく、という言葉がはやったのは、文壇の鬼才三島由紀夫氏のパロディ『美徳のよろめき』という小説が、ベストセラーになってからだ」と断言され、「そしてそのころ原田康子女史のダブル姦通小説『挽歌』ついでは井上靖氏の山岳騎士道の不倫小説『氷壁』などが、大いによまれて〈よろめきブーム〉となったはずである」と記されている。
(16) 菅聡子「『よろめき』と女性読者——丹羽文雄・舟橋聖一・井上靖の中間小説をめぐって」、『文学』二〇〇八年三・四月号、五七頁。
(17) 志賀信夫『テレビ番組事始——創世記のテレビ番組二五年史』(日本放送出版協会、二〇〇八年)、一七九頁。
(18) 原田信男『テレビドラマ三〇年』(読売新聞社、一九八三年)、八五頁。
(19) 同上。
(20) 志賀、前掲、一八〇頁。
(21) 原田、前掲、八七頁。
(22) 瓜生「昼下りのメロドラマ」、三三頁。また、一九六〇年十一月からは『通夜の客』が火曜日でも始まる。
(23)『読売新聞』一九七一年四月二四日。
(24) 例えば、菅聡子はそうした意見が当時から散見されていたことを指摘している。詳しくは、菅、前掲、五八頁を参照。
(25) 経済企画庁編『国民生活白書　一九六一年版』大蔵省印刷局、五二頁。
(26) 四条貫哉「テレビ・タレントの新しい動向——池内淳子と戸浦六宏にみる二つのタイプ」、『キネマ旬報』一九六一年三月下旬号、一四二頁。
(27) 同上、一四三頁。
(28)『あの波の果てまで』プレスシート「放送文案」を参照。
(29)『花影』は映画公開前に、十月三〇日からラジオ・ドラマとして放送され、そこでも池内が主演を務めた。詳しくは『読売新聞』一九六一年十月二六日夕刊を参照。
(30)『読売新聞』一九六一年十一月九日夕刊。
(31)『毎日新聞』一九六四年十二月二〇日。また、池内自身、よろめき女性を演じることについては、「よろめき夫人なんて、はじめはやっぱり抵抗感じましたけど、このごろは、よろめきならよろめきで、いただいたレッテルをありがたく思うことにしています」と語っている(『朝日新聞』一九六三年二月二八日夕刊)。
(32)『読売新聞』一九七一年四月二九日。
(33) 佐久間庸夫「テレビ映画王国・国際放映」、『シナリオ』一九六七年五月号、一八頁。
(34) 純然たるアニメでは東映動画製作の『魔法使いサリー』が一足早く放送されていた(一九六六～六八年)。
(35)「昭和のテレビ　コメットさん」、『サンデー毎日』二〇一六年八月二八日号、一四八頁。
(36)『読売新聞』一九七一年五月八日。

(37) 同上。
(38) 同上。
(39)「各社とも前途を楽観視」、『合同通信映画特信版』一九六一年九月一〇日、三頁。
(40)「興行景況」、『合同通信映画特信版』一九六二年五月六日、七頁。
(41) 河野による、一九六〇年代の「リバイバル・ブーム」の解説については、「リバイバル・メロドラマ――戦後日本におけるメロドラマの再映画化ブームについて」、谷川建司編『戦後映画の産業空間――資本・娯楽・興行』(森話社、二〇一六年)、一五四-一六一頁を参照。
(42)『読売新聞』一九七一年五月八日。
(43)『朝日新聞』一九五九年七月一六日朝刊。
(44) 東映十年史編纂委員会編『東映十年史――一九五一年-一九六一年』(東映株式会社、一九六二年)、一八三頁。
(45) 田中、前掲、三一七-三一九頁。
(46)『松竹百年史　本史』(松竹株式会社、一九九六年)、六五九頁。
(47)「興行景況」、『合同通信映画特信版』一九六二年七月二二日、七頁。
(48)「番組検討」、『合同通信映画特信版』一九六二年十二月二三日、二頁。
(49) 東宝と渡辺プロダクションの関係については、拙論「ザ・タイガースと映画」、磯前順一・黒崎浩行編『ザ・タイガース研究論』(近代映画社、二〇一五年)、一二五-一二六頁を参照。
(50) 原作はベストセラーであるが、テレビ・ドラマの人気も相当なもので、その反響について、映画プレスシート「宣伝ポイント」では「再放送を望む手紙が一万六千通寄せられ、五月二六日再放送された程、大好評を博した」と映画化前にすでに再放送されたことが紹介されている。日活は、こうしたテレビの人気も意識していたことがわかる。
(51) 全国朝日放送株式会社総務局社史編纂部編『テレビ朝日社史――ファミリー視聴の二五年』(全国朝日放送、一九八四年)、一二一頁。
(52)『映画年鑑　一九六六年版』時事通信社、二七八頁。そもそも、朝日新聞は一九五九年のNET開局当初から、東映と共同出資した朝日テレビニュース社を通じて、ニュース映像を供給するなど、つながりをもっていた(全国朝日放送株式会社総務局社史編纂部、前掲、二八-二九頁)。
(53) 一九六五年十月三〇日の『朝日新聞』夕刊に「NETでドラマ化」の報を伝えたのを皮切りに、同年十二月七日の夕刊には、主人公の病院長の妻役に新珠三千代が決定したこと、同じく二一日朝刊には本作が新年度の注目番組として取り上げられるなど、年明け一月二三日の初回放送の一ヶ月以上も前から何度も紙面で話題にされることは、他紙にはない扱いだった。

(54)全国朝日放送株式会社総務局社史編纂部、前掲、三六六-三六七頁。
(55)『映画年鑑 一九六七年版』時事通信社、五一頁と、『映画年鑑 一九六八年版』時事通信社、五一頁より判断。
(56)「ワイド特集『氷点』のネックを把える」、『映画芸術』一九六六年六月号、六九-七八頁。
(57)大黒東洋士「より強靭な〝女性映画〟をつくろう」、『キネマ旬報』一九六六年九月上旬号、二六-二九頁。
(58)「『氷点』ブームの沸点をさぐる」、『週刊朝日』一九六六年四月八日号、一九頁。
(59)同上。
(60)辻内春男「『氷点』と『特撮二本立』を得る」、『合同通信映画特信版』一九六六年五月八日、三頁。
(61)同上。
(62)詳しくは、『読売新聞』一九六六年五月三一日夕刊を参照。
(63)『キネマ旬報』一九六七年三月下旬号の「特集女性映画に与う」という特集記事の他、『読売新聞』一九六五年十月六日夕刊などを参照。
(64)高橋、前掲、三七頁。

終章 メディア間の交渉はつづく

(1)『読売新聞』一九六七年八月六日。
(2)同上。
(3)「興行景況」、『合同通信映画特信版』一九六七年七月一六日号、六頁。
(4)『読売新聞』、前掲。
(5)田代範子「視聴者に寄り添った番組たち」、『月刊民放』二〇一三年四月号、三二-三七頁。
(6)「アート・シアター構想の問題」、『合同通信映画特信版』一九六一年十月二九日、一頁。
(7)「五〇〇万円の投資で五〇〇万円の利益」、『映画ジャーナル』一九六八年三月号、三七頁。
(8)樋口尚文『実相寺昭雄 才気の伽藍――鬼才映画監督の生涯と作品』(アルファベータブックス、二〇一六年)、一四八頁。
(9)御園生涼子「少女・謎・マシンガン――〈角川映画〉の再評価」、杉野健太郎編『交錯する映画――アニメ・映画・文学』ミネルヴァ書房、二〇一三年、三〇二頁。
(10)同上。
(11)『映画年鑑 一九八二年版』時事通信社、一〇一頁。
(12)御園生、前掲、三〇五頁。

(13) 東映株式会社総務部社史編纂担当編『東映の軌跡——The History of Toei : April 1st 1951-March 31st 2012』(東映株式会社、二〇一六年)、三〇〇頁。

あとがき

私が子どもだった一九八〇年代から九〇年代には、とうに映画は映画館の中だけで観られるものではなくなり、テレビ放映やレンタル・ビデオを通しての映画鑑賞がすっかり定着していた。映画がテレビのある家庭の居間でも消費される環境にあって、私の場合、両親や祖父母と一緒に戦後の日本映画の名作を観ては、それに関連したいろいろな話を聞いたことが、映画体験の原点であったような気がする。中村錦之助や大川橋蔵の時代劇、石原裕次郎・渡哲也のアクション映画、若尾文子のメロドラマなど、挙げればきりがないが、彼ら／彼女ら戦後の大スターの映画は両親や祖父母の脳裏に焼きついており、映画という大衆娯楽が戦後の日本社会で担ってきたものの大きさを、自身の家族から感じ取ってきた。こうした、映画は家族と一緒に観るテレビ画面を通して身近になったという子どもの頃の記憶が、あるいはこの本を書く潜在的な動機であったのかもしれない。

大学院で映画研究をするようになってからは、家族と共有した戦後のスターたちの映画や、加藤泰をはじめとする監督たちについて考えるようになった。戦後の映画産業や映画人たちの歩んだ道を辿ると、どうしてもテレビの存在が絡んできて、そのことを丁寧に検討してみたいという思いから、映画とテレビに関係する論文を執筆していった。それを積み重ねて完成させた本書では、日本の映画とテレビとの古くからの関係をなるべく多角的に考察し、両者の交流を或る程度まとまった形で提示することができたと考える。

ちょうど本書の執筆が終盤を迎えていた二〇一七年の春から夏にかけて、早稲田大学坪内博士記念演劇博物館で企画展「大テレビドラマ博覧会——テレビの見る夢」（五月一三日〜八月六日開催）が催された。その図録に収録された論考の中に、早稲田大学の長谷正人教授による、笠智衆の主演ドラマ三本（いずれも山田太一が脚本を手がけた一九八〇年代のＮＨＫドラマ）の分析があった。笠智衆に限らず、前述の中村錦之助や大川橋蔵など、映画スターはテレビにも進出し、圧倒的な存在感を示した。それゆえ、映画スターといえども、テレビ作品のことも、彼らの映画作品と同様に注目されてしかるべきだが、残念ながら彼らについて論じる際には、やはり「映画」が中心になっている。映画人たちのテレビでの仕事を具体的に見ていく作業は、これからもっとなされねばならない。

だが、言うまでもなく、本書で新興メディアとして扱ったテレビとて、もはや旧来のメディアである。今ではインターネットの存在も影響して、今度はテレビに変革を求める声がしばしば上がるようになった。インターネットの映像番組はインターネットテレビと言い、否応なしにテレビのことを想起させるが、思えば、テレビでもその成長を支えたフィルムによるドラマ番組はテレビ映画と名づけられていたのであり、そこにメディア史のもつある種の宿命が読み取れる。本書で詳しく検討した映画とテレビの間の「ドラマ」は、果たしてテレビとインターネットの間ではどのように展開するのか、今後じっくりと見極めていきたい。

本書は、二〇一三年に京都大学大学院に提出した博士論文「テレビ浸透期における日本映画の変革――産業・テクノロジー・内容」とその後に発表した論文を、全面的に改訂・補筆したものである。各章の初出は以下の通り。

序　章　書き下ろし

第1章　「映画のなかのテレビ・メディア――昭和三十年代の映像産業の攻防を通して」、『日本研究』第五〇集（国際日本文化研究センター、二〇一四年）、一九一-二〇七頁。

第2章　「草創期の日本のテレビ・ドラマ制作――映画との比較の中で」（二〇一六年にオタゴ大学［ニュージー

ランド」で開催された日文研海外シンポジウムにおける報告）

第3章　「大手映画会社の初期テレビ産業への進出――テレビ映画製作を中心に」、谷川建司編『戦後映画の産業空間――資本・娯楽・興行』（森話社、二〇一六年）、二六七-二九〇頁。

第4章　「興行者たちの挑戦――一九五〇年代から六〇年代の日本の映画産業」、黒沢清・四方田犬彦・吉見俊哉・李鳳宇編『日本映画は生きている　第三巻　観る人、作る人、掛ける人』（岩波書店、二〇一〇年）、四三-六八頁。

第5章　「観客を取り戻せ――一九六〇年代の映画会社の動員戦略」、早稲田大学演劇博物館グローバルCOE紀要『演劇映像学』二〇一一年第一集、一六九-一八四頁。

第6章　「一九六〇年代のエロ・やくざ映画ブームとその背景――プレスシートから探る映画会社の宣伝戦略」、大塚英志編『動員のメディアミックス――〈創作する大衆〉の戦時下・戦後』（思文閣出版、二〇一七年）、三五七-三七七頁。

第7章　「ワイドスクリーン時代の日本映画――スクリーンの拡大がもたらした撮影様式の変化について」、日本映画学会誌『映画研究』第六号（二〇一一年）、二〇-三七頁。

第8章　「ワイドスクリーンにおける奥行きを利用した映画演出の美学――加藤泰『幕末残酷物語』のテクスト分析」、日本映画学会誌『映画研究』第二号（二〇〇七年）、二三-四四頁。

第9章　「テレビ時代劇成長期における時代劇映画のヒーローたち――彼らが見せた身体と運動の軌跡」、日本映画学会誌『映画研究』第七号（二〇一二年）、五八-七五頁。

第10章　書き下ろし

終　章　書き下ろし

京大大学院では加藤幹郎先生に師事して映画学を学び、博論完成まで熱心にご指導をいただいた。映画研究者としての今の私があるのも先生のご指導の賜物であり、深く感謝申し上げる。また、博論の審査をご担当いただいた松田英男先生と道籏泰三先生にも、数多くのご助言をいただき感謝している。院生時代には、同じゼミ生の大傍正規、羽鳥隆英、梅本和弘、川本徹、須川まり、植田真由、フィオードロワ・アナスタシア、イレネ・ゴンザレスの諸氏から多くの刺激をもらい研究に励むことができた。さらに、上の世代の板倉史明氏、大澤浄氏にも、これまで研究で有益な助言を数多くいただき感謝している。

院生時代に頻繁に通った神戸映画資料館で、多くの貴重な一次資料を調査できたことは大きな収穫であった。安井喜雄館長、田中範子支配人には長年にわたり調査にご協力いただき、お礼申し上げる。また、同館のイベントで映画評論家の山根貞男氏と出会えたことは大きな喜びであった。

資料調査では他にも、東映太秦映画村東映京都スタジオ映画資料室、京都文化博物館、川喜多記念映画文化財団、松竹大谷図書館、早稲田大学演劇博物館にとりわけお世話になり、関係者の方々にご協力いただいたことを感謝申し上げる。二〇一一年度に早稲田大学演劇博物館のグローバルCOE研究員として活動したが、受け入れ教員として面倒をみていただいた長谷正人先生にお礼を申し上げる。

また、第4章の初出の際には四方田犬彦先生と吉見俊哉先生に、第7章の改訂の際には塚田幸光先生に、それから全体的な撮影所の分析については藤木秀朗先生に、それぞれ有益なご助言をいただき、感謝している。

二〇一三年四月に着任した国際日本文化研究センターでは、博士論文を地道に発展させてきた。本書の第2章はオタゴ大学でおこなわれた日文研海外シンポジウムの口頭発表がもとになっているが、発表の機会を与えていただいたオタゴ大学の将基面貴巳先生には、以後、映画愛を共有し刺激を与えてもらっている。第3章と第6章は日文研の共同研究会の成果であり、それぞれの研究会の代表者である、谷川建司先生、大塚英志先生には、報告ならびに執筆の機会を与えていただき感謝している。研究会を通じて、浅野龍哉、アルバロ・エルナンデス、晏妮、井上雅雄、大澤佳枝、小川順子、香川雅信、木村智哉、久保豊、河野真理江、近藤和都、秦剛、須藤遙子、冨田美香、長門洋平、中村秀之、西村大志、花田史彦、藤岡洋、ミツヨ・ワダ・マルシアーノ、室井康成、山本忠宏の諸先生・諸賢と交流を重ねられたことは非常に有意義であった。また、谷川先生には京都大学人文科学研究所での戦後の日本映画史に関する共同研究会も主宰していただき、そこでの成果も本書の論考に大いに反映された。

日文研では共同研究会にくわえ、大衆文化プロジェクト（「大衆文化の通時的・国際的研究による新しい日本像の創出」）での活動により、研究を大きく前進させることができた。プロジェクトに関連して、上野隆三（殺陣師）、鳥居元宏（監督・脚本家）、橋本潔（美術監督）、桝井省志（プロデューサー）の諸氏に映画やテレビ・ドラマ製作の話を聞き、とても勉強になった。同プロジェクトで、私の活動を大いにサポートしてくださった小松和彦所長、稲賀繁美先生、劉建輝先生、細川周平先生に感謝申し上げたい。とりわけ、細川先生には身近で支えていただき、大変お世話になった。そして、本書を出版するにあたり、日文研の「平成二九年度所長裁量経費」の助成をいただいたことに、深謝申し上げる。

名古屋大学出版会の橘宗吾氏には、博士論文を出版に値する有意義な書籍にするために、問題点をねばり強く指摘していただくなど、とことんお付き合いいただいた。校正では山口真幸氏にお世話になった。両氏に、深く感謝申し上げる。

最後に私事ながら、身近で私を絶えず支えてきてくれた家族に感謝を伝えたい。今は亡き父と祖父母、そして、今も温かく見守ってくれている母、かけがえのない妻の恵美と娘の美怜へ、心からありがとう。

二〇一八年一月

北浦寛之

《著者略歴》

北浦寛之《きたうらひろゆき》

1980年　奈良県に生まれる
2013年　京都大学大学院人間・環境学研究科博士後期課程修了
現　在　国際日本文化研究センター助教，博士（人間・環境学）
著　書　『戦後映画の産業空間——資本・娯楽・興行』（共著，森話社，2016年）
『マンガ・アニメで論文・レポートを書く——「好き」を学問にする方法』（共著，ミネルヴァ書房，2017年）
『創発する日本へ——ポスト「失われた20年」のデッサン』（共著，弘文堂，2018年）他

テレビ成長期の日本映画

2018年3月30日　初版第1刷発行

定価はカバーに
表示しています

著　者　北　浦　寛　之

発行者　金　山　弥　平

発行所　一般財団法人　名古屋大学出版会
〒464-0814　名古屋市千種区不老町1名古屋大学構内
電話(052)781-5027/FAX(052)781-0697

Printed in Japan
印刷・製本 ㈱太洋社
ISBN978-4-8158-0905-8

索　引

カ　行

サ　行

タ　行

ナ　行

ハ　行

マ　行

ヤ・ラ行

ワ　行

図表一覧